MW00413384

clave

Osho (1931-1990) ha sido descrito por el *Sunday Times* de Londres como «uno de los 1.000 artífices del siglo xx» y por el *Sunday Mid-Day* (India) como una de las diez personas (junto a Gandhi, Nehru y Buda) que ha cambiado el destino de la India. En una sociedad donde tantas visiones religiosas e ideológicas tradicionales parecen irremediablemente pasadas de moda, la singularidad de Osho consiste en que no nos ofrece soluciones, sino herramientas para que las personas las encuentren por sí mismas.

OSHO

No te cruces en tu camino

Traducción de
Fernando Martín García

DEBOLS!LLO

No te cruces en tu camino

Título original: *Om Shantih Shantih Shantih*

Primera edición en esta colección en España: junio, 2011
Primera edición en México: agosto, 2013
Primera reimpresión: febrero, 2014
Segunda reimpresión: enero, 2016
Tercera reimpresión: octubre, 2019

D. R. © 1988, Osho International Foundation
www.osho.com/copyrights
Reservados todos los derechos

D. R. © 2008, Penguin Random House Grupo Editorial, S. A. U.
Travessera de Gràcia, 47-49, 08021, Barcelona

Este libro se ha compuesto a partir de la transcripción abreviada
de la serie original de discursos OM SHANTIH SHANTIH
SHANTIH que Osho dio en público. Todos los discursos de
Osho han sido publicados como libros, y también están disponibles
sus grabaciones de audio. Estas grabaciones y el archivo
completo de textos pueden consultarse en línea en la biblioteca
OSHO de www.osho.com
OSHO ® es una marca registrada de Osho International Foundation
www.osho.com/trademarks

D. R. © 2019, derechos de edición mundiales en lengua castellana:
Penguin Random House Grupo Editorial, S. A. de C. V.
Blvd. Miguel de Cervantes Saavedra núm. 301, 1er piso,
colonia Granada, delegación Miguel Hidalgo, C. P. 11520,
Ciudad de México

www.megustaleer.mx

D. R. © 2008, Fernando Martín García, por la traducción

Penguin Random House Grupo Editorial apoya la protección del *copyright*.
El *copyright* estimula la creatividad, defiende la diversidad en el ámbito de las ideas y el conocimiento, promueve
la libre expresión y favorece una cultura viva. Gracias por comprar una edición autorizada
de este libro y por respetar las leyes del Derecho de Autor y *copyright*. Al hacerlo está respaldando a los autores
y permitiendo que PRHGE continúe publicando libros para todos los lectores.

Queda prohibido bajo las sanciones establecidas por las leyes escanear, reproducir total o parcialmente esta obra
por cualquier medio o procedimiento así como la distribución de ejemplares
mediante alquiler o préstamo público sin previa autorización.
Si necesita fotocopiar o escanear algún fragmento de esta obra diríjase a CemPro
(Centro Mexicano de Protección y Fomento de los Derechos de Autor, https://www.cempro.com.mx).

ISBN: 978-607-311-733-3

Impreso en México – *Printed in Mexico*

El papel utilizado para la impresión de este libro ha sido fabricado a partir de madera
procedente de bosques y plantaciones gestionadas con los más altos estándares ambientales,
garantizando una explotación de los recursos sostenible con el medio ambiente y beneficiosa para las personas.

Penguin
Random House
Grupo Editorial

Índice

1. Sonido y silencio

Osho,
Hay algo que siempre me ha intrigado: en Oriente, las escritu-
ras comienzan con Om, Shantih Shantih Shantih *y acaban con*
Om, Shantih Shantih Shantih.
¿Podrías comentar algo al respecto?

Oriente ha enfocado la realidad de una forma casi diametralmen-
te opuesta a Occidente. En primer lugar, habría que entender el
significado básico de las palabras y, luego, todas sus implicaciones.

Todas las escrituras orientales comienzan con *Om, Shantih
Shantih Shantih* y acaban de la misma forma. *Om* es el símbolo del
latido universal; no es una palabra. Y al ir acercándote al latido universal, el resultado es un silencio cada vez más profundo. *Shantih*
significa silencio y siempre se repite tres veces porque cuando quieres llegar a la cuarta, tú ya no existes; solo queda el silencio. Has desaparecido como entidad separada del universo.

En Occidente no se les ocurrió empezar ni una sola escritura
con esta intención. Es incomprensible. Nunca entraron en la profunda comunión entre tu corazón y el mayor corazón del universo.
Tomaron un camino equivocado, el camino de la lucha, de la con-
quista, de la victoria. Eligieron la extroversión.

Su mundo es real, pero no saben nada acerca de ellos mismos. El exterior es real pero no han explorado el interior.

La Biblia dice: «Al principio, fue la palabra». Pues bien, eso es algo que solo puede haber dicho una persona absolutamente ignorante, porque «la palabra» es un sonido con significado. Los sonidos que hacen las palabras solo son eso, sonidos; no puede decirse que sean palabras. En el momento que afirmas: «Al principio fue la palabra», sin darte cuenta, has aceptado que hay alguien que les da sentido; luego entonces, la palabra no es lo primero. Lo primero es alguien que le da sentido a la palabra. La Biblia continúa: «Dios estaba con la palabra». Quienquiera que lo escribiese debió de sentirse incómodo con la idea de que el mundo empezara solo con la palabra. Inmediatamente necesitó que alguien le diera sentido; de ahí la siguiente frase, «Dios estaba con la palabra».

Si analizas las cosas a fondo y con imparcialidad, te sorprenderá lo mucho que pueden revelar. Después, esa persona debe haberse preguntado: «¿Quién fue primero, Dios o la palabra?».

La tercera frase intenta arreglar las cosas. Dice: «Dios y la palabra eran uno».

Nadie, en toda la búsqueda oriental, estaría de acuerdo con eso. Oriente no ha experimentado el principio, porque, como es natural, no puedes ver el principio: tú estás aquí, el principio ya ha ocurrido, así que no hay ninguna posibilidad de presenciar el principio. Pero sí que existe una posibilidad de que seamos testigos del final.

Los meditadores orientales descubrieron que lo primero que les ocurre al entrar en su ser interior es que les invade una belleza estremecedora y un sonido musical. No se trata del sonido de una música tocada por alguien, es, simplemente, el latido del universo. Y que, cuando se armonizan con el latido del universo, desciende el silencio. Les entran ganas de ponerse a bailar y de declarar el silencio a todo el mundo, pero se limitan a decir tres veces: «silencio, silencio, silencio».

Ellos se funden y se disuelven. En vez de hacer su declaración de silencio en voz alta, cada vez es más como un susurro hasta que, finalmente, desaparecen; pero han presenciado el final.

Entonces, es lógico llegar a la conclusión de que el final y el principio no pueden ser diferentes. La semilla se convierte en árbol, florece, da frutos y, de nuevo, semillas. En la existencia todo se mueve en círculo: la Tierra, la Luna, el Sol, las miríadas de estrellas lejanas; todo se mueve en un círculo que se encuentra en un punto.

El final y el principio son lo mismo.

Por eso las escrituras orientales empiezan con la declaración *Om*; el sonido de lo insonoro, la música propia del corazón del universo. Y cuando profundizan, el silencio acaba siendo la única realidad. Les gustaría declarar el silencio al mundo, pero nadie ha podido proseguir más allá de la tercera… porque cada vez que dicen «silencio», su voz se va apagando.

Recuerdo…

Yo tenía un amigo que era, probablemente, el médico más famoso de aquella región. Un día, le dije: «Me gustaría entrar lenta y profundamente en el inconsciente solo para experimentar. Tú puedes ayudarme».

Él me contestó: «Eso va en contra del código deontológico de la medicina. No puedo darte algo que te deje inconsciente sin un motivo justificado».

Pero acabé convenciéndole. Le dije: «Encuentra algún motivo; yo no se lo diré a nadie». Aunque ya lo había dicho a todo el mundo…

Hizo que me tumbara en la camilla. Como se trataba de algo contrario al código deontológico, dijo a todos los ayudantes y enfermeras que se fueran. Mientras me cubría la cabeza para que inhalase el anestésico, me dijo: «Hasta que el anestésico vaya haciendo efecto, cuenta: uno, dos, tres, cuatro, cinco…. Hasta donde llegues».

Es extraño, no pude pasar de tres. Seguí intentándolo. Era consciente del hecho de que solo había llegado a tres, pero el cuatro no llegaba. Después, le expliqué: «Por eso quería quedarme inconsciente. Quería saber por qué todas las escrituras solo repiten tres veces».

Le pedí que me relatara cómo había contado uno, dos, tres. Él me dijo: «El uno fue claro, el dos no tan claro, el tres fue casi un susurro y luego no dijiste nada más».

Esa fue mi manera, por medio de un experimento científico, de averiguar por qué todas las escrituras se paraban en tres. Empiezan y acaban con lo mismo.

No podemos conocer el principio: ya estamos aquí; el principio ya ha pasado. Pero podemos conocer el final; la desaparición en el absoluto silencio. Si conocemos el final, podremos deducir con absoluta certeza que así es como debió de ser el principio: en silencio, no con palabras.

El principio es silencio, el final es silencio y, si eres un meditador, lo que hay entre medias es silencio.

Silencio es la fábrica de toda la existencia.

Esto no es una hipótesis ni una idea filosófica; es la experiencia de miles de místicos que han entrado en su propio ser. Primero, oyeron el *Om*, y cuando el *Om* se volvió abrumador, le siguió el silencio.

Estamos hechos de sonido y silencio.

El sonido es nuestra mente; el silencio es nuestro ser.

El sonido es nuestro problema; el silencio nuestra liberación.

Eso lo descubrió algún anónimo explorador del interior, y ha sido seguido por miles de personas. Pero no tienes que repetirlo. Ahí es donde las masas se han perdido. Creen que repitiendo *Om, shantih shantih shantih* están realizando algún acto meditativo espiritual.

En Oriente, en todos los templos, verás un disco metálico que todo aquel que entra en el templo golpea con una barra de acero. El sonido llena todo el templo y después, poco a poco, se va apagando.

En Tíbet, incluso han hecho una cosa muy especial, una pequeña vasija metálica y una especie de baqueta; tuvieron que realizar muchos cálculos para conseguirlo. La primera vez que lo vi, no me lo podía creer, pero el instrumento estaba ahí, lo tenía delante de mí.

Yo tenía un amigo en Patna que era un gran coleccionista de toda clase de objetos. Siempre que iba a Patna insistía en que visitara su museo. Todo el mundo lo había visitado, incluso el primer ministro y el presidente. Era un hombre muy rico y se había traído objetos de otras tierras, objetos extraños. Pero cuando me dijo que recientemente había recibido una vasija de metal que decía: *Om, shantih shantih shantih*, no pude resistirme...

Patna es una ciudad extraña. No se extiende en todas las direcciones, solo tiene una avenida principal paralela al Ganges; este es tan hermoso que todo el mundo quiere vivir cerca de él. Así que Patna es una ciudad muy larga; puede que tenga unos treinta y cinco kilómetros. Su casa estaba a veinte kilómetros de donde yo me alojaba, pero fui a ver la vasija. Realmente, fue una gran experiencia. La vasija estaba hecha con una aleación de muchos metales. Hacías girar la baqueta frotando el borde de la vasija... luego se paraba. Y, de repente, se oía el sonido de la vasija que decía: *Om, shantih shantih shantih*.

Estas cosas pueden ser hermosas, creativas, pero no tienen nada de religiosas. Resuena en todos los templos hindúes, todo el mundo lo reza, pero se trata de un malentendido. Repetir *Om* no es lo que te conducirá a la realidad; lo que ocurre es que, cuando te quedas completamente en silencio, de tu propio ser surge el sonido *Om*. Tú solo eres un testigo, no un hacedor. Y cuando el sonido se apaga, sientes silencio, silencio, silencio... Entonces, todo desaparece, solo queda una realidad universal de la cual formas parte. Al igual que las gotas de rocío desaparecen en el océano, tú desapareces en el océano de la existencia.

Oriente ha descubierto que esta es la única experiencia espiritual. No Dios, no vuestras sagradas escrituras, no vuestros profetas; todos ellos son creadores de ficción. Ni siquiera vuestras oraciones, porque no son otra cosa que vuestros deseos. Lo único realmente importante es estar tranquilo, centrado, asentado en la propia fuente de la vida, en tu propio ser. Este sutra, *om, shantih shantih shantih* se escucha cuando estás en tu centro. No es repitiéndolo como llegarás a él. Tampoco suena exactamente así. Es una aproximación que hemos sacado nosotros… para comunicar lo que ha ocurrido. Es algo parecido, pero mucho más profundo; es algo similar, pero mucho más delicado; es algo semejante, pero no es lo mismo.

Los escritos de los místicos empiezan exactamente como lo hizo el universo, y acaban como, al final, descansará el universo. Hay una declaración de Gautam Buda referente a este sutra. Tiene mucho sentido. Dice que lo que piensan todos los teólogos acerca del principio, de cómo empezó el mundo, es absolutamente descabellado. Yo puedo entender el sentido de esa declaración: nunca podrás llegar a una conclusión acerca de cómo empezó el mundo porque no estabas allí. ¿Cómo vas a estar antes de que existiera el mundo?; formas parte del mundo. Todo lo que digas acerca del principio solo será imaginación, hipótesis, suposición.

Buda dice que el místico no tiene interés en saber cómo empezó el mundo, lo que le interesa es saber cómo acaba, porque en el final también encontrarás el principio. Pero hasta que no encuentres el final, solo podrás imaginar, argumentar y discutir acerca del principio; y todo ello es fútil. La tarea de los filósofos carece del más mínimo sentido. El místico es muy terrenal, muy pragmático, muy realista. Buda dice: «Primero, descubre cómo acaba»; y eso se descubre en tu interior.

No puedes esperar a que se acabe el mundo. En ese sentido, nunca se acaba. Siempre está ahí; sin principio, sin final. Pero ¿cómo empezó el mundo dentro de ti? Y ¿cómo acaba el mundo dentro de ti?

Los materialistas se aferran al mundo. Otros empiezan a mirar dentro e intentan descubrir cómo acaba todo, y todavía *eres*; pero solo una pura conciencia.

La flor desaparece.

Solo la fragancia permanece.

Estoy de acuerdo con Gautam Buda en que, si has encontrado la fragancia dentro de ti, conoces todo el secreto de la existencia, porque cada individuo es un universo en miniatura. Lo que en el universo ocurre a gran escala, dentro de ti ocurre a pequeña escala.

Si has probado una simple gota de rocío, habrás probado todos los ríos y todos los océanos y todas las posibilidades de agua en cualquier parte. Y tú *eres* la gota de rocío... En lugar de ir de un sitio para otro, saboréate a ti mismo.

Oriente ha enfocado la realidad de una forma muy diferente. Y, claro, como ha llegado de una forma distinta, ha producido un tipo diferente de persona iluminada.

Occidente ha producido papas; Pero ¿qué experiencia tiene el Papa? ¿En qué se basa su autoridad? Representa a Jesucristo, y el propio Jesucristo no parece estar iluminado. Porque una persona iluminada no se molesta en decir: «Dios es mi padre... yo soy el único hijo de Dios...». ¿A quién le importa? En Oriente hemos visto a miles de personas iluminadas. Ninguna de ellas ha proclamado ser el único hijo de Dios. Se reirían de ello durante siglos: «¡Ese hombre se ha vuelto loco!».

Así que, en primer lugar, el Papa representa a Jesucristo; quien parece ser un lunático. O bien le falta un tornillo, o bien le sobra. No muestra la gracia de un Gautam Buda o de un Mahavira, ni la danza de una Meera. Lo que dice lo ha aprendido en la calle; porque es analfabeto. Y los papas, cientos de papas a lo largo de estos dos mil años, son sus representantes. Es una jerarquía: el Papa, Jesús, Dios; ¡no puedes pasar, a no ser que lo hagas a través del canal apropiado! Siempre me ha intrigado que ni siquiera a las personas inteligentes de Occidente nunca se les haya ocurrido pensar: ¿cuál es la contribución de estos papas? Un hombre que representa a Dios tiene que mostrar algo, cierta sensibilidad, cierta gracia, cierta felicidad; a su alrededor debería haber cierta fragancia. ¡Pero el Papa es elegido!

Resulta muy gracioso que la gente elija a alguien como iluminado. La iluminación no es una campaña electoral. Muchos candidatos pueden levantarse y decir: «Estoy iluminado».

La iluminación es una apertura interior de la rosa. Aquellos que están buscando la verdad de su ser se sentirán atraídos inmediatamente hacia el hombre iluminado. La iluminación no depende de la elección o nominación de nadie. No representa ni a Dios ni a nadie. Simplemente declara su propio corazón e invita y recibe a cualquiera, cualquier caminante que quiera compartir su gracia, esta música eterna del *Om*, cualquiera que esté inmerso en la búsqueda de un silencio vivo, danzante.

Este sutra lo contiene todo; el principio y el final. Pero empieza por el final y acaba por el principio. La declaración de Gautam Buda era: «La ignorancia no tiene principio y la iluminación no tiene final, y componen un círculo». Sabes que te has ignorado por completo a ti mismo porque, ahora, estás muy alerta, lleno de alegría; en cada fibra, en cada célula de tu ser hay una gran danza. Esto es una experiencia; no es una hipótesis, nunca se ha discutido.

Ha habido místicos hindúes, ha habido místicos budistas, ha habido místicos jainistas… pero en lo referente a este sutra, nunca han discutido, nunca han disentido. Simplemente, se acepta porque es la experiencia, no una suposición teórica. No es filosofía. Es *filosía*, es *darshan*.

Ellos lo han visto en su interior, en su propio ser, y es imposible no estar de acuerdo con los otros que también lo han visto.

Pero dedicarse a repetirlo es, simplemente, hacer el tonto. Uno tiene que ir a un espacio interior donde ello explota por sí solo, tú solo eres un testigo. Entonces, transforma tu ser, le da belleza y gracia, le da sinceridad y verdad.

Osho,
Te he oído decir que tú estás más allá de la iluminación. ¿Qué diferencia hay, teóricamente hablando, entre la iluminación y el más allá de la iluminación?

La vida es un cambio continuo. No conoce pausa; ni siquiera el punto y coma. La iluminación no es quedarse estancado en alguna parte. Nadie ha hablado acerca del más allá de la iluminación. Pero, como estoy seguro de que *mi* gente se va a iluminar, tengo que advertirles para que no se queden estancados.

Incluso la iluminación debe ser trascendida.

Incluso la trascendencia debe ser trascendida.

Uno tiene que seguir y seguir.

La existencia es infinita, en múltiples dimensiones; no hay un final en ninguna parte. Nunca puedes decir: «He llegado». Siempre te estás acercando cada vez más, pero nunca llegas, porque ¿qué harás cuando hayas llegado? Entonces, el único camino que queda es el de regreso a casa.

Uno tiene que ir más allá de la iluminación; de lo contrario, te encontrarás en una difícil situación; estancado en la sala de espera de una estación de tren. Ningún tren regresa, todos los trenes van hacia delante, y todo lo que va quedando atrás ya lo has experimentado. Estás harto de ello; no quieres regresar. Y, aunque quisieras regresar, la naturaleza no lo permite.

¿Puede un hombre volver a ser un niño? ¿Puede un niño regresar al vientre de su madre? No hay posibilidad de regreso. El joven se hará maduro; el maduro se hará anciano. En tu vida hay un futuro abierto, pero no hay marcha atrás. Sencillamente, no se puede hacer nada al respecto.

He oído...

Al morir, Henry Ford se encontró con Dios, y este le preguntó: «¿Te complace mi creación?».

Él contestó: «No, si yo hubiera creado la vida, habría corregido muchos errores. Por ejemplo, el primer automóvil que construí no tenía marcha atrás: si te pasabas dos calles de tu casa, no podías regresar. ¡Tenías que dar la vuelta a todo el barrio para volver a tu casa!».

La marcha atrás fue un invento de Henry Ford; para poder ir hacia atrás. Así que le dijo a Dios: «Con la vida, te has equivocado en muchas cosas, pero especialmente en la marcha atrás».

El anciano quiere volver a ser joven pero no puede. Si Dios hubiese creado una marcha atrás, podrías regresar de nuevo a tu juventud; pero tienes que seguir adelante.

Cuando digo que uno tiene que ir más allá de la iluminación, estoy diciendo que la iluminación no es el fin. Es el comienzo de una nueva existencia, de un nuevo universo, de un nuevo mundo. Si concebir la iluminación es difícil, naturalmente, concebir el más allá de la iluminación lo es aún más, pero «teóricamente hablando» puede entenderse.

Mientras que todos los demás andaban por ahí, Silvestre Esperma se ejercitaba haciendo flexiones, nadando y levantando pesas. Uno de los otros espermatozoides le preguntó: «Silvestre, ¿por qué pasas tanto tiempo haciendo ejercicio?».

«Verás —respondió Silvestre muy serio—, cuando llegue el momento, quiero ser yo quien lo consiga.»

«Ah, sí —dijo el espermatozoide—. Pues tienes una posibilidad entre un millón.»

Justo en ese momento, se dio la salida y todos los espermatozoides empezaron a nadar. Silvestre iba destacado en cabeza cuando, de repente, se dio la vuelta y empezó a nadar hacia atrás. «¿Qué ocurre?», preguntó a gritos otro espermatozoide.

«Regresad —gritó Silvestre—, ¡se trata de una mamada!»

¡Pero tú no puedes regresar…! Eso era hablando teóricamente. Hablando de forma práctica, olvídate por completo del más allá. Antes, ilumínate.

No tiene sentido pensar en cosas tan lejanas. Lo primero es lo primero: ilumínate. Pero te interesa el más allá teóricamente… ¿Qué sacas con ello? De momento, la iluminación es suficiente.

Una vez que estés iluminado, no necesitarás a nadie que te diga que sigas más allá. Seguirás; tendrás que seguir. No hay nada estático. Al igual que nadie puede permanecer joven, nadie puede permanecer simplemente iluminado.

Yo soy la primera persona que habla del más allá. Todos los místicos del mundo se han quedado en la iluminación por la sencilla razón de que no estaban hablando teóricamente. Estaban implicados de una forma práctica en que abandonaras tu identificación con el cuerpo, con la mente; en que te convirtieras en una pura conciencia, sin envidia, sin ira, sin miedo; en que te convirtieras en un amor, en una flor de eternidad, que trajera fragancia y bendición, no solo a ti, sino incluso a aquellos que están profundamente dormidos.

Quizá el ruido de las flores de bendición, al caer, despierte a alguien, aunque solo sea para ver lo que está ocurriendo. Quizá la fragancia despierte a alguien. Quizá la luz penetre en la oscuridad de alguien.

Ilumínate; no de forma teórica sino en la práctica, existencialmente, el más allá vendrá por sí solo. Te he hablado de ello porque quiero que conozcas todas las posibilidades que pueden surgir en el camino.

Un día, Gautam Buda pasaba por un bosque. Era otoño y las hojas secas formaban una gruesa manta sobre el suelo…

Al verlo solo, Ananda, su discípulo principal, le dijo: «Esta pregunta ha surgido en mí: ¿nos has contado todo lo que sabes?».

Buda se agachó, tomó un puñado de hojas secas y, mostrándoselas a Ananda, dijo: «Si lo que he contado fuese esto, lo que nunca he contado serían todas las demás hojas secas de este bosque».

Pero yo no quiero ser tan mísero. Quiero contarte todo lo que ocurre en el camino con el más mínimo detalle. Ya va siendo hora. Han pasado veinticinco siglos desde los tiempos de Gautam Buda. Ahora, la conciencia del hombre es mucho más madura. Yo no me conformaré con un puñado de hojas secas. Te ofrezco todo el jardín; de ahí que hable de cosas que a ti pueden parecerte muy lejanas o que puede que no te ocurran nunca. Pero yo te aseguro que, si escuchas correctamente, todo lo que estoy diciendo ocurrirá. Me han ocurrido a mí, así que no hay razón alguna por la que no te vayan a ocurrir a ti.

La gente es muy extraña. Quieren grandes teorías, filosofías, pero no quieren una vida grande. Quieren que les convenzan con grandes conceptos filosóficos, pero no quieren que su corazón se convierta en una flor abierta danzando al viento, bajo el sol, bajo la lluvia. Se dedican a acumular en su memoria todo lo que oyen. En primer lugar, nunca lo oyen todo. En segundo lugar, oyen cosas que no se han dicho en absoluto. En tercer lugar, lo interpretan según sus propios prejuicios. Y en cuarto lugar, se limitan a acumularlo. Convertirse en una gran enciclopedia no sirve de nada.

Un hombre ganó algo de dinero en las carreras de caballos y lo celebró yendo a cenar a un buen restaurante. Mientras le servían la cena, se fijó en que los cubiertos eran de plata auténtica. Así que comió rápidamente, se guardó una cuchara en el bolsillo, y se levantó con intención de marcharse. Al llegar a la puerta, el camarero salió tras él y le dijo: «Disculpe señor, ¿qué hay de la cuenta?».

El hombre se volvió y dijo: «¿Qué cuchara?».

La cuchara que había robado ocupaba su mente por completo. Al ver que el camarero venía tras él, estaba seguro de que era por la cuchara. No oyó la palabra «cuenta», oyó la palabra «cuchara». Y es comprensible; es natural. Estás tan lleno de cucharas robadas que cuando te ofrecen felicidad, reaccionas inmediatamente: ¿qué cuchara?

Osho,

En mis cursos de terapia, especialmente en aquellos sin estructura, he descubierto en mí un estado de alerta, de observación, en lo que respecta al curso y a mí mismo, una vitalidad y un silencio que, normalmente, solo experimento después de haber hecho muchas meditaciones.

¿Es este «espacio impersonal» de líder de curso comparable a la meditación, que es así como lo siento, o me estoy engañando a mí mismo debido a que, cuando estoy liderando un curso, no necesito fijarme en mis propios problemas? ¿Me gusta tanto ser líder de curso porque me da la oportunidad de meditación o, simplemente, porque soy un adicto a la «energía de curso»? ¿Podrías comentarlo, por favor?

¿Quieres mi comentario teórico o práctico? Empecemos por el teórico. En teoría, eres un gran líder de curso; en teoría, en los grupos, surgen en ti grandes estados meditativos. Pero tú sabes, yo sé y todo el mundo sabe que, en la práctica, la situación es diferente.

Todo el mundo quiere ser líder, todo el mundo quiere dominar, dirigir, guiar, da igual que no sepa lo que le está aconsejando a la gente. Lo que importa es que aconsejar le hace sentirse bien; hace que se sienta sabio. El que tanta gente le mire con respeto como alguien que les puede guiar hace que se sienta bien. Y, naturalmente, has comprendido que cuando te involucras en los problemas de los demás te olvidas de los tuyos propios.

Olvidarte de tus propios problemas te proporciona cierta paz. Cuando está meditando solo, es muy difícil porque ¿cómo te vas a olvidar de tus propios problemas...? Cuando cierras los ojos, te los encuentras a todos haciendo cola.

Uno de los emperadores musulmanes de la India fue encarcelado por su hijo porque no se moría nunca, seguía y seguía... El hijo ya era viejo. Llevaba demasiado tiempo esperando ser el emperador.

Así que finalmente pensó: «Este viejo puede durar más tiempo que yo», y encarceló a su propio padre. Fue fácil porque ambos vivían en el mismo palacio, y el hijo ostentaba el mando de todos los ejércitos; era el comandante en jefe. El viejo fue encarcelado en su propio palacio.

El día siguiente, envió el siguiente mensaje a su hijo: «Llevaba demasiado tiempo gobernando. No era necesario que me encarcelaras. Solo tenías que habérmelo pedido, yo te habría cedido el imperio. Ya no significaba nada para mí. Te deseo lo mejor. Vive muchos años y haz que el imperio prospere, pero hazme un favor: quiero enseñar el sagrado Corán a treinta niños».

Su hijo, que se había proclamado a sí mismo emperador, dijo a la corte: «¿Os dais cuenta de que, psicológicamente, el viejo no puede abandonar la idea de ser el guía, el líder, el sabio? Aunque no sean más que treinta golfillos de las calles, no importa, seguirá siendo el líder y el maestro. Esos treinta niños sustituirán a todo el imperio».

Sigmund Freud y su camarilla no habían nacido aún, pero ese hombre dijo algo de una gran trascendencia en lo que a psicología se refiere.

Si no puedes meditar solo, tu meditación en grupo es falsa.

Si no puedes estar solo en silencio, tu silencio, al ayudar a otros a entrar en silencio, no es auténtico.

Recuerdo una historia muy famosa...

Un perro se había iluminado. Nadie puede evitarlo... cualquiera puede iluminarse. No hay ninguna ley que lo prohíba: iluminarse no es un delito. Era un perro muy persuasivo, y fue por toda la ciudad diciendo a todos los perros: «Tu único problema es seguir ladrando sin ninguna necesidad. Esta enfermedad de ladrar ha impedido tu iluminación. Fíjate en mí: yo nunca ladro».

Desde primera hora de la mañana hasta última hora de la tarde, estuvo visitando a todos los perros y convenciéndolos de que estaba iluminado, y no había la menor duda. Se sintieron avergonzados, pero ¿qué iban a hacer?; ¡un perro es un perro! Cuando un perro ve a alguien con uniforme, no puede evitar ladrar. A los perros no les gustan nada los uniformes; carteros, policías, sannyasins... En cuanto ve el uniforme, el perro se enfurece con la persona. Según parece, debe de ser un gran amante de la libertad; el uniforme representa esclavitud. En la mente de los perros tiene que haber algo de filosofía, porque se lo toman muy a pecho; ladran hasta agotarse.

Como ellos no podían dejar de ladrar, tuvieron que aceptar que el perro no ladrador estaba iluminado. Era algo parecido al Gautam Buda de los perros, su logro era importante: «Estamos todos orgullosos de que hayas nacido entre nosotros; te veneraremos. Te recordaremos, les contaremos a nuestros hijos los días gloriosos de tu existencia. Pero tienes que perdonarnos, aunque intentemos no ladrar con todas nuestras fuerzas, cuanto más nos aguantamos, más ganas nos entran».

Una noche de luna llena… y la luna es otra cosa que tampoco gusta a los perros; nadie sabe por qué. De hecho, en todas las lenguas hay palabras relacionadas con la luna que son sinónimos de loco. «Lunático» es sinónimo de loco, aunque su definición sea relativo a la luna, se utiliza como adjetivo que denota locura.

En hindú también ocurre lo mismo: loco se dice *chandmara*, matado por la luna. La luna enloquece a las personas; incluso al mar.

Afecta a los pintores, a los poetas. La mayoría de personas que se suicidan lo hacen en una noche de luna llena; en noches de luna llena, la cantidad de gente que se vuelve loca es mayor. Así que, si los perros ladran toda la noche, no se les puede culpar; tienen algo del poeta, algo del loco, cierto sentido de la estética, cierta afinidad con el mar. No pueden soportar la luna llena, y, como no entendemos su idioma, lo llamamos *ladrar*. Quién sabe, a lo mejor, están recitando poesías de alabanza a la luna… o, quizá, sus ladridos son su forma de rezar…

Una noche de luna llena, todos los perros decidieron que habían llegado al límite, ya no podían soportar que siempre les estuviera reprendiendo: «Este perro iluminado es demasiado. Cada vez que ladras, aparece inmediatamente. Está todo el tiempo agazapado, vigilando a los perros. Esta noche de luna llena, nos comprometeremos a no ladrar aunque nos estemos muriendo. Mantendremos los ojos cerrados para no ver la luna».

Había un silencio como nunca antes. El perro Gautam Buda se dio una vuelta por el barrio; no vio a ningún perro. Todos habían desaparecido… ¿qué estaría ocurriendo?; y en una noche de luna llena que, normalmente, era un momento cumbre para su predicamento. Pero los perros estaban ocultos en rincones oscuros detrás de las casas. Tenían miedo porque sabían que si veían la luna, con compromiso o sin él, no podrían resistirse. ¡Sabían…! Eran cons-

cientes de su debilidad, de su flaqueza, así que lo mejor era quedarse tumbado tranquilamente al amparo de la oscuridad de la parte
trasera de las casas. Pero Gautam Buda estaba muy preocupado:
«¿Qué habrá ocurrido…? ¿Habrán muerto todos los perros?».

La luna empezó a elevarse. Por primera vez —andaba siempre
tan enfrascado en sus enseñanzas a los otros perros que no tenía
tiempo de mirar al cielo— vio la luna. Todo el firmamento se des-
moronó. Se oyó tal ladrido que empezaron a salir perros de todos
los rincones.

Ese día se dio cuenta de que sus continuas enseñanzas no le dejaban tiempo para ladrar. No se puede ladrar y hablar a la vez. Sintió
una gran vergüenza… como si se hubiera caído del pedestal. Todos
los perros le rodearon y le preguntaron: «¿Qué ha ocurrido?».

Es un cuento muy interesante. Si, estando a solas, no puedes permanecer en silencio, entonces tu silencio, cuando diriges un curso,
no es más que una tapadera de tu ruido interno. Estás centrado en
los problemas de otras personas, y tú mismo te ocultas detrás de eso.

El silencio solo es auténtico cuando estás a solas y no surge ningún pensamiento en ti. Y, de hecho, esto debería ser una enseñanza
para ti. Sé cada vez más meditativo, porque ese es el único baremo.

Solo si has llegado al silencio, tienes derecho a decir a los demás que estén en silencio. Solo si has resuelto tus problemas, tienes la capacidad de ayudar a aquellos que no saben cómo salir del
embrollo en que han convertido sus vidas.

Necesitas claridad.

Algo hermoso para que este silencio se convierta en una danza
de silencio vivo…

Un abuelo y una abuela están en la terraza del hogar para ancianos
meciéndose en sus mecedoras. El abuelo inclina su mecedora hacia delante y dice a la abuela: «¡Que te jodan!».

La abuela inclina su mecedora hacia delante y dice al abuelo: «¡Que te jodan a ti!».

El abuelo se irrita mucho y grita: «¡Que te jodan!», inclinándose más hacia delante.

La abuela mantiene la compostura pero también se inclina hacia delante y dice: «Que te jodan otra vez».

Y siguen así hasta que, finalmente, el abuelo le dice: «Sabes qué, abuela, esta mierda de sexo no es lo que solía ser».

Solo es oral... teórico.

Un obrero es contratado para limpiar las ventanas de un edificio de dieciocho plantas.

Al llegar al lugar de trabajo, se encuentra con otros dos compañeros que van a trabajar con él. Los tres suben en el andamio a la parte más alta del edificio y empiezan a trabajar. Pero, una hora después, de repente, el primer obrero salta del andamio desde la planta dieciocho.

Cuando llega la policía, pregunta a los compañeros qué ha ocurrido.

«No lo sé», contesta uno de ellos.

«Bueno —dice el otro—, puede que haya sido por una cuestión de cuernos.»

«¿A qué se refiere?», le pregunta el agente.

«Bueno —contesta este— no dejaba de decir que no podía trabajar con dos hijos de puta.»

2. Sí y no

Osho,

¿Cómo se puede distinguir la resistencia terca de la rebelión salu-dable, la rendición a la existencia de la resignación? Los escollos de mi habitual y terca inconciencia me hacen sospechar de la im-perceptibilidad y la falsedad de mi «sí» y mi «no». ¿Existe alguna prueba sencilla? ¿Es auténtico cuando te hace sentir bien?

Cuando sientes algo auténtico, puedes enfrentarte al mundo ente-ro. Pero autenticidad no debería ser otro nombre de tu ego. Nadie te lo puede aclarar, y tú lo sabes.

Cuando se trata de ego, sabes perfectamente que el deseo que te impulsa es ser alguien especial. Y cuando se trata de auténtica verdad, también sabes que no tiene nada que ver con tu personali-dad, con tu ego. No pretendes sacar nada de ello excepto una gran dicha.

Deja que la dicha sea el baremo.

En lo que a mí respecta, ni tu «sí» ni tu «no» significan nada para mí. Como estás dormido, en tu sueño, da igual que digas sí o no. Digas lo que digas, te echaré un cubo de agua fría por la cabeza.

Tu «sí» y tu «no» son irrelevantes.

Lo importante es tu despertar.

Todo lo que ocurre desde tu despertar está bien. Desde el momento que estás alerta, despierto, consciente, tu rebelión y tu rendición no son dos cosas diferentes.

Es la mente inconsciente la que o bien quiere rendirse para evitarse los problemas que conlleva la rebelión —rendición pobre— o bien desea rebelarse porque no quiere perder su ego. En ese caso, son subproductos. A mí no me interesan los subproductos.

A mí solo me interesa una cosa. Yo lo llamo presenciar. Estate consciente, y si tu conciencia te conduce a la rendición, perfecto, maravilloso. Y si tu conciencia te conduce a la rebelión, que así sea. Puede que te resulte difícil comprender que la rendición es la mayor rebelión. Rebelión contra el ego, rebelión contra tus condicionamientos. Pero la rendición no te debe ser impuesta.

Aquí, nadie tiene interés en tu rendición. ¿Qué íbamos a hacer con tu rendición? No le veo ninguna utilidad. Nadie tiene interés en tu rebelión. Pero, si realmente quieres rebelarte, vete al centro comercial; ¿qué diablos estás haciendo aquí? Aquí hay un conjunto de personas que están buscando la vida real, que están intentando despertarse. Ni la rebelión ni la rendición tienen la más mínima importancia.

Lo único que realmente importa es estar totalmente alerta y consciente, entonces todo lo que hagas estará bien.

Todas las religiones han puesto etiquetas a las cosas: esto está bien, esto está mal; esto es bueno, esto es malo; esto es virtud, esto es pecado… Todo está clasificado. En mi opinión, las cosas están cambiando constantemente, nada es fijo. Por lo tanto, no puedo decirte que una determinada cosa esté bien y que otra determinada cosa esté mal. En un contexto diferente, las cosas serán diferentes. Así que es mejor darte una conciencia que decida, espontáneamente, momento a momento, lo que está bien y lo que está mal.

No deberías depender de unas antiguas escrituras muertas, no deberías depender de los santos; ¡estén muertos o vivos! Deberías ser simplemente libre en tu conciencia y dejar que ella responda a la realidad según vaya viniendo; porque la realidad está cambiando continuamente.

Algunas veces, lo más correcto puede ser la rendición: si te encuentras con un buda, ¿cómo te vas a rebelar? Tus carreras y tus saltos le harán mucha gracia, pero qué rebelión... No es su problema, es tu problema. ¿Tu rebelión te está trayendo más paz y más silencio o, por el contrario, te está trayendo más ansiedad, más angustia, más tensión y más problemas?

En cambio, si te encuentras con Ronald Reagan, rendirse no es lo acertado. Uno debería tener cierta dignidad, cierto respeto por sí mismo. Rendirse a criminales —aunque sean poderosos— no puede ser lo correcto porque eso es sumisión. Solo es correcto rendirse a una fuente de humildad, de luz, de libertad; una rendición que te hará más libre de lo que hayas sido jamás; una rendición que no te arrebatará el placer de volar por el cielo cortándote las alas. La rendición a un hombre que está alerta, consciente y que posee un profundo respeto es algo hermoso.

He contado esta anécdota muchas veces...

Gautam Buda, en su vida anterior, oyó hablar de otro hombre que se había iluminado. No estaba muy interesado, pero sentía curiosidad por ver qué era ese fenómeno de la iluminación y cuáles habían sido sus efectos sobre el hombre. Partió, y cuando se acercaba al hombre, algo en su corazón empezó a fundirse; la dureza y la arrogancia empezaron a desaparecer.

Cuando se acercó a él, se vio a sí mismo tocando los pies del hombre. No se lo había propuesto, ni siquiera había pensado tocar los pies al hombre, pero se vio haciéndolo. En el hombre había tal belleza y tal gracia que incluso tocarle los pies era un placer.

Pero lo más sorprendente fue que el hombre se levantó y tocó los pies de Gautam Buda. Este le preguntó: «¿Qué está haciendo?

Usted está iluminado. Puedo sentir la paz que le rodea, puedo sentir la luz y la fragancia en que se ha convertido. Que yo me postre ante usted y le toque los pies es absolutamente lógico, pero ¿por qué lo hace *usted*? Yo soy un hombre ignorante, muy testarudo, muy egoísta, ¿por qué toca usted mis pies».

El hombre iluminado dijo a Gautam Buda: «Hoy estás dormido; mañana estarás despierto. Hoy no estás iluminado, pero la iluminación forma parte de tu naturaleza. A mí no me importan tu arrogancia, tu ego ni tu testarudez; no forman parte de tu naturaleza. Te toco los pies para recordarte que no eres lo que piensas, y también para recordarte que, en tu próxima vida, cuando te ilumines, seas respetuoso con aquellos que aún vayan a tientas en la oscuridad».

Pues bien, tocar los pies de un hombre así es una maravilla, una gracia, una bendición.

Si puedes distinguir la rebelión sana de la rebelión insana, si estás iluminado hasta ese punto, creo que no tendrás problemas en discernir si te estás resistiendo o si te estás rebelando. Necesitas aguzar un poco tu inteligencia.

La resistencia no siempre es mala. Si te enfrentas a un régimen fascista, resiste. Pero aquí no hay ningún régimen fascista, ninguna jerarquía. Nadie te tortura, no hay cámaras de gas; ¡no matamos ni a los judíos! Estás completamente seguro.

Osho,
Como tú nos inundas con tanto amor cada día, mis sentimientos sexuales hacia mi novio se han desvanecido. Al parecer, debe de haber alguna relación entre tu asistencia a los discursos y la desaparición de mi sexualidad. ¡Por favor, sigue asistiendo para que pueda seguir saboreando la iluminación!

Nandan, el amor tiene muchos niveles: el biológico, el social, el espiritual. No tienen por qué estar en conflicto, pero entiendo tu problema. Durante siglos se ha pensado que o amas al mundo o amas al más allá, que no se puede amar ambas cosas a la vez.

Esa ha sido una de las estúpidas enseñanzas que han eliminado cualquier posibilidad de felicidad para el hombre. Este mundo y el más allá no son dos; las raíces del más allá están en este mundo. Tu amor por tu novio y tu amor por mí no son antagonistas. Al contrario, cuanto más me ames a mí, más amarás a tu novio. El amor es una profundización, una purificación, un florecimiento. Puede que tu novio solo sea un pequeño rosal, lo cual no significa que ese rosal no pueda formar parte de un gran jardín.

No hay por qué separarlos. Si amas a tu novio, amarás al jardín. Quizá tu novio es el jardín de infancia donde estás aprendiendo a amar, pero el amor no debe ser limitado, debe extenderse. Debería llegar a extenderse a todo el universo. Tu amor por mí no debería ser un obstáculo. Por ese motivo, Gautam Buda solía decir a sus discípulos: «Si al ir hacia dentro en el camino de la meditación os encontráis conmigo, matadme inmediatamente».

Yo no debo ser un obstáculo. Estoy aquí para ayudarte, no para dificultarte. Y me gustaría que tu amor se hiciera tan grande que en él cupiese el canto de los pájaros y el silencio de los árboles disfrutando al sol.

Tu amor debería ser tu cielo.

Pero hemos sido educados de una forma tan equivocada que el amor ha acabado siendo un sinónimo de los celos. Ha acabado siendo un sinónimo de competición, de dominación. Esa condición debe ser eliminada; puede ser eliminada. Esa es la tarea de la meditación: eliminar todas las condiciones para que seas tan inmenso como el todo.

La primera vez que leí la declaración de P. D. Ouspenski... Fue uno de los más grandes matemáticos de esta era y escribió uno de los libros más hermosos que se hayan escrito jamás. El libro se titula *Tertium Organum*. Y, justo al principio, relata que el primero lo escribió Aristóteles; su título era *Organum*. «Organum» significa principio de conocimiento.

El segundo, *Novum Organum*, fue escrito por Bacon. En la misma línea, pero va mucho más allá que Aristóteles. «Novum Organum» significa nuevos principios de conocimiento. Con gran humildad y modestia, Ouspenski dijo: «Titularé mi libro *Tertium Organum*, tercer canon de pensamiento, tercer principio de conocimiento».

Hasta ahí, todo va bien. Sin duda, tenía mucho más que ofrecer que Bacon. Pero prosigue diciendo: «Quiero dejar claro que el tercer canon de pensamiento es anterior incluso al primer canon de pensamiento de Aristóteles, solo que no se había descubierto».

Los tres libros están relacionados con las matemáticas. En *Tertium Organum* se puede leer: «Este libro no es de matemáticas sino de supermatemáticas». En matemáticas, la parte nunca puede ser igual al todo; eso es obvio. Pero en supermatemáticas, según Ouspenski, «la parte puede ser tan grande como el todo».

La parte puede convertirse en el todo. Cuando una gota de rocío desaparece en el mar, deslizándose por la hoja del loto, ¿acaso crees que sigue siendo una gota de rocío o que es más pequeña que el mar?

En cuanto se desliza al mar, se convierte en mar. Entonces, la parte y todo son uno.

El amor es el arte de ser uno con el todo.

Encontrarás muchos amantes por el camino. No los conviertas en barreras, no los consideres obstáculos. Eso es lo que siempre han enseñado todas las religiones del mundo: que amar cosas mundanas retrasa tu crecimiento espiritual. Nunca llegarás al más allá, tus alas nunca surcarán el cielo, como un águila volando con el sol de fondo. Te estancarás en alguna parte.

Tu novio solo es la primera cata, una pequeña cata del amor. Él no es un obstáculo. Si amándome a mí desaparece el amor por tu novio, entonces no era verdadero amor. Además, no puedes estar segura de tu amor por mí, porque existen realidades mayores. Si te cruzas con ellas, tu amor por mí desaparecerá. No, estás pensando de forma muy equivocada.

Mi amor debería hacer que tu amor por tu novio fuese más puro, más meditativo, más musical, más auténtico. Yo no debo ser un contendiente, debo ser un alimento para tu amor. Tienes que aprender este nuevo lenguaje que la sociedad ha impedido. Hay diferentes motivos para que todas las sociedades del mundo lo hayan impedido: toda clase celos, de competitividades, de miedos... incluso si amas un periódico, tu mujer lo tirará a la basura: «¡Cómo te atreves, estando yo aquí...!». Y es verdad que te estabas escondiendo tras el periódico para no ver a tu mujer. Estabas sosteniendo el periódico al revés, no lo estabas leyendo. Solo lo hacías para mantener una coexistencia con tu mujer, a quien dices: «Te amo».

El filósofo estadounidense Dale Carnegie, el más estúpido de los filósofos que he conocido, en un libro, sugiere cómo influir en la gente y ganar amigos; pero, como sabes, en Estados Unidos, *todo* es superficial, hipocresía. Lo que propone es una hipocresía; dice: «Tienes que decidirle a tu mujer: "Cariño, te amo", al menos tres veces al día». No importa si la amas o no. Es una cuestión de coexistencia; de lo contrario, te dará problemas. Regálale rosas, helados y Coca-Cola como muestra de tu amor.

Pero en Estados Unidos se han hecho estudios que demuestran que todo suele durar tres años: los matrimonios solo duran una media de tres años; los empleos solo duran tres años; las personas se trasladan de ciudad cada tres años... Todas las modas desaparecen al cabo de los tres años. ¡Extraño! El tres parece ser un número muy cristiano: Dios, el Espiritu Santo y el Hijo. Estados

Unidos parece realmente cristiana; se ajusta a la ideología. Pero esa es la media. En el nombre del amor, ocurren muchas otras cosas.

He oído…

En un juzgado matrimonial, una pareja estaba firmando los formularios. Primero la mujer y luego el hombre. La mujer dijo: «Esto es demasiado, quiero el divorcio». El magistrado, que no daba crédito a lo que estaba oyendo ya que no había ocurrido nada, le preguntó: «¿Por qué quiere el divorcio?».

La mujer contestó: «Fíjese en el tamaño de su firma, es enorme comparada con la mía… Habrá conflicto de egos. Es mejor que lo dejemos al principio. ¿Por qué atormentarnos innecesariamente? Ni siquiera ha tenido la consideración de firmar como yo. Ha firmado como si estuviera escribiendo en la pizarra de una clase para niños… con letras enormes. ¿Qué necesidad hay? Ocupa todo el formulario con *su* firma. Es una declaración abierta de cómo será nuestra relación: "Serás un cero a la izquierda". Y yo no quiero ser un cero a la izquierda».

En el nombre del amor, la gente puede fingir o incluso creer que ama, pero es pura biología, hormonas. Una simple inyección de otra hormona puede hacer que desaparezca el amor y que os odiéis el uno al otro. Eso no es amor, es fisiología, biología, química. ¿Has observado alguna vez a una pareja de casados que estén felices juntos? La luna de miel dura una semana, dos como mucho. Todas las historias dicen lo mismo: «Se casaron y vivieron felices el resto de sus días». Nadie describe lo que realmente ocurre después de la luna de miel. La luna de miel es una ficción creada por tu biología; un «romance». Tú no eres quien lleva la batuta.

Una vez que esas hormonas han sido satisfechas —ya has conocido a la mujer, la mujer ya te ha conocido a ti, y estáis perfectamente familiarizados con vuestras respectivas geografías—, es cuando surge la cuestión de cómo deshacerse de esa persona. Todas las sociedades te animan a casarte y te dificultan el divorcio. Detrás de eso, hay una psicología muy interesante: si el divorcio fuese tan fácil como el matrimonio, habría desorden, caos. ¡La gente, nada más volver de su luna de miel, se dirigiría directamente al juzgado a pedir el divorcio! Están hartos; no pueden soportar la presencia del otro. Eso no es amor.

Así que, antes, tienes que entender claramente lo que significa el amor. He observado a las parejas de casados. Cuando están juntos, su aspecto es muy triste. Si ves a un hombre feliz yendo con una mujer, seguro que es la mujer de otro. La felicidad es imposible, porque estar juntos las veinticuatro horas se convierte en un tormento. El mismo conflicto: «¿Por qué llegas tarde? ¿Dónde has estado?». Todos los maridos, de camino a casa, van inventándose coartadas para esas preguntas; dónde ha estado, qué ha estado haciendo…

Pero, aunque el marido invente la mejor excusa, su mujer ya sabe que todo lo que le diga será una sarta de mentiras. Aunque le dijera la verdad, la mujer no le creería. Y el hombre tampoco cree a la mujer. Maridos y esposas acaban siendo detectives, vigilándose con el rabillo del ojo: ¿qué está haciendo…?

Era una mujer hipocondríaca. Cada día padecía alguna nueva enfermedad que veía en los anuncios televisivos de medicamentos. Le encantaba porque se encontraba en una posición muy dominante: estás enferma, débil; tu marido no puede tratarte mal, tiene que ser agradable. Tiene que decir: «Cariño, te llevaré al médico».

Pero el médico le decía que no padecía ninguna enfermedad. «¿Qué voy a tratar?». Entonces, ella obligaba al marido a que la llevara a otro médico para tener una segunda opinión…

Afortunadamente, murió. Pero, antes de morir, dejó las siguientes instrucciones: «En mi tumba solo debe figurar este epitafio: "¿Y ahora, qué?, ¿todavía piensas que soy una hipocondríaca?"».

Uno solo ama cuando encuentra una comunión de espíritu. No va en contra de la biología ni de nada; esas son estrategias de la naturaleza para la continuación de las especies. Para saber que uno ama en comunión de espíritu, la indicación, la absoluta certeza es que no habrá celos. Porque si un día tu mujer se siente feliz con alguien, y tú la amas, deberías estar contento de que sea feliz. El amor quiere que todos los que amas sean felices. Si hay una comunión de espíritu, no habrá secretismo. La mujer podrá decir: «Fíjate qué hombre más guapo», y el marido no se sentirá ofendido. Apreciará el sentido de la estética de su mujer. Eso es lo único que está diciendo, nada más.

En la naturaleza, ningún animal es feliz mientras hace el amor. Normalmente, no solemos ver a otros animales, solo algún que otro perro callejero... pero ¿te has fijado alguna vez en sus caras mientras están haciendo el amor? Están muy tristes, y si hay gente, se entristecen incluso más. La gente les tira piedras. La gente es extraña... ¿Qué quieres, ser tú el único que ama? Los perros no hacen ningún mal a nadie; sin embargo, la gente los persigue y se arrastran agónicamente el uno al otro.

Por eso, en el mundo animal, solo hay un tiempo de celo en el que los animales hacen el amor. El resto del año, se olvidan de ello por completo; ese tiempo es suficiente. Necesitan, al menos, nueve meses para olvidarse de lo ocurrido.

Pero el hombre es más estúpido. Lo detesta; cada noche, piensa: «¡Se acabó! A partir de mañana...». Pero, por la tarde, empieza a pensar otra vez: «¿Por qué no hacerlo una vez más? ¿Qué tiene de malo? Puedo dejarlo después...».

Pero nunca lo dejas, y lo extraño es que tu amor, tu práctica del amor no está haciendo que tu vida sea más dichosa, más musical, más poética, más danzarina. Todo lo contrario, está volviéndola árida, desértica. En cierto sentido, es una pesada carga para ti. Es más un problema que un placer. Es cierto que al principio parece una gran bendición, pero solo al principio. Cuanto más inteligente seas, antes dejarás de considerarlo una bendición.

Si tu amor es de este tipo inferior, del tipo más inferior, el biológico, entonces es normal que cuando me ames a mí, desaparezca el amor por tu novio. Para que lo superior pueda ser, antes debe desaparecer lo inferior. Deberías tomar esto como una indicación de que tienes que elevar tu amor para que no desaparezca, sino que se fortalezca más.

Mi amor no solo te está llegando a ti, también le está llegando a tu novio. Vosotros dos deberíais bailar, deberíais sentiros nutridos; en vosotros dos deberían brotar nuevas flores.

Yo no soy antivida como lo son otras religiones. Yo estoy absolutamente a favor de la vida, porque vida, en esencia, significa amor.

No quiero que tu amor esté confinado a mí; hay ámbitos más elevados. Yo solo soy una puerta que puede guiarte a ámbitos de amor más elevados, donde el amor ha dejado de ser un diálogo entre dos personas y se ha transformado en una actitud amorosa, donde no necesitas un amante. *Eres* amor y a dondequiera que vayas estarás rodeado por un aura de amor. Irradiarás tu amor sobre los árboles, sin esfuerzo alguno, irradiarás amor aunque no haya nadie, en el vacío.

El amor supremo es la actitud amorosa; cuando su destinatario ya no es el otro; cuando todo el mundo, toda la existencia, se convierte en tu amado. El maestro solo es la puerta al infinito, a la eternidad, a la liberación de la dualidad.

El más importante filósofo francés, Jean-Paul Sartre, insistió una y otra vez en que el otro es el infierno; y, en cierto sentido, llevaba razón. Estando con otro, es muy difícil no generar desdicha para ti y para el otro. No hay nadie que haya sido hecho para ti. Tú tienes tus gustos y el otro tiene los suyos. No sois uno; el ritmo de vuestro corazón no es el mismo. Vivís juntos, tenéis que convivir porque sois incapaces de vivir solos. Para vosotros, estar solos implica soledad, desesperación; como si os hubiesen abandonado.

No sabéis que la soledad no es desoladora. La soledad es la cumbre más elevada de la conciencia. Y cuando el amor a solas, cuando no tiene un destinatario concreto sino que es irradiado en todas las direcciones, se convierte en un paraíso.

Pero tenemos que ir aprendiendo paso a paso, debemos caer y levantarnos. Si tu amor por tu novio depende de que si yo vengo o no a hablar, no vendré. ¿Cómo voy a cometer tan horrible pecado?; destruir el pobre amor de Nandan. Cuando vengo, ella se ilumina; y las mujeres iluminadas no tienen novios. Eso es una tontería. ¿Por qué no? ¡Las mujeres iluminadas deberían tener novios iluminados! En vez de dejar al pobre muchacho, ayúdale a iluminarse y así podré venir y estar con vosotros. Porque si no vengo… fíjate en toda esta gente, os matarían ¡a ti y a tu novio!

Así que cambia tu estrategia. Yo no estoy en contra de vuestro amor, estoy totalmente a favor. Amad profundamente, amad sin celos, amad felizmente y ayudaos el uno al otro a ser más meditativos. Porque ¿qué otra cosa podemos hacer, qué otra cosa podemos compartir? El hombre nace desnudo, sin nada. El amor debe ser el comienzo de un compartir; y no toda esa basura que Dale Carnegie sugiere.

El único compartir es de silencio, de dicha, de celebración. Poco a poco, vuestros corazones irán empezando a fundirse y a fusionarse el uno con el otro. Vuestro amor se irá convirtiendo en un fenómeno espiritual. Además, vuestro amor os irá ayudando a acercaros más a vuestro maestro, porque el maestro no separa, sino que une.

Es horrible que incluso personas como Gautam Buda o Mahavira abogaran por la renuncia a la mujer, al marido, a los hijos. Nadie habla de la cantidad de seres —que, en veinticinco siglos, deben contarse por millones— que han sido abandonadas por personas que se han hecho sannyasins por motivos inadecuados. Era la forma de divorcio más fácil, y muy respetable: no había que ir al juzgado, y no eras criticado por la sociedad. Al contrario, si renunciabas a tu mujer y a tus hijos en nombre de la religión...

¿Te das cuenta de las consecuencias? Millones de mujeres condenadas a la miseria, cuya única salida es la prostitución. Millones de niños condenados a ser mendigos, ladrones, delincuentes. Y ¿quién es responsable de todo esto? Vuestros llamados grandes líderes.

Hace algún tiempo leí la biografía de un monje jainista...

Era un hombre muy respetado, por la sencilla razón de que no procedía de una familia jainista. Había nacido en una familia hindú que se dedicaba a la orfebrería. Cuando alguien se convierte a otra religión, es muy respetado entre sus nuevos correligionarios porque refuerza su confianza de que su religión es mejor, más elevada, más verdadera que las demás. Se convierten en argumentos a favor de su filosofía.

Había otros monjes jainistas pero este era más respetado que ningún otro. Leí su biografía. Renunció a su mujer y, veintiséis años después, la mujer murió, pobre; hacía pequeños trabajos domésticos para otros, limpiaba, fregaba los platos, lavaba la ropa. El condicionamiento religioso era tal que, a pesar de todo, a ella le hacía feliz que su marido se hubiese convertido en un gran santo.

El día que el santo recibió la noticia de que su mujer había muerto —su frase me quedó grabada; no puedo olvidarla porque no puedo perdonarla—, dijo: «Mi última ansiedad ha desaparecido». Veintiséis años después... Abandonó a su mujer en la absoluta miseria. ¿De qué ansiedad hablaba? Renunciar a una mujer es fácil, pero renunciar al sexo no. A pesar de que había renunciado

—lo cual le aportó un gran respeto y honor— en el fondo, el sexo debe de haberle traicionado. Su declaración: «Mi última ansiedad…» delata que, en esos veintiséis años, había estado llevando la carga de esa ansiedad; en realidad, no había renunciado. Pero en todas las partes del mundo ha estado ocurriendo lo mismo.

Yo solo quiero transformar la calidad de tu amor. No quiero que renuncies a nada. La renuncia es para los retrasados; la transformación es para los inteligentes.

Yo no puedo tener millones de personas en torno a mí por la sencilla razón de que no existen millones de personas inteligentes. La mayoría son retrasadas.

Después de la Segunda Guerra Mundial, se desarrollaron los tests para calcular la edad mental de una persona. Hasta entonces, nunca se había pensado que existiesen dos edades: la edad del cuerpo y la edad de la mente. Y el descubrimiento de que la edad media de la mente era muy retrasada —la edad media de los hombres era de catorce años— causó una gran conmoción. Aunque el cuerpo del hombre tuviera setenta años, su edad mental, psicológica, no superaba los catorce.

Mi tarea es igualar tu edad mental a tu edad física. De hecho, si la edad mental de un hombre de setenta puede ser de catorce años, lo opuesto también es posible.

Alguien preguntó a Emerson: «¿Cuántos años tiene usted?».

Él contestó: «Trescientos sesenta años». Emerson era un hombre sincero; el interlocutor no podía creer que mintiera de esa forma.

¿Trescientos sesenta…? Fingió no haberle oído bien. Le dijo: «Estoy un poco sordo. ¿Puede repetir, por favor? ¿Cuántos años ha dicho?».

Emerson dijo: «Ha oído perfectamente, pero se lo repetiré, trescientos sesenta».

El hombre le dijo. «No lo puedo creer. No aparenta más de sesenta».

Emerson respondió: «Es verdad. Esa es la edad de mi cuerpo. Yo me refiero a mi verdadera edad, a la edad de mi psicología, que es, por lo menos, seis veces superior a mi edad física».

Primero, tengo que limpiar toda la basura que las generaciones anteriores han vertido en tu mente. Tu inteligencia necesita una limpieza, tu amor necesita una limpieza. Hay que darte madurez, centro, individualidad, entonces no habrá dos mundos, como dicen todas las religiones.

Yo niego rotundamente que existan dos mundos. El «otro mundo» es, simplemente, una ficción, un consuelo para dar esperanza a los retrasados, a los pobres, a los desgraciados; es un opio para que, como sea, consigan arrastrarse hasta sus tumbas.

Este es el único mundo. Lo cual no significa que se acabe cuando tú mueras. Tu muerte simplemente significa que pasas a una vida de mejor calidad. Todo depende de ti. Si en esta vida consigues deshacerte de los celos, de las atracciones biológicas y fisiológicas… Si puedes alcanzar la armonía, el amor; si esta vida puede convertirse en una celebración, tu conciencia más íntima continuará celebrando en planos más elevados. Pero no existen dos mundos. Existe un mundo, una eternidad.

Los que hicieron esa división fueron muy astutos porque eso les dio pie para decir: «Si eres pobre aquí, no te preocupes. Rézale a Dios y, en tu próxima vida, irás al paraíso, allí tendrás todos los placeres que aquí te han sido negados». Ese paraíso de todas las religiones no es más que un consuelo para los pobres, para los que sufren, para los desdichados. No te hace crecer, no te proporciona más conciencia. Al contrario, lo único que hace es darte una esperanza que no se cumplirá.

Nadie ha escrito desde el otro mundo. Al menos, podrían haber mandado una tarjeta de navidad diciendo: «Somos felices aquí». No existe ninguna evidencia de él, ninguna prueba ni argumento. Dios, el paraíso y todos sus placeres son la mayor de las ficciones.

Jesús dice: «Bienaventurados los pobres», ¡pero todo el mundo sabe quiénes son los bienaventurados! Si estos son los pobres, entonces deberíamos destruir todas las riquezas que hay en el mundo. Convirtiendo a todo el mundo en mendigo, estarás haciendo que sean bienaventurados; ¡porque solo los bienaventurados, los pobres, entrarán en el reino de Dios! Y existe una religión para cada clima, para cada geografía, para cada problemática. Todas ellas te ofrecen, prometen ofrecerte en el «otro mundo» lo que no has tenido en este. *Allí* encontrarás a mujeres hermosas; aquí tienes que renunciar a la pobre mujer, sin embargo, allí encontrarás a hermosas mujeres que nunca envejecen. Permanecen siempre jóvenes, para siempre… en los dieciséis años.

Deben de estar hechas de plástico; no pueden ser reales. Esas mujeres han sido ofrecidas a millones de santos que han entrado en el paraíso. No encontrarás a una prostituta en la Tierra que pueda compararse a las prostitutas que hay en el paraíso. Y, como verás, es extraño: todas las religiones ofrecen hermosas mujeres porque son obra del hombre. No se ofrecen muchachos hermosos porque ¿a quién le importan las mujeres?

En realidad, sí hay una religión que ofrece hermosos muchachos, pero solo por la homosexualidad; también son para los hombres, no para las mujeres. Ríos de vino… Aquí, el vino está prohibido pero en el paraíso puedes nadar en vino, beber, ahogarte. Puedes hacer todo lo que quieras. Ideas tan insensatas como esa han prevalecido durante siglos en todo el mundo.

He oído que…

Swami Muktananda murió; en realidad, nunca estuvo vivo pero, en teoría, murió. Uno de sus principales discípulos no soportaba separarse del maestro. Se suicidó, se dio toda la prisa que pudo en entrar al paraíso. El pobre Muktananda estaba tumbado bajo un hermoso árbol completamente florido, y, sobre él, estaba la actriz estadounidense, Marilyn Monroe.

El discípulo dijo: «¡Dios mío, esto no está bien! Muktananda siempre ha predicado el celibato... ¿Qué está ocurriendo?». Entonces se dio cuenta de que los valores habían cambiado: esto era el paraíso. Se postró a los pies de la pareja, que estaba haciendo el amor, y dijo: «Perdón. Por un momento, al no darme cuenta de que los valores habían cambiado, surgió una duda en mí. Esto no es la Tierra; es el paraíso. Has recibido un buen premio; es una mujer bellísima».

Antes de que Muktananda pudiera decir algo, Marilyn Monroe dijo: «Idiota, no entiendes nada. Yo no soy el premio de este viejo, él es mi castigo. No se les ocurrió una penitencia más horrible».

No existe otro mundo, pero la conciencia es eterna. La existencia siempre ha estado aquí y siempre lo estará. Depende de ti —únicamente de ti— sacar lo mejor de esta gran oportunidad.

Si purificas tu amor, se convierte en oración.

Si purificas tu inteligencia, se convierte en tu sabiduría.

Si te purificas totalmente a ti mismo, te conviertes en uno con el todo. Y ser uno con el todo es la suprema bendición, la felicidad, la experiencia que miles de personas han buscado por caminos equivocados a lo largo de milenios.

Este mundo tiene que ser amado, tiene que ser respetado, este mundo tiene que ser tu templo, tu mezquita, tu iglesia. Este mundo tiene que ser tu agradecimiento, tu gratitud.

Nandan, la iluminación no es algo de otro mundo. La iluminación sucede aquí y ahora. La iluminación no es otra cosa que lo que eres en estado puro. No es renuncia, es regocijo.

Yo estoy cambiando la definición de sannyas. Hasta ahora, la definición de sannyas ha sido renuncia al mundo. Lo cual ha resultado ser una catástrofe. Millones de personas, que podían haber creado un mundo mejor, más hermoso, han renunciado a él. Yo quiero cambiar la definición de sannyas. Para mí, no es renuncia, es regociijo.

Regocíjate en tu amor, regocíjate en tus canciones.

Regocíjate en tu música, regocíjate en tu danza.

Regocíjate en estos hermosos árboles; en este inocente canto de los pájaros.

Tenemos el mundo más perfecto y no existe ningún otro; tenemos que armonizarnos con él. Tenemos que hacernos uno con él.

La iluminación no es algo especial, es simplemente una conciencia purificada en la que miles de flores de amor, inteligencia, verdad, paz y silencio crecen por sí mismas.

Nandan, tu pregunta ha producido un silencio muy serio; a los árboles no les gusta. Esperan vuestra risa; los nutre. Cuando reís, los pájaros entienden perfectamente el idioma de la risa. Ellos no entienden ni árabe ni sánscrito ni hebreo, pero entienden la risa.

Algo para los árboles y los pájaros…

Un hombre está contando a un amigo lo que sucedió mientras estaba en un restaurante de autoservicio.

«Tomé mi taza de café —le dice—, y la puse sobre la mesa. Luego, fui a por un trozo de tarta y, cuando regresé con la tarta, el café había desaparecido. Así que dejé la tarta y volví a por otra taza de café… la tarta había desaparecido. Así que escribí una nota que decía lo siguiente: "He metido mi dedo en el café". Pero cuando regresé, la taza estaba vacía y alguien había dejado una nota que decía: "Me he bebido tu café pero no he encontrado el dedo".»

Un joven campesino se dirige a su padre para decirle: «Papá, quiero casarme con Susana».

«No te cases con ella, hijo mío —le dice el padre—. Cuando era joven, era bastante alocado, para ser franco, ella es medio hermana tuya.»

Un tiempo después, el campesino vuelve a decir a su padre: «Papá, estoy enamorado de Isabel y quiero casarme con ella».

«No puedes —le dice el padre—, es medio hermana tuya.»

«¿Y Marisa?», volvió a preguntarle unas semanas después.

«Lo siento —le dice el padre—, también es medio hermana tuya.»

El joven, que estaba determinado a casarse, fue a la madre lamentándose.

«Papá dice que no puedo casarme con Susana ni con Isabel ni con Marisa porque todas ellas son medio hermanas mías. ¿Qué puedo...?»

«No te preocupes —le dice la madre—, puedes casarte con la que quieras; ¡él no es tu padre!»

Osho,
Nunca he sido amada por un hombre. O bien hay una conexión sexual pero sin cariño ni atención, o bien hay cariño y comprensión, pero no hay sexo. Deseo tanto conectar con un hombre con quien compartir ambas cosas que siempre estoy buscando. Tengo la sensación de que me falta por aprender una lección en receptividad, y puede que también en humildad. Por favor, comenta.

Este es uno de los problemas más antiguos que los seres humanos han tenido que afrontar. Su fantasía es el amor puro, el cariño, la atención, el querer, pero su biología tiene un programa distinto. A la biología no le interesa el amor puro o el cariño, lo que le interesa es la reproducción de las especies. La biología es puramente sexual.

Si buscas un amor no biológico, fracasarás en el intento. Y el problema se complica aún más. Quizá la mujer puede esperar porque su sexualidad es pasiva, se extiende por todo su cuerpo. Para ella, que la abracen, que la amen, que la cuiden es un inmenso placer. A ella, el sexo le parece algo bajo, animal.

Pero también hay que tener en cuenta al hombre. Su sexualidad es localizada. Primero: no está por todo su cuerpo. Y segundo: tiene que ser agresivo. El óvulo de la mujer espera dentro —puede esperar una eternidad— pero el esperma del hombre no puede esperar tanto tiempo. Desea correr la maratón lo antes posible. Por eso finge romance y todas esas zalamerías, pero su verdadera intención es ¡que a las nueve y cuarto…! Está constantemente mirando al reloj. Todo lo demás está bien, pero la verdadera meta son las nueve y cuarto.

Y la situación se resuelve muy rápidamente… Ese millón de espermatozoides que serán liberados en un acto sexual nunca volverán a correr una maratón como esa; es una cuestión de vida o muerte. Solo uno entre un millón alcanzará el óvulo de la mujer, que está esperando ahí, tan tranquilo.

En cuanto un espermatozoide llega al óvulo, este se cierra. Algunas veces ocurre que varios amigos llegan juntos; entonces tienes gemelos. Pero eso es muy improbable y, de todos modos, no pueden llegar un millón de personas; matarían a la mujer si llegasen al mismo tiempo… ¡a las nueve y cuarto! Los listos se hacen a un lado y observan toda la escena, y los idiotas van como locos, directos como una flecha; no hay mucho tiempo. El tiempo de vida de un espermatozoide fuera del cuerpo del hombre es, a lo sumo, de dos horas.

En cuanto el esperma es liberado, al hombre le entran ganas de dormir. Está cansado y ya es suficiente. Ya no piensa en romances, no está programado para un pequeño juego posterior… Antes, tiene que hacerlo. Así que, en dos o tres minutos —alrededor de las nueve y diecisiete— ya está pensando: «¿Cuándo acabará esta insensatez?». Para él, sin duda, es agotador; es su energía la que sale afuera.

La mujer no está perdiendo energía, la está ganando. Y puede que ni siquiera llegue al orgasmo, porque el orgasmo requiere cierto tiempo. El hombre debe jugar con su cuerpo, provocar cada fibra y célula de su cuerpo para que se encienda. Pero a ningún hombre le importa, le parece una tontería, «¿Qué estás haciendo? Haz lo importante y luego a dormir».

Es muy difícil encontrar a un hombre que no te ame solo como un objeto en el que liberar su sexualidad. Lo cual no significa que no vaya a haber sexo en absoluto. Puede ser solo una pequeña parte en una gran atmósfera de romance, amor y cariño. Te resultará muy difícil encontrar a un hombre así, mientras tanto irás envejeciendo. Mi sugerencia es: si ese hombre nunca llega a tu vida; qué le vas a hacer. No pidas lo imposible. ¡Inténtalo! Lo imposible también puede ocurrir, pero requiere una gran dosis de inteligencia, comprensión y buen humor.

Lo único que puedes hacer es tener tus relaciones sexuales con personas que no sean nada románticas, y tu amistad con personas que hayan trascendido el sexo. O lo solucionas de algún modo o cambias al hombre. La responsabilidad de amarte, de darte atención, comprensión y sexo no recae solo en el hombre, también es responsabilidad tuya. Se trata de un diálogo muy sutil.

Si eres atenta y cariñosa, se dará una especie de sincronía en el hombre. Ese es el secreto del arte de amar. La naturaleza lo lió, o no se preocupó de ello, porque su interés era otro. Pero tu poético corazón, tu individualidad es mucho más grande que tu biología.

Recuerda, no te dediques a buscar a ese hombre. Crea la situación por tu parte también.

He oído que...

Un hombre comentaba que había dado la vuelta al mundo buscando a la mujer perfecta. Alguien le preguntó: «¿La encontraste?».

Él contestó: «Sí, pero ella estaba buscando al hombre perfecto».

El amor tiene que ser una forma de creatividad.

Solo entonces el papel que desempeñe el sexo será menor. Estoy convencido de que la mujer tiene una mayor capacidad de generar una atmósfera de cariño porque está programada por la naturaleza para ser madre. Toda mujer debería ser también una madre para su amante.

Cuida de él, de su ropa, de su comida, de su higiene y, poco a poco, el hombre y su rudeza —que, para él, es natural— empezará a ablandarse. Él también empezará a pensar: «Esta pobre mujer está haciendo tanto por mí; yo también debería hacer algo». Entonces seguro que te trae helado. Sin helado ningún amor es completo. ¡No sé por qué, pero es así!

Desafortunadamente, el mundo ha dado por garantizado que todos sabemos amar, así que ningún sistema educativo, ninguna universidad ofrece cursos en el arte de amar. Es muy extraño que lo más importante sea desatendido.

Un día, yo estaba con el rector en su despacho, cuando se presentó una muchacha con lágrimas en los ojos, pero me di cuenta de que sus lágrimas ocultaban un sutil placer. Dijo que cierto muchacho la estaba acosando. Le sacaba el aire a las ruedas de su bicicleta, le tiraba piedrecitas, le escribía una carta tras otra...

«Incluso mi familia ha empezado a preocuparse porque nunca las firma. Ellos también me acosan: "¿Quién es ese hombre y por qué no deja de escribirte cartas?". Sé quién es, pero no puedo decírselo porque, si lo hiciese, originaría un sinfín de discusiones y peleas innecesarias. He venido a pedirle que haga algo para impedir este acoso.»

El rector le dijo: «No se preocupe, llamaré a ese muchacho ahora mismo y no volverá a suceder».

Yo dije: «Espere».

Me preguntó: «¿Por qué?».

Le dije: «Espere. Antes de llamar al muchacho, quiero preguntarle algo en presencia de esta muchacha».

Se quedó un tanto sorprendido; yo era profesor en su universidad. Me dijo: «Usted siempre se comporta de un modo extraño. No es asunto suyo».

Le dije: «Es asunto mío, nos concierne a todos. Respóndame sinceramente. ¿Acaso nunca ha hecho algo parecido con alguna muchacha cuando tenía su edad y estudiaba en la universidad?».

Exclamó: «¡Dios mío!».

Le dije: «Recuerde, no puede engañarme, si lo hiciese, para mí, perdería todo su honor. Sea sincero».

Dijo: «Sí, hice algo parecido».

Le dije: «Una parte del asunto aclarada».

La muchacha estaba sorprendida. Las lágrimas habían desaparecido, estaba casi sonriendo. Le dije: «Ahora pregúntese a usted misma, ¿realmente tiene interés en que nadie la acose, nadie le tire piedrecitas, nadie le saque el aire a las ruedas de su bicicleta, nadie le escriba cartas de amor…? Sea sincera como lo ha sido el señor rector. ¿Sería feliz entonces?».

Vaciló por un momento y luego dijo: «No, en realidad, me gusta todo lo que hace».

«Entonces ¿por qué ha venido a quejarse?»

Ella contestó: «Hablar de él hace que me sienta muy feliz. Escribe unas carta tan bonitas...».

El rector dijo: «Esta es una extraña situación. Ahora, ¿qué se supone que debo hacer?».

Le dije: «Simplemente, no haga nada. Si hace algo, iré a su casa y contaré a su mujer lo que hacía en sus tiempos de universitario».

Él me dijo: «No, no lo haga. Eso convertiría mi vida en un infierno. Ya es un infierno. ¡Apiádese de mí! Ya soy un anciano y esos son ecos muy lejanos de cuando era estudiante en la universidad. Es cierto que, de vez en cuando, recuerdo aquellas hermosas caras que se han ajado... y yo he acabado con una bruja».

Le dije a la muchacha: «A partir de mañana, al menos en mi clase, se sentará con el muchacho».

Ella preguntó: «¿Con el muchacho?».

Le contesté: «Sí, con el muchacho. Dele la lata a él. Empiece por lo que acabará sucediendo. Lo mejor es acabar con ello cuanto antes. Pellízquele; le aseguro que a él le gustara».

Ella me dijo: «Esta es una extraña solución, nunca he oído... ¿Qué dirán los demás?».

Le contesté: «No se preocupe por los demás. Si alguien dice algo, envíemelo y yo me ocuparé de él».

Ese tipo de situaciones se dan porque a nadie se le enseña el sencillo arte de amar. El muchacho no puede tocar a la muchacha, así que le tira una piedrecita. Al menos, la piedra que él ha tocado tocará a la muchacha.

Las personas que no comprenden la mente humana no ven con claridad que, si toca a la muchacha a distancia, es porque la cercanía no está permitida, si saca el aire de su bicicleta... En realidad, lo que quiere es que ella sea su bicicleta, pero ni él ni ella lo comprenden.

«...Dígale a ese muchacho que venga a verme, yo le enseñaré cómo debe comportarse.»

Ella dijo: «Vengo aquí para que le castiguen y lo que parece es que usted nos está castigando al señor rector y a mí. Y al muchacho que me está acosando se le está premiando».

Le dije: «Merece ser premiado, tiene el suficiente coraje para escribir cartas de amor. ¿Dónde están todas esas cartas?».

Me contestó: «Las he guardado».

Le dije: «Si odia a ese muchacho, ¿por qué ha guardado sus cartas de amor? Debería haberlas quemado, pero le gustan. ¿Y las lee una y otra vez?».

Ella dijo: «¡Cómo lo sabe! Es verdad. Cada noche, cuando todos duermen, las leo una y otra vez. Escribe unas cosas tan bonitas, tan hermosas; y es tan guapo».

Le pregunté: «Entonces ¿Cuál es el problema?».

El problema es que la sociedad no facilita la instrucción adecuada acerca de lo que se debe hacer, y es una de las cuestiones más fundamentales en la vida del hombre: su sexualidad, su amor. De algún modo, tiene que aprender a elevarse por encima de la biología. La biología sigue siendo una parte —yo no estoy en contra de la biología, pero la biología es algo extremadamente mediocre y ordinario—. Un poco de poesía, un poco de música, un poco de danza; y, finalmente, un poco de helado. Son absolutamente necesarios.

Lo que el mundo ha enseñado a las chicas es: Tenéis que huir pero permitid que los chicos os alcancen. Pero no huyáis tan rápido que pierdan la esperanza. Huid y esperad. Dejad que se acerquen y luego huid y esperad... pero que finalmente os atrapen... Solo para daros la sensación de que sois responsables de todo lo que sucede después. Porque la chica huía, tú ibas detrás de ella, la atrapaste. Aunque, en realidad, es ella quien lo urde todo para que puedas atraparla, ella se mantendrá por encima y te recordará una y otra vez: «No era yo quien iba detrás de ti, eras tú quien iba detrás de mí».

Pero no hay necesidad de perseguir y ser perseguido. La gente debería ser más comprensiva y abordar al otro diciendo: «Cuando me acerco a ti, hay algo en mi corazón que empieza a danzar. Si tú sientes algo parecido, quizá podríamos pasar unos días…». ¡Y la vida no es tan larga!

Un famoso poema urdu dice así:

> *La vida son cuatro días.*
> *Dos para prepararse y dos para esperar.*

¿Esperar qué? ¿Prepararse para qué? En una vida tan corta no malgastes el tiempo con innecesarias moralidades, ideologías puritanas, predicadores y sus predicamentos… Todos ellos son unos hipócritas.

Sé auténtico y dile al hombre o a la mujer: «Te amo. Me gustan tus ojos, me gusta tu cara… Lo cual no significa que me tenga que gustar todo en ti, pero intentaré pasar por alto esas cosas. Si tú sientes algo por mí, estoy abierto. No te pido tu totalidad, tampoco tú debes pedírmela».

Eso es lo que tú estás pidiendo: totalidad. Los pobres seres humanos no pueden ser totales; además, las cosas van cambiando. Lo que hoy parece un gran amor, mañana no parecerá tan grande. Y pasado mañana, será una repetición habitual, entonces empezarás de nuevo a buscar aquí y allá, intentando encontrar esa gran totalidad.

En la vida no existe la totalidad, solo existe la ilusión de totalidad. Un hombre inteligente comprende que la vida no es perfecta ni tiene por qué serlo. Es imperfecta. Todos somos seres imperfectos. Aunque no te gusten ciertos detalles en una persona, puede que te gusten otras cosas de ella… No esperes a la chica soñada. Sé más realista e intenta comprender que todo el mundo tiene defectos, y que amar a alguien no significa que tengas que acabar con su libertad.

Amar significa, simplemente, que sientes que entre los dos hay una chispa. Mientras esa danza se mantenga en tu corazón, perfecto. Siempre he considerado que las parejas deberían disponer de un fin de semana libre, un cambio. No veo ninguna inmoralidad en ello, sino pura inteligencia. ¿Por qué obligar a las personas a vivir en el aburrimiento? Una vida tan corta… cuatro días, y los malgastamos en aburrimiento. Y después del fin de semana, tu propia mujer será de nuevo… «¡Dios mío, qué guapa está!»

Todas las mujeres son casi iguales y los hombres también. No hay grandes diferencias: algunos tienen barba y otros no… Toda la humanidad debería vivir en una atmósfera de cariño en la que haya libertad para que el aburrimiento no se asiente.

Un hombre sale de un bar con una muchacha y se la lleva a dar una vuelta en su viejo Ford. Se detiene en una parte solitaria de una carretera rural, se vuelve hacia la muchacha e inicia unos acercamientos bastante predecibles.

«Un momento —aclara la muchacha, quitándoselo de encima—. En realidad, soy prostituta, y mi tarifa son cincuenta euros.»

El hombre le paga de mala gana y hacen el amor. Más tarde, el hombre se sienta al volante y espera.

«¿Qué sucede? —pregunta la muchacha—. ¿No nos vamos?»

«Todavía no —le dice el hombre—. En realidad, soy taxista y el precio de la carrera son cincuenta euros.»

La gente es tan apañada…

Osho,
la primera vez que me senté ante ti, me dijiste: «Lleva luz al inconsciente».
Desde entonces, han pasado ocho años y me siento más silencioso y amoroso que nunca y, no obstante, siento que hay mucho más. La luz que entra en el inconsciente ¿lo hace por medio del esfuerzo y la determinación, o es un regalo esencial que requiere paciencia, apertura y receptividad?
¿Podrías hablar acerca de lo que significa llevar luz al inconsciente?

Cada paso del camino le recuerda a uno la total inoperancia del lenguaje. Puede que te haya dicho: «Lleva luz a tu inconsciente», porque en ese momento no habrías entendido lo que puedes entender ahora.

Tú solo puedes preparar el terreno.

La luz viene por sí sola.

Y eso es lo que ha estado sucediendo, durante estos ocho años, según ibas volviéndote más silencioso y amoroso. Pero tienes la sensación de hay algo más; hay mucho más. Ahora, puedo decirte: Relájate en tu silencio para que pueda hacerse más profundo. Relájate en tu amor para que deje de ser tan sólido y se vuelva más líquido, más fluido en todas las direcciones.

En pocas palabras, aprende el arte de dejarte ir. La venida de la luz no guarda relación con tus expectativas o esfuerzos. Cada esfuerzo será un gran obstáculo y cada expectativa generará más distancia entre la luz y tú.

De hecho, olvídate por completo de la luz… simplemente escucha el sonido de la lluvia, el sonido del viento, y disfruta con tal intensidad que desaparezcas en cada disfrute. Con el tiempo, un día, descubrirás que no eres. Ese es el momento más importante de la vida, porque en el mismo momento en que descubres que no eres, la luz entra en ti. Ella espera hasta que vacías tu ser íntimo. Cuando estás demasiado lleno de ti mismo, no hay espacio para que la gran luz descienda en ti.

En cierto sentido, tienes que morir para renacer, tienes que dejar de ser para ser auténticamente tú mismo. Biológicamente, este lenguaje es muy contradictorio, pero yo no tengo la culpa. Toda la culpa es de la inoperancia del lenguaje. No se hizo para expresar las más valiosas y elevadas experiencias de la conciencia.

El descender de la luz es lo supremo, entonces desaparecerá la sensación de que falta algo. Eso no significa que no haya mucho más —lo hay— pero lo que has recibido es demasiado incluso para que puedas creértelo. No lo mereces, no eres digno de ello, y es tan inmenso que resulta inconcebible que, tras ello, pueda haber mucho más. Pero no hay por qué preocuparse por ello. Igual que ha llegado la luz, llega como un rayo que entra en tu oscuridad inconsciente; y enseguida se convierte en miles de soles, una explosión de luz en todas las dimensiones. Por eso, la experiencia ha recibido el nombre de iluminación.

Estás en el camino correcto. Si te hubiese dicho estas mismas cosas hace ocho años, no habrías entendido. Antes de poder decirte cosas que son indecibles, tenía que prepararte. Y hay muchas cosas que transmitirte, pero tendrán que esperar a que estés preparado. Cuando estés preparado, házmelo saber; dime: «Estoy preparado».

Entonces, puedo olvidarme de la lógica, del lenguaje. Entonces, puedo hablar directamente de la experiencia esencial; ¿qué más da que sea gramatical o no? Una cosa es segura: es existencial.

De ahora en adelante, recuerda: deja de traer luz al inconsciente, ¡por favor! De ahora en adelante, espera a que la luz llegue. Aparece súbitamente, sin previo aviso, así que tienes que estar despierto todo el tiempo, esperando en la puerta, manteniéndola abierta; porque el anfitrión puede aparecer en cualquier momento.

Es, realmente, una relación entre el huésped y el anfitrión. Tú tienes que desaparecer y convertirte en una espera, total, pura y silenciosa, no esperando algo, simplemente esperando. En el momento en que puedes simplemente esperar, sin pedir nada a la existencia, sin desear… Porque cada deseo de cada expectativa, de cada demanda, esconde una queja: «¿Por qué sigo todavía en la oscuridad? ¿Por qué no has venido todavía?». Puede que no lo digas abiertamente pero, en el fondo, tú sabes… Tu corazón no puede ser agradecido en tal situación.

Olvídate por completo de la luz, porque no viene por recordarla, así que ¿qué sentido tiene recordarla? Viene por tu profunda relajación, silencio, paz, amor, meditación y un total dejarte ir. Y, un día, de repente, encontrarás todo tu ser lleno de luz, transformado de mortalidad a inmortalidad, transformado de desdicha a felicidad, en una felicidad que no conoce fin.

Osho,
Tú siempre dices que uno se hace sannyasin porque está buscando la verdad. Cuando lo dices, yo siempre me siento muy culpable, porque sé que no me hice sannyasin por esa razón. Me hice sannyasin porque quería ser feliz, quería deshacerme de la angustia y vivir toda la dicha que mi corazón pudiera contener. Por favor, comenta algo acerca de esto.

¡Eres culpable!, porque lo que tú llamas felicidad no es otra cosa que un subproducto de la experiencia de la verdad. Puede que estés buscando la felicidad, puede que estés buscando lo supremo, puede que te estés buscando a ti mismo… eso da igual, estás buscando lo mismo. Estás buscando deshacerte de tu ignorancia, de tu desdicha, de tu angustia, pero eso solo sucede cuando te has encontrado cara a cara con la verdad de tu ser.

Eres culpable de malinterpretar. Ahora, deja de sentirte culpable. La energía que estás poniendo en sentirte culpable ponla en buscar la felicidad, y verás que tu búsqueda de felicidad es otro nombre para lo que yo he llamado la verdad.

Jaimito entra en una tienda a toda prisa y grita: «¡Rápido, mi padre se ha quedado colgado boca abajo por la pernera de los pantalones en una valla con alambre de espino!».

«¿Qué necesitas? —le pregunta el tendero—. ¿Ayuda o artículos de primeros auxilios?»

«Nada de eso —contesta Jaimito sin aliento—. ¡Quiero otro carrete para mi cámara!»

La mala interpretación no es motivo para la culpa...

Dos ancianas solteronas negras están a punto de hacerse una foto. Cuando el fotógrafo se cubre la cabeza con la tela y empieza a ajustar los lentes, una de ellas le pregunta a la otra: «¿Qué está haciendo?».

La otra responde: «¡Nos está enfocando!».

La primera, anonadada, mira a su amiga y le pregunta: «¿A las dos?».

3. Corazones y mentes

Osho,
Me siento tan lleno por dentro que me desborda y, a la vez, tan va-
cío que me asusta. Parece una contradicción. ¿Querrías comentar
algo al respecto?

La vida no está hecha de contradicciones, está hecha de comple-
mentarios. Las cosas solo parecen opuestas en la mente. Solo en
la mente, no puedes concebir que ambas puedan ser una. Por eso la
geometría Euclidiana dice que dos líneas paralelas nunca se encuentran, aunque se ha descubierto que, de hecho, las líneas paralelas también se encuentran.

Toda esta existencia es un encuentro de muchas dimensiones.
Esa es su belleza, su variedad, su interminable procesión de celebración. Si *piensas* en el vacío, no puedes concebir que la plenitud
y el vacío sean lo mismo. Pero si *experimentas* te sorprenderá ver
que lo que la mente siempre ha propuesto, que lo que los filósofos
siempre han apoyado, es completamente absurdo.

Todas las filosofías son absurdas.

Solo la experiencia es verdad, no las consideraciones teóricas
acerca de la experiencia. Inculcamos contradicciones en las mentes de la gente: vacío y plenitud son absolutamente contradicto-
rios. Pero, cuando llegas a un punto de meditación profunda, de re-

pente, te sorprendes y también te asustas, te asustas de tu condicionamiento; no se supone que vacío y plenitud sean uno. Pero a la existencia no le importa lo que digan vuestros filósofos, ella sigue su propio camino.

Cuando estás completamente vacío, también estás completamente lleno, rebosante. De hecho, el propio vacío se convierte en una gran plenitud. En cierto modo, puedes llamarlo vacío; por ejemplo, si sacas de tu casas todos los muebles y todos los trastos que la gente suele acumular… A todo el mundo le encanta acumular. Si sacas todos los trastos, la habitación, la casa estará vacía de trastos pero, en lo que a ella respecta, será la primera vez que esté llena de sí misma. Todos esos muebles y demás trastos estaban anulando su plenitud.

Lo normal es que el meditador llegue a un punto en el que se haya deshecho de todos los trastos de la mente y, de repente, vea que el vacío está ahí. También existe una plenitud para la que no hay ninguna explicación lógica; pero no es, en absoluto, un proceso lógico.

Tu experiencia es enormemente significativa. Demuestra que has tocado un punto profundo en el que los opuestos se encuentran y se mezclan, en el que los enemigos se convierten en amigos, en el que la vida y la muerte son una; en el que el vacío y la plenitud no son dos cosas separadas, sino solo dos nombres separados creados por la mente.

La mente es muy pequeña, no puede concebir el fenómeno tan enorme de que la vida y la muerte sea una, de que el vacío y la plenitud sea uno. Puede concebir que el vacío sea vacío y la plenitud sea plenitud. Eso son discriminaciones de la mente.

La meditación abre las puertas a un mundo inmenso, existencial, no teórico donde, por primera vez, de repente y para tu sorpresa, el vacío y la plenitud son uno, la vida y la muerte son una, el hombre y la mujer son uno. Pero no es una cuestión de ser o no ser. Ambos son uno: diferentes nombres para la misma realidad.

Así que no pienses en términos de contradicción. Eso es la mente interfiriendo en tu meditación. Tienes que estar muy alerta; la mente es astuta. Lo intenta por todos los medios porque por todos los sistemas educativos y todas las sociedades la han adiestrado muy bien. Cuanto mayor sea el adiestramiento de la mente de un hombre para ser lógica, más intelectual es considerado el hombre. Cuando, en realidad, se ha alejado de la existencia y tiene muy pocas probabilidades de retorno.

El intelecto y la inteligencia son cosas muy distintas: el intelecto divide las cosas en opuestos; la inteligencia penetra en los opuestos y construye puentes. La meditación es la forma más elevada de la inteligencia, porque es la forma más elevada de la conciencia. Cada vez irás llegando a más puntos de ese estilo. Esto es solo el principio. Dile a la mente: «Esto no es asunto tuyo».

La mente tiene que entender que tú ya no estás en sus manos, en sus garras. Una vez que la mente entiende que te has trasladado a un mundo de existencia completamente distinto al de meros pensamientos, que no son más que pompas de jabón, empieza a interferir cada vez menos. El día que la mente deja de interferir y acepta por completo incluso las grandes contradicciones como que vida y muerte es una, sin la menor duda, habrás llegado a casa.

Esta es una gran experiencia en el camino de la meditación, pero la mente intentará generar duda por todos los medios. Escucha siempre a la existencia, nunca a la mente, porque la mente es producto de la sociedad. La sociedad te ha estado adiestrando durante años, así que es algo que está muy integrado, pero ha arruinado tu pureza, tu claridad. La meditación, simplemente, está reclamando tu sencillez, tu silencio, tu receptividad; donde todas las contradicciones se disuelven entre sí, no como enemigas sino como amigas.

Comparada con la inmensidad de la existencia, la mente es una cosa muy pequeña. No es capaz de entender que las contradicciones están profundamente enamoradas entre sí; no solo es que estén enamoradas, es que, en realidad, son una. Esta experiencia de unidad te proporcionará una felicidad, una paz, una ausencia de tensiones, como no has experimentado nunca antes. Con esos mismos ojos, empezarás a mirar al mundo con una mirada diferente.

La meditación, simplemente, cambia tu visión, tu forma de ver, tu forma de entender.

Toda esta existencia es una relación amorosa. Es un maravilloso equilibrio entre los opuestos, la mente ve los opuestos pero no el equilibrio; no ve más allá de las aparentes oposiciones.

Por cada cien niñas que nacen, nacen alrededor de ciento quince niños. Parece que no cuadra, quince niños de más, pero la existencia es más lista que tú. Antes de llegar a la edad de madurez sexual, esos quince niños de más habrán desaparecido. De hecho, empezarán a desaparecer, a morir, antes de cumplir dos años. La naturaleza produce esos quince niños de más para que, cuando lleguen a la edad de contraer matrimonio, haya paridad, igualdad en el número de hombres y mujeres.

La naturaleza tiene su propia sabiduría.

Es muy extraño... Al principio del siglo xx, en países pobres como la India, nueve de cada diez niños morían antes de cumplir dos años; solo sobrevivía uno. Pero, también entonces, la naturaleza mantenía el equilibrio: nacían más niños y menos niñas. Se tiene que mantener el equilibrio, la proporción. Con los avances de la medicina, la situación ha cambiado; hoy día ocurre justo lo contrario. De cada diez niños que nacen, solo muere uno, nueve sobreviven.

Cómo la naturaleza sabe que la situación ha cambiado y tiene que ajustar la producción a la nueva situación es un gran misterio. Pero el equilibrio se mantiene; se ha mantenido desde siempre.

Quizá ambos procedan de la misma fuente, quizá sean dos ramas de una realidad; pero lo que está claro es que el hombre ha perturbado el equilibrio.

Existen países y religiones que permiten al hombre tener cuatro esposas. Pero claro, si un hombre se casa con cuatro mujeres, ¿qué ocurrirá con los otros tres hombres que no tendrán más remedio que seguir célibes forzosamente? Eso ocurrió en países cuyos hombres estaban continuamente guerreando entre sí, matándose entre sí. A las mujeres del enemigo las violaban pero no las mataban; solo asesinaban a los hombres. Así que, naturalmente, había pocos hombres; el número de mujeres era cuatro veces superior al de los hombres.

Este tipo de situaciones estúpidas genera moralidades arbitrarias. En la actualidad, esas comunidades se han extendido por todo el mundo. La situación es bien distinta, pero ellos insisten en que, según su religión, tienen derecho a casarse con cuatro mujeres. Pero si te casas con cuatro mujeres, inevitablemente, estarás generando corrupción en la sociedad. Esos tres hombres empezarán a enamorarse de las mujeres de otros hombres; es irremediable. Esos tres hombres necesitarán prostitutas; porque si no, ¿qué harían con su energía vital? Todo tipo de perversiones… pero esas perversiones son producidas por el hombre.

Ajustándose la sabiduría de la naturaleza, no hay nada pervertido. Todas las cosas son muy simples, se fusionan, muy silenciosamente, unas con otras.

En la existencia no hay conflicto.

Yo os aseguro que no existen ni Dios ni el Diablo. El Diablo fue creado por las mismas personas que crearon a Dios, porque no podían concebir la existencia de Dios sin su polo opuesto.

Todas las cosas tienen un polo opuesto.

Ni siquiera Friedrich Nietzsche se dio cuenta cuando dijo: «Dios ha muerto»; se olvidó del Diablo. El Diablo continúa vivo porque nadie ha declarado su muerte. Yo declaro que ambos eran dos caras de la misma ficción. Al morir Dios, no se necesita para nada al Diablo.

Si no existe otro mundo, un paraíso, no se necesita ningún infierno. Se trata de polaridades creadas por el hombre. Viendo que la existencia siempre vive en polaridades, contradicciones, al hombre le cuesta aceptar que solo exista el cielo… ¿Qué ocurre con los pecadores entonces?

Pero la verdad es que el santo y el pecador no son opuestos; en el fondo, dependen el uno del otro.

Si no existieran los pecadores, todos los santos desaparecerían. Si no existieran los santos, tampoco existirían los pecadores. No son contradicciones; son, simplemente, dos partes de una hermosa polaridad y equilibrio.

En una pequeña escuela, la maestra preguntó… Había estado casi una hora explicando que no hay que pecar, porque los que pequen serán condenados al fuego del infierno para toda la eternidad. Y si, por error, has cometido algún pecado, reza. Dios es piadoso. Te perdonará y tendrás acceso al paraíso y a todos sus placeres. Entonces preguntó a los niños…

«¿Cuál es la forma de llegar al paraíso?»

Un niño pequeño levantó la mano y dijo: «Pecar».

Ella le dijo: «Dios mío, llevo una hora repitiendo que, si pecas, irás al infierno».

Él le contestó: «Entiendo. Pero si no pecas, tampoco puedes ser perdonado. ¿Cómo entrarás en el paraíso? Dios te preguntará qué pecados has cometido. Él es piadoso, perdonará, pero, antes, tienes que haber cometido el pecado».

Algunas veces, los niños pueden ver las cosas con una perspectiva muy diferente. El niño llevaba razón. Dios sería completamente inútil si nadie pecara. ¿Qué iba a hacer con su piedad?; acabaría en el paro, desempleado... ¡sin tan siquiera la posibilidad de recibir una pensión por jubilación...!

Cuando creamos ficción, tenemos que crear la antificción. Los cristianos hablan de la venida del Anticristo. En primer lugar, Cristo era un inculto, un pobre hombre un tanto fantasioso: iba en su burro, predicaba a unos pocos idiotas, que nunca faltan. Y, en toda su vida, solo fue capaz de encontrar a doce seguidores. Pero los cristianos tenían que crear la idea del Anticristo. Solo así, Jesús se convertiría en un verdadero Cristo, en el verdadero salvador: te salvará del Anticristo.

Han pasado dos mil años y nadie ha encontrado a ningún Anticristo. Muchos han sido acusados por el cristianismo de ser el Anticristo, pero con su acusación solo están satisfaciendo su deseo de convertir a Cristo en realidad.

Para mi sorpresa, recibí una carta del presidente del partido Nazi, quien creía que Adolf Hitler era la reencarnación de un profeta del Antiguo Testamento, Elías. Decía lo siguiente: «Usted ha criticado en muchas ocasiones a Adolf Hitler. Quizá usted no sepa que era una persona muy religiosa; era la reencarnación del profeta Elías del Antiguo Testamento. Así que, por favor, deje de criticarle».

Pedí a mi secretaria que escribiera lo siguiente: «Seguiré haciendo lo que me dé la gana. Nadie me dice lo que tengo que hacer, pero, como veo, su estupidez no tiene límites: Elías, del Antiguo Testamento, era judío, un judío y Adolf Hitler... ¿Es usted consciente de la cantidad de judíos que mató?: seis millones. ¡Una gran reencarnación de Elías, el profeta judío matando a judíos!». Debió de darse cuenta de la ironía porque no me contestó. Pero se pueden encontrar idiotas que incluso se crean que Adolf Hitler era un hombre religioso. En su vida no hay nada por lo que se le pueda considerar religioso. Tienen que remontarse al oxidado Antiguo

Testamento para encontrar una figura que nadie recuerda, Elías; y convierten a Hitler en su encarnación. Si hubiese sido la encarnación de Elías, habría matado a alemanes en vez de a judíos.

¿Y cuál fue el motivo de Hitler para la matanza de judíos?: que los judíos eran la causa de toda la desdicha y el sufrimiento en el mundo. Una extraña causa, porque aquí casi la mitad de vosotros sois judíos, y no veo que ningún judío esté causando sufrimiento o desdicha a nadie. A mí, me parecen personas encantadoras.

Recuerdo...

Un rabino estaba dando su paseo matutino y se cruzó con Adolf Hitler. Este le preguntó: «Rabino, ¿estás de acuerdo conmigo o no?».

El rabino contestó: «Estoy absolutamente de acuerdo contigo. El mundo está lleno de desdicha y sufrimiento porque la gente utiliza bicicletas. Destruye todas las bicicletas y verás cómo todo el mundo se convierte en un paraíso».

Es la misma idea, y está volviendo a surgir. En Japón no hay muchos judíos, pero han aparecido dos libros muy importantes, y que están teniendo mucho éxito, que hablan de que el mundo va hacia la destrucción por culpa de una conspiración judía.

Es extraño... Al hombre se le puede convencer con cualquier idea estúpida.

A un anciano judío que se estaba muriendo le dijo su mujer: «Reza tu última oración a Dios».

Él contestó: «Ya estoy rezando. Estaba rezando en voz baja, pero ahora lo haré en voz alta para que me oigáis todos: "Dios, tú elegiste al pueblo judío, pero ya va siendo hora de que elijas a otro; nosotros ya hemos sufrido bastante"».

Es cierto que, de algún modo, la culpa la tiene Moisés por inculcar a los judíos la idea de que son el pueblo elegido de Dios. Les da un aire de superioridad. Eso hiere a todo el mundo, y especialmente a los que tienen una idea similar. Los hindúes también creen ser el pueblo elegido de Dios; dicen que Dios dio a los hindúes su primer libro, el *Rig Veda*.

Pero Hitler debía de sentirse muy inferior: «Si los judíos son el pueblo elegido de Dios... entonces ¿quiénes son los alemanes?». Había que encontrar algún modo, alguna forma; y Hitler la encontró. Envió a gente a la India y a Tíbet a buscar algo con lo que poder declarar su superioridad. Descubrió que el jainismo en la India es la religión más antigua del mundo, y que su símbolo es la esvástica. Hitler escogió ese símbolo y proclamó que los alemanes lo habían recibido antes; esa era la prueba de que ellos eran el pueblo elegido.

Empezó a llamar «arios» a los alemanes. Así es como los hindúes y los jainistas se llamaban a sí mismos, arios. Nunca antes se había oído decir que los alemanes fuesen arios. Pero los arios son la raza más antigua, y es posible que los alemanes sean una de las ramas de los arios. Declarándose ario y adoptando el símbolo de la esvástica, Hitler proclaró su superioridad sobre los judíos; y como tenía el poder, mató a seis millones de judíos.

Solo han pasado unas décadas y, de nuevo, hay idiotas escribiendo libros que hablan de la existencia de una conspiración internacional judía. Los judíos se han extendido por todo el mundo; la verdad es que no tienen poder y se enfrentan a graves problemas en Israel. Pero, en vez de ver la realidad, la gente siempre encuentra excusas: «Existe una conspiración judía; los judíos deben ser erradicados del mundo, entonces el mundo será feliz».

Eso no tiene ninguna lógica. La misma lógica que la idea de que destruyendo todas las bicicletas, de repente, el mundo será más abundante, más fuerte, más saludable. Esos libros son grandes éxitos; ¡en Japón, donde hay tan pocos judíos! Eso es peligroso. No creía que todavía existiese un partido Nazi, que todavía hubiese personas que pudiesen considerar a Adolf Hitler un líder religioso... Asesinó a seis millones de judíos. La cifra total de muertos en la Segunda Guerra Mundial, por su culpa, llegó a los cincuenta y dos millones. Esos criminales... Así que pedí a mis amigos que me contaran lo que sabían del partido y de su programa. Su programa consistía en esperar la reencarnación de Adolf Hitler.

En vez de emplear sus energías y su inteligencia en convertirse en seres más hermosos y graciosos, la gente se dedica a destruir la misma energía que podría haber producido una gran transformación e iluminación en ellos. Así que no permitas, ni por un momento, que la mente interfiera en tu meditación.

La meditación es muy delicada y, al principio, muy frágil. La mente tiene casi diez millones de años; es muy fuerte, muy tenaz. Tienes que proteger tu meditación y vigilar que la mente no vaya plantando semillas que pudieran destruirla.

Esa es la función que cumple la comunión de los buscadores. Solo, quizá te sientas demasiado débil para enfrentarte a la mente, pero, con tanta gente meditando, se genera un océano de energía meditativa; con la fuerza de esas energías, tú también puedes poner a un lado la mente. Puede que tenga diez millones de años, pero no importa. No se corresponde con la realidad.

Un ejecutivo regresa a su trabajo en Nueva York después de unas vacaciones en Miami con Susy, una rubia despampanante.

A los pocos días de su regreso, recibe la visita de un abogado.

«Vengo —empieza el abogado— en representación de mi cliente, Susy Lamour.»

Y saca de su portafolio unas fotografías en las que aparecen él y Susy haciendo el amor en diferentes posturas.

«Y bien, señor —dice el abogado con una malévola sonrisa—, ¿qué opina de esto?»

El ejecutivo mira las fotografías, una por una, al principio, con horror y, luego, con asombro.

Finalmente, toma una decisión.

«De acuerdo —dice, señalando dos de las fotografías—, me quedo con dos de cada una de estas.»

La mente siempre encuentra algún modo, por estúpido que sea, de salirse de la realidad. Pero la realidad no cambia; de hecho, deberías aprender a salirte de la mente y verías que la realidad cambia enormemente. Cambia porque, ahora, puedes verla tal como es. No tras el prisma de alguna teología, religión o filosofía.

La existencia es tan inmensa y los filósofos tan pequeños que sus esfuerzos resultarán estúpidos. Puede que descubran algunos pequeños fragmentos de realidad y hagan de ellos grandes sistemas. Pero la existencia no necesita un sistema creado por tu mente, sino una experiencia de tu propio ser.

El ser no está muy lejano; a una pequeña distancia. Una estación más del camino que va de la mente al corazón y del corazón al ser; y habrás llegado. No es un trayecto largo, y no necesitas vehículo alguno. Lo único que debes hacer es deslizarte hacia dentro. La mente intentará persuadirte de que no lo hagas porque sería muy peligroso: «Yo siempre estoy aquí para ayudarte; sin mí, estarás desvalido». Dile a la mente: «¡Cállate! Ya me has ayudado bastante, no quiero que me ayudes más. Quiero experimentar el desamparo por primera vez».

Has llegado al corazón que aún conserva la misma inocencia que cuando viniste al mundo. Aún se maravilla, aún siente el misterio, aún ama. Aún es una música de las profundidades de tu ser. Pero no te quedes estancado ahí. Puedes ser un poeta, un pintor, un bailarín, que es mucho más hermoso que ser un matemático o un físico. No te quedes estancado ahí, tan solo, un paso más: disfruta una noche ahí, bebe de la belleza del corazón, agradéceselo y entra en tu ser. El corazón nunca obstaculiza, sino que ayuda, indica el camino

Y, en cuanto estás en tu ser, todo el universo de realidad se abre. No puedes encontrar ni una sola contradicción, no puedes encontrar nada en contra de nada. Todo es colaborativo con lo demás; toda la existencia constituye un todo cósmico y orgánico.

Y en cuanto te das cuenta de que: «Yo también formo parte de esta inmensa unidad», el éxtasis que produce te acompañará toda la eternidad. Pero, para salir de la mente, hay que hacer un pequeño esfuerzo, porque también tienes la convicción de que tu mente es una gran ayuda, una gran defensa. No es más que un confinamiento; y en una celda muy pequeña.

Es algo parecido a una jaula para pájaros. Es cierto que la jaula te ofrece cierta protección, pero te ha quitado todo tu cielo. Ofrece protección; pero ha destruido toda tu dicha y la danza de tu vuelo por el cielo infinito, bajo los rayos de sol, a parajes lejanos… En comparación con todo el cielo, esta defensa es una pequeña jaula —puede que sea de oro— pero te corta las alas, te mata. Encerrado en una jaula de oro, como un objeto decorativo, no eres el mismo pájaro que volando libremente por el cielo.

En el momento que muere tu libertad, también mueres tú. Desde el momento en que te cortan las alas, solo estás nominalmente vivo.

¡Turiya, de nuevo, una alemana, como Nandan…! ¡Parece como si fuese a iluminar a toda Alemania! Sabes perfectamente lo que está ocurriendo con Nandan y, aun así, dices: «Está desapareciendo el sexo, se está abriendo una inmensa creatividad, está ocurriendo el amor». ¡Dios mío! «Se siente como una brisa fresca por dentro, tranquila y muy sola. Entonces, viene la mente y dice: "Tu corazón no está abierto", e intenta dudar de este espacio de serenidad. ¿Podrías hacer algún comentario al respecto?»

Cuántas veces tengo que recordarte que este tipo de iluminación sucederá muchas veces.

El sexo desaparecerá; y volverá a aparecer.

El corazón se abrirá; y volverá a cerrarse.

Es el proceso natural.

Tu mente no está creando una duda. Lo único que tu mente está haciendo es recordarte que no te quedes atrapada en las palabras, *brisa fresca... tranquila y muy sola...*

¡Despierta y vuelve a desiluminarte!

La iluminación requiere que despiertes de los sueños muchas veces. Como todos vosotros me oís hablar de la iluminación muy a menudo, y toda la gente habla de ella, naturalmente, empiezas a creer que le está ocurriendo a todo el mundo. ¿Cómo es posible que Nandan, una plebeya, se ilumine antes que Turiya, que es una princesa? ¿Cómo es posible que le haya ocurrido a ella antes que a una persona de sangre azul? ¡Salta... tienes que estar delante de todos...!

Pero entonces, inesperadamente, la fresca brisa trae consigo al novio. ¡No esperabas que viniese tan pronto! Y todo se calienta. La mente te lo recuerda; y volverá a hacerlo. Pero piensas: «Espera, este novio se volverá a marchar dentro de tres semanas. Solo son tres semanas, luego puedes volver a estar iluminada: Por tres semanas, no seas egoísta. Abre tu corazón, deja que fluya el amor».

Y tal como son estos novios, particularmente en este templo, si desparece un novio, aparece otro. Ni siquiera nos preocupamos de preguntar: «¿Quién eres tú? ¿Cómo te llamas?». Cuando el amor llama a tu puerta, la abres y recibes al visitante. Aunque no sea alemán, no importa; ¡al menos, de momento, hasta que regrese el alemán! Además, todo el mundo tiene algún amante de repuesto; tener siempre piezas de repuesto es de inteligentes. En esta era tecnológica, no se puede vivir si no tienes piezas de repuesto. Así que, si el titular no aparece, viene el suplente; esto ocurrirá muchas veces, hasta que estés realmente harta.

Entonces no desaparece el sexo; simplemente lo trasciendes. Se queda donde está. ¿Cómo va a desaparecer? Todo permanece igual. Solo que estás más maduro, mas centrado, más feliz, sin razón alguna. Por vez primera, tu felicidad es independiente. No depende de nadie. Por vez primera, la soledad tiene su belleza, una gran belleza, una belleza que solo conocen las rosas o las estrellas.

Ese día también llegará, Turiya, pero, antes de que llegue, este tipo de cosas sucederán muchas veces. Simplemente sé una observadora; disfruta de eso también. Es absolutamente correcto sentir, de vez en cuando, que el sexo ha desaparecido; uno se siente tan limpio como después de darse una ducha fresca. Sentir la creatividad surgiendo en ti es algo hermoso; no hay nada malo en ello. Lo malo es que solo se trata de tus sueños, no de tus realizaciones. Cuando estás inmersa en ellos, parecen reales, pero cuando desaparecen, dejándote en un oscuro pozo, crees que tu mente lo ha arruinado todo, por dudar. Todo iba de maravilla hasta que la mente dudó.

No es la mente perturbando; la mente no puede perturbar nada que sea real, la mente no puede dudar de nada que sea real. La mente solo duda de lo irreal, de las creencias, de la imaginación, de los sueños; y es bueno, útil y saludable que la mente te impida caer en la trampa de lo irreal por medio de la duda.

No tengas prisa; de lo contrario, empezarás a aferrarte a cualquier sueño. Estate relajada. La propia vida prepara el terreno. Su experimentarse a sí misma te trae la madurez y el momento de tu transformación. Entonces, no existe ninguna mente que pueda dudar, ni siquiera se cuestiona. Lo real nunca se ha cuestionado.

¿Puedes imaginarte a la mente de Gautam Buda diciéndole cuando se iluminó?: «Piénsatelo; a lo mejor, solo es un sueño». Una vez que la has encontrado, no se puede dudar de la verdad ni por un instante.

Tu duda es absolutamente saludable y tu experiencia es absolutamente normal. Un día llegará lo real, porque *estás* buscando, indagando, de una manera honesta y sincera, y con una entrega total. Ese día, no encontrarás mente en ninguna parte. Pero todavía es demasiado pronto. Escucha a la mente; intenta entender. Todavía no estás madura. Tu meditación no es aún lo suficientemente profunda. Pero alégrate de estar en el camino correcto.

Había aguantado sesenta años a su mísero marido, hasta que, un buen día, este murió. La mujer se ocupó de que su cuerpo fuera incinerado. Luego, se llevó las cenizas a casa en una urna de plástico y fue recorriendo las estancias mientras decía a las cenizas del difunto esposo: «Cariño, ¡observa el frigorífico! Todos estos años me has estado escatimando el dinero para hacer la compra. Fíjate ahora, está lleno de champán y caviar. Y mira mi armario. Durante todo el tiempo que estuvimos juntos solo me permitías comprarme un vestido cada dos años. Ahora, mira, está repleto de vestidos de seda y abrigos de piel, y el joyero está lleno de diamantes. Y, cariño, ¿recuerdas que, en todos estos años, nunca me permitiste intervenir en los negocios? Bueno pues, hoy mismo, tomo posesión del cargo de presidenta».

Finalmente, en la alcoba, abrió la urna de plástico y acercó las cenizas al alféizar de la ventana. «Y, cariño, ¿recuerdas la soplada que siempre me estabas pidiendo? ¡Bien, aquí la tienes… pffft!»

No te tomes las cosas en serio; la vida es muy divertida. No tengas prisa en iluminarte. ¡Es una pena que yo me iluminara tan pronto! Pero ya no se puede hacer nada al respecto; una vez iluminado, iluminado para siempre.

Permítete experimentar la vida y sus diferentes dimensiones.

Según se va experimentando la vida, poco a poco, uno se va dando cuenta de su vacuidad. Poco a poco, te vas dando cuenta de que este no es tu auténtico ser. En este lento proceso de experimentar, un día, llegas a casa. Entonces, no es un sueño, no es una imaginación. Y, recuerda, lo que te confirmará que tu iluminación es auténtica es que no encontrarás mente. La cuestión de la duda no surge ni por un instante. Simplemente, sabes que es así.

Yo conozco los contratiempos de estar iluminado. No tengas prisa. Te aviso porque no quiero que, luego, me lo reproches. Nadie puede decir: «Te agradezco que me hayas ayudado a iluminarme». Yo ayudo a aprender a amar y vivir lo más plenamente posible. De ahí, seguro que, un día, acabará surgiendo la iluminación; pero no hay prisa. Es tu derecho de nacimiento, así que no podrás esquivarlo por mucho tiempo. Tarde o temprano —probablemente, más temprano que tarde— acabará sucediendo. Pero, te lo advierto, no quiero que se me otorgue ningún mérito por ello, porque lo que verás es que esta vida es completamente inútil, que no tiene ningún sentido y que ninguna acción tiene valor alguno; entonces buscarás.

Por eso me quedo encerrado en mi habitación. No quiero que la gente venga con la siguiente queja: «Tú tienes la culpa de que me haya iluminado por estar hablando siempre de la iluminación. ¿Qué se supone que debo hacer ahora?».

No se puede hacer nada, te has iluminado, ¡enciérrate con llave en tu habitación! O, si estás muy enfadado, intenta que otros se iluminen: Mira lo que te ha hecho la vida… ¡Házselo a otros!

Nadie podía quitarle de la cabeza a Jaimito que su tía poseía extraordinarios poderes sobrenaturales. Jaimito le creyó cuando le contó una de sus visiones: «Mañana, no le quites ojo a tu padre —le dijo—. Siento en los huesos que va a palmar antes de que caiga la noche.»

El día siguiente, Jaimito no perdió de vista a su padre. Por la mañana, fueron juntos a la oficina y después, al mediodía, al parque. Nada inusual sucedió en todo el día pero, por la tarde, cuando llegaron a casa, la madre de Jaimito los estaba esperando en la puerta.

«Esta mañana ha ocurrido algo terrible en casa —dijo entre sollozos—, ¡el lechero ha fallecido en la cocina!»

Turiya, no encontrarás una vida más divertida que esta. Para ser sincero, después de la iluminación no hay nada. Así que ¡intenta hacerlo todo antes de que ataque la iluminación! Yo haré todo lo que pueda para que te ilumines; ¡tú haz todo lo que puedas para no iluminarte! No te dejes atrapar por mis palabras.

Fíjate en Nandan, se iluminó y se desiluminó rápidamente; ¡ahora, tardará algún tiempo en volver a iluminarse!

Lo más probable es que, en el tiempo en que he tardado en responder a su pregunta —suelo tardar dos o tres días—, Turiya haya abandonado la idea de la iluminación: «¿Qué prisa hay, por qué no disfrutar unos cuantos días más de esta vida tan divertida?». Veo que está sentada allí; y que se lo está pasando bien. ¡Eso significa que ya se le ha pasado el sueño de la iluminación!

Osho,
¿Existe alguna pasión espiritual del corazón que haya que abandonar como en el caso de la fuerza motriz de las pasiones del cuerpo? Hay, esencialmente, un gran anhelo de llegar a mis compañeros de viaje. Cuando eso no ocurre, cuanto más cerca de mi corazón está el amigo, más me alejo del centro hacia una angustia, siento como si algo se estuviese muriendo en mis manos o como si algo se hubiese quedado sin nacer.
Viendo el paraíso perdido, el sueño de crecer y volar junto a otro; ¿es la agonía de mi alma extraviarse?

Todas las pasiones son del cuerpo; no hay pasiones del corazón. Existe la compasión del corazón pero son dos cosas muy diferentes.

La pasión es lujuria, algo feo; la compasión es amor, algo hermoso, espiritual. Pero la gente vive en un mundo de falacias, cree que la lujuria de su cuerpo es su amor. La mente no sabe nada del amor, porque no aparece en el programa de estudios de ninguna universidad. No entra en el campo de las matemáticas ni el de la física ni el de la química ni el de la geografía.

Para la mente, el amor, sencillamente, no existe.

El amor se halla en el corazón.

Pero tú nunca llegas al corazón, te quedas en el cuerpo, dominado por la mente. El cuerpo es pura lujuria; no tiene nada de espiritual, es muy terrenal. Es, simplemente, una estrategia de la biología para la perpetuación de las especies, para producir niños.

La gente mental necesita descender de la mente al corazón, porque todos nuestros sistemas sociales y programas educativos están basados en una astuta estratagema: evitan el corazón. No traigas al corazón porque no figura en ninguna asignatura, no existe ninguna facultad en ninguna universidad que enseñe amor. Al contrario, se procura, por todos los medios, que toda tu energía se traslade a la cabeza y permanezca encerrada allí. Nunca florece.

Todo el mundo tiene un corazón, por lo que una correcta educación debería constar de tres partes: educación para el cuerpo, porque el cuerpo tiene su propio misterio; educación para la mente, porque la mente tiene una enorme capacidad para la investigación de objetos; y educación para el corazón, para el amor, que es negado por completo.

Si le preguntas a un físico o a un médico dónde está el corazón, te dirá: «El corazón no existe, solo es un planta de bombeo para la sangre, para que pueda purificarse; no tiene nada que ver con el amor, la música o la poesía».

Y no es que quieran engañarte, es que ellos mismos viven engañados. El corazón al que se refieren los místicos no es la planta de bombeo. El corazón forma parte del cuerpo, pero justo detrás de la planta de bombeo... una fuerza invisible. Nadie ha visto la electricidad. ¿Tú has visto la electricidad? Puede que creas que la has visto pero, en realidad, solo has percibido sus efectos.

Una vez...

Thomas Alva Edison, el hombre que más había trabajado en el tema de la electricidad, estaba de vacaciones en un pequeño pueblo en la costa. Había una pequeña escuela y, casualmente, vio que estaba ocurriendo algo y preguntó. Le explicaron: «Se trata de la fiesta anual de la escuela. Los estudiantes exponen las cosas que han hecho y la gente viene a verlas».

Como no tenía nada mejor que hacer, entró en la escuela. Los niños habían hecho un pequeño tren que, al apretar un botón, giraba por un circuito.

Edison, para gastarle una broma, preguntó al estudiante que lo presentaba: «¿Qué fuerza hace que el tren se mueva?».

El niño le contestó: «La electricidad».

Edison le preguntó: «¿Tú has visto la electricidad?».

Y él le contestó: «Yo no la he visto pero puede que mi maestro, que es licenciado en ciencias, la haya visto».

Así que llamó a su maestro. El maestro respondió: «¿Que si he visto la electricidad? No, no la he visto. Solo he visto sus efectos: puede transformarse en luz, puede mover motores... puede realizar muchas funciones mecánicas, pero ¿lo que es? Quizá nuestro director, que es doctor en ciencias, la haya visto».

Llamaron al director. El director les dijo: «Es la primera vez que alguien me lo pregunta. Lo siento, las energías no se pueden ver. Solo son visibles sus efectos».

Edison, entre risas, dijo: «No se preocupe. No tiene importancia. Mi nombre es Thomas Alva Edison».

Le preguntaron: «¿Usted es Thomas Alva Edison? ¿Y usted, que ha inventado tantos aparatos eléctricos, nos pregunta cómo es la electricidad?».

Él contestó: «Lo pregunto porque yo no la he visto».

El amor no forma parte del sistema corporal. El amor es una fuente de pura energía oculta en el cuerpo que puede hacer dichoso a cualquiera, que puede saciar la sed. Hasta que no florece esa energía en ti que llamamos corazón, no estás completamente vivo, tan solo eres un robot.

La mente es una computadora. Precisamente el otro día, recibí la noticia de que en Japón habían mantenido viva la cabeza de un mono sin el cuerpo, con tubos por todas partes para recibir todos y cada uno de los nutrientes que necesita el cerebro. Y, como han tenido éxito, ahora lo van a intentar con seres humanos. Con tu cabeza es suficiente; se le ponen unos pulmones artificiales, los tubos que haga falta y la sangre que tu cerebro necesite, que llega a través de los tubos, purificada por pulmones artificiales, y estás totalmente vivo.

Y lo más extraño es que seguirás sintiendo amor, seguirás sintiendo emociones, te seguirás enfadando cuando alguien te insulte. Contestarás cuando te pregunten, responderás con el conocimiento adquirido antes de que te ocurriese este desastre, este desastre científico.

Este cuerpo hay entenderlo como un robot. Tras él, hay otro cuerpo que las escuelas esotéricas llaman «cuerpo astral». El corazón pertenece al cuerpo astral. Por eso, el amor es tan nutritivo. Por eso, el amor te hace sentir tan vivo. Por eso, el amor le da danza a tus piernas; y si le permites que llene tu robot, sentirás lo que es la vida por primera vez. Y, detrás del cuerpo astral, está tu verdadero ser, tu cuerpo inmortal.

Preguntas si tienes alguna pasión espiritual del corazón que tengas que abandonar…

No vayas por delante de ti mismo.

Lo único que tienes que hacer es salirte de la mente, tienes que cambiar su ruta y dirigirla hacia el astral, hacia el corazón.

El corazón no tiene pasión, pero sí una enorme compasión. Utilizo el término «compasión» porque el término «amor» está muy contaminado. La gente utiliza el término «amor» como sinónimo de «lujuria». Porque si dices a alguien: «te amo», no pasa nada, pero si le dices: «siento lujuria por ti», tendrás problemas. Vete preparando para una visita a la comisaría de policía. «Este hombre es peligroso.»

En realidad, eso es lo que quieres decir cuando dices: «te amo». Pero, antes de llegar a la alcoba, antes de que la lujuria sea aceptada, tienes que hacer unos pocos deberes. Además, ¡no debe ser anunciada! La propia palabra tiene cierta connotación animal. La lujuria es propia de los animales, y tú eres un ser humano. Sin embargo, lo cierto es que todas las presentaciones, las fiestas, los encuentros en la playa, en el parque, los regalos… a fin de cuentas, te llevan al animal.

Si no aceptas todos estos preámbulos, si eres un hombre que llama las cosas por su nombre, acabarás en la cárcel. «¿Qué hacemos tomando helado? Hagámoslo.» No, eso no es humano. La humanidad tiene que ser un poco sofisticada: primero debes tomarla de la mano, hablarle de cosas bonitas, de poesía, de música… Tu mente estará todo el tiempo pensando en otra cosa, pero tendrás que disimularlo. Ser directo puede costarte la cárcel.

El corazón ha sido completamente ignorado; la sociedad no lo necesita. Es una necesidad del individuo pero la sociedad no necesita individuos, lo que necesita son personalidades. Necesita gente falsa, obediente, siempre dispuesta a seguir el orden establecido, siempre dispuesta a ser esclavizada.

Un hombre de corazón es un hombre sublevado; sublevado en contra de todas las cosas feas, sublevado en contra de todas las cosas simplemente mecánicas. La sociedad no quiere individuos porque le traerían problemas. Así que empieza a destruir la individualidad de los niños desde su más tierna infancia, y el mejor modo de destruir su individualidad es haciéndoles dar un rodeo al corazón, impidiéndoles pasar a través de él. La configuración de todos nuestros sistemas es tal que se puede ir a través de ellos sin siquiera ser consciente de que tienes un corazón.

Utilizo «compasión» porque «amor» se ha convertido en algo muy mecánico. Todo el mundo «ama»; el término «amor» ha perdido su profundidad.

Una pareja de casados estaban viendo una película en la que el chico besaba a la chica de una forma extremadamente tierna y romántica… La mujer dijo a su marido: «Mira, tú nunca me besas así».

El hombre le contestó: «Esto es una película, no es la vida real. Además, lo más seguro es que en la vida real no estén casados. Con estos actores, no hay forma de saberlo; pero, en cualquier caso, solo están actuando. ¿Te gustaría que yo actuase?».

La mujer le dijo: «Yo conozco a la mujer personalmente. Y está casada con el actor en la vida real».

El hombre dijo: «¡Dios mío! Entonces, no hay duda de que es un excelente actor. Mostrarse tan cariñoso y romántico con su propia mujer… Yo no podría hacerlo. Me resultaría imposible…».

En cuanto recuerdas que es tu propia mujer y lo que estás haciendo… parece que estuvieras llevando a cabo algo desagradable.

Las películas, el cine, la televisión, los poetas, la literatura, todo ello ha reducido y contaminado el término «amor»; lo ha contaminado y ha arruinado su belleza. Por eso, cuando hablo del corazón, siempre digo que tiene compasión. La compasión es el amor más puro, el que da sin pedir nada a cambio. No tienes que renunciar a él. Tienes que profundizar más en él. Tienes que convertirte en él. Porque, convirtiéndote en él, te estarás acercando a tu ser.

Un empresario abre una nueva empresa y quiere que el personal sea internacional. Así que contrata a un alemán, a un irlandés y a un japonés.

Al alemán le dice: «Tú serás el encargado de la producción porque quiero que hagas que las cosas funcionen eficientemente». Al irlandés: «Tú serás el encargado del personal. Asegúrate de que se mantenga alta la moral». Y al japonés: «Tú estarás al cargo del abastecimiento».

Un par de semanas después, el empresario se pasa por el almacén y encuentra al alemán y al irlandés juntos.

«¿Va todo bien?»

«¡Ja! —dice el alemán—. Hemos duplicado la producción.»

«Con el personal, todo va de maravilla —dice el irlandés—. Todos se llevan estupendamente.»

«¿Y cómo va el abastecimiento?», pregunta el empresario.

Pero ninguno de ellos había visto al japonés desde el primer día. El empresario empieza a preocuparse y le busca por toda la fábrica.

Al pasar entre unas grandes pilas de cajas, de repente, aparece el japonés y grita: «¡solpresa!».*

Ha sido una buena mañana… Has escuchado en silencio cosas que son muy esenciales para tu crecimiento espiritual, y te has reído sanamente. Eso es todo lo que se necesita; una buena risa y un buen silencio. Juntos son suficientes para transformarte.

---

*La gracia está en la similitud de las palabras surprises (sorpresas) y supplies (abastecimiento) pronunciadas por un japonés.

Estás en el camino correcto, a no ser que te atasques en alguna parte. El camino es sencillo y fácil, lo único que hay que hacer es dejarse ir; ya sea en silencio o en risas, ya sea en música o en danza.

Recuerda que las palabras más espirituales del mundo son «dejarse ir».

4. Maestro y discípulo

Osho,
Muchos de tus sannyasins, y entre ellos algunos llevaban muchos
años contigo, te han dejado para seguir las enseñanzas de canales
o clarividentes psíquicos.
Yo he visitado a algunas de esas personas, en parte por curiosidad
y en parte por recomendaciones de amigos, y no he encontrado
nada que, ni de lejos, se pueda comparar al amor y la bendición de
estar contigo.
¿Qué atracción pueden ejercer esos maestros desaparecidos o su-
puestas entidades cuando tú, un maestro iluminado en vida,
estás aquí?

La pregunta que has formulado tiene muchos estratos y una respuesta simple no le haría justicia. Me gustaría profundizar en ella
lo máximo posible, porque es algo que os concierne mucho a todos.

Yo no soy, de ninguna de las maneras, una prisión. No te incul-
co un programa, un sistema de creencias. No te pido que te sometas; en realidad, no te pido nada. Solo quiero ayudarte a ser tú mismo. Esa es una de las razones por la que algunos me dejarán, los
que están buscando a alguien que asuma sus responsabilidades.
Pero no se dan cuenta de que, al igual que su responsabilidad, también están perdiendo su libertad. Al mismo tiempo que se someten

a alguien, vivo o muerto, se están destruyendo a sí mismos; se están suicidando en lo que a su individualidad respecta.

Pero mucha gente se sentirá muy aliviada estando libre de responsabilidades. Alguien ha asumido la carga; es tu salvador. Eso hace que te sea más fácil creer en él. No hay nada más fácil en el mundo que creer, porque no hay que hacer absolutamente nada.

Conmigo no hay ninguna posibilidad de creer. Yo destruiré todas tus creencias para que puedas ser una libertad, un pájaro volando por el cielo abierto. Pero son muy pocas las personas que están buscando libertad. Los que no estén buscando libertad me dejarán; es natural. No se lo impido a nadie, porque no soy partidario de interferir en lo más mínimo y por mi respeto hacia la dignidad individual.

En segundo lugar, muchos no sienten el menor interés por entender la existencia, su propio ser, y, sin embargo, sienten un gran interés, como un niño por un rompecabezas, por las ideologías esotéricas, los fenómenos ocultos. Solo porque algo sea irracional, ilógico, no significa que tenga que ser verdad, no significa que vaya a proporcionarte tu más íntimo ser y su tesoro. Hay miles de escuelas esotéricas, teologías y teosofías, todas ellas muy interesantes por un motivo: ¡porque tú eres un bobalicón! Tienen un aspecto muy mágico, y siempre hay gente dispuesta a aprovecharse de tu simpleza.

La fundadora del movimiento teosófico, madame Blavatski, fue hallada culpable de ciertas prácticas extrañas que, aunque no pudieran ser consideradas delictivas, no cabe la menor duda de que eran fraudulentas. Tenía un sirviente llamado Damodar. Cuando viajaban en tren, ella iba en primera clase y Damodar en tercera. De repente, Damodar se desplomaba en el vagón, desmayado y echando espuma por la boca.

Como es natural, el tren se detenía y la gente se arremolinaba, entonces madame Blavatski venía y hacía un poco de abracadabra. Damodar abría los ojos inmediatamente y todo el mundo veía... «¡Qué gran fuerza espiritual la de esta mujer!» Y nadie sabía que trabajaba para ella y que ese era su único medio de vida. Al final, en el juicio, Damodar tuvo que admitir que había participado en todo tipo de fraudes.

Aún se conservan unas hermosas cartas escritas por la propia madame Blavatski. Hizo construir un techo especial... En Adyar, Madras, sus seguidores solían sentarse con los ojos cerrados en la oscuridad de la noche; sin luz, porque los maestros divinos no quieren ser vistos. Damodar se escondía en el techo y dejaba caer una carta. Se encendía una luz... La carta procedía del «Maestro K.H.». Son unas cartas hermosas; fueron recopiladas y publicadas. No había ninguna necesidad de recurrir a esas artimañas; las cartas, en sí mismas, eran muy interesantes. Pero, haciendo eso, se convertían en cartas místicas. Entonces, las cartas que leían los seguidores no habían sido escritas por un ser humano sino por un «gran maestro» que es la guía de todos aquellos que están buscando la verdad suprema.

Yo he estado en ese lugar de Adyar donde caían las cartas, y sorprende lo crédulos que son los seres humanos... La letra es humana, el papel es material, la tinta es material, y cualquiera que lo examina con cierta rigurosidad se da cuenta de que se trata de la letra de la propia madame Blavatski. Pero, cuando quieres creer, te vuelves ciego. Cuando quieres creer, no escuchas ningún razonamiento, incluso tu propia razón... Creyendo, se está bien.

Blavatski fundó una de las mayores escuelas esotéricas del mundo: el Movimiento Teosófico. Y las razones por las que la gente creía en ese movimiento no eran racionales ni místicas ni estaban basadas en una experiencia espiritual. En cierto modo, eran falsas, fraudulentas; pero muy satisfactorias, muy gratificantes.

Precisamente hoy, una de mis secretarias me ha informado de que ha venido un fino caballero francés… No es que sea mala persona, simplemente cree que puede sanar espiritualmente; en el mundo hay miles de «sanadores espirituales». Si realmente lo fueran, no habría necesidad de hospitales. Como no habla mucho inglés —es francés—, naturalmente, todos los sannyasins franceses se acercaron a él, y les habló de mí.

Así es como se engaña a la gente. Primero dijo: «Vuestro maestro tiene el aura más grande que he visto en mi vida». Naturalmente, uno se siente muy halagado: tu maestro tiene el aura más grande. Debe ser así, porque es *tu* maestro, ¡no es un maestro cualquiera! Y debe haber oído —ha sido publicado por todo el mundo, en infinidad de periódicos, en todos los idiomas— que fui envenenado en Estados Unidos, y que el veneno ha dañado mucho mi cuerpo. Así que les dijo: «El aura de vuestro maestro es la más grande, pero en su mano izquierda, justo en el dorso de su mano izquierda, hay un agujero negro».

¡Ahí se equivoca! El problema está en mi mano derecha, no en la izquierda. Y el veneno no puede producir agujeros negros. Pero este pequeño detalle revelaba sus intenciones…

Todo el mundo sabe que camino como un borracho. No lo puedo evitar; he caminado así toda mi vida. Soy un hombre que está completamente borracho.

Continuó diciendo: «Su aura es magnífica, pero la energía del aura no fluye a sus piernas. Yo puedo curarle, y he venido a hacerlo».

Naturalmente, mi gente pensará que si alguien ha venido desde Francia, desde tan lejos, para curarme, debe de ser bueno. Pero yo recibo docenas de cartas, de todos los rincones del mundo, de personas que desearían curarme. ¿Por qué este deseo…? Ellos no quieren aprender algo aquí; no quieren sanarse a *ellos mismos* aquí. Pero, por simple aritmética, si consiento que uno de ellos venga a curarme, naturalmente, todos vosotros pensaréis que él es el mejor sanador. Pero no todos ellos son farsantes, ni tienen intención de engañar. Hay algunos que creen, de verdad, que son capaces de sanar.

Yo no estoy enfermo, por lo tanto, no necesito ser curado. No podían darme una dosis de veneno que me matase en la cárcel porque no querían convertirme en un mártir. Su temor era que, si moría allí, en torno a mi figura podría surgir otro cristianismo; eso podría originar otra nueva religión, otro nuevo grupo fanático fundamentalista.

El tribunal me ordenó que abandonase el país inmediatamente. Quizá temían que si moría antes de hacerlo, atrajese la simpatía de todo el mundo y provocase un rechazo hacia Ronald Reagan y sus acompañantes. Su miedo impidió que me dieran una dosis completa de veneno; en cuyo caso, uno muere en menos de doce horas. Eso es lo que me han explicado expertos ingleses, quienes sospechan que el veneno que se me suministró era talio. Puede matar en menos de doce horas pero, suministrado en pequeñas dosis, se prolonga el tiempo hasta la muerte. Puede matar seis meses después, pero ya ha transcurrido más de ese tiempo.

El veneno está fuera de mi sistema.

¡La existencia no puede ser tan cruel! Y no hay ningún agujero negro en mi mano izquierda… Así que, por favor, la próxima vez que hables, recuerda, hay cierto dolor en mi mano derecha, pero tampoco es algo que requiera sanación espiritual. Es algo físico y requiere un tratamiento físico; no es necesaria ninguna sanación espiritual. Y, además, el espíritu no puede estar enfermo; la salud y la totalidad son algo intrínseco en él. Es el cuerpo lo que enfermará, envejecerá y, algún día, morirá.

Pero ha habido espiritualistas que no entienden que la espiritualidad y la existencia física son cosas completamente distintas.

He oído hablar de un hombre joven cuyo padre era miembro de un grupo de Ciencia Cristiana.

En Inglaterra y en Estados Unidos, el grupo Ciencia Cristiana adquirió una gran influencia. Solían reunirse todos los domingos. Un anciano preguntó al joven: «¿Le ocurre algo a tu padre?, hace tres semanas que no aparece».

El joven contestó: «No puede ir; está muy enfermo».

El anciano le dijo: «¡Tonterías, la enfermedad solo es una creencia, una imaginación! Y él lo sabe, es un antiguo miembro de nuestro grupo. Nosotros no creemos en la enfermedad, simplemente, recuérdale: "¡No estás enfermo!"».

Él le contestó: «De acuerdo, se lo recordaré».

A las dos semanas se volvieron a encontrar. El anciano le preguntó: «¿Qué ha ocurrido, cómo es que no ha venido?».

El joven le contestó: «¿Qué quiere que le diga? Ahora se cree que está muerto».

El cuerpo tiene que enfermar, incluso tiene que morir. Uno debería pensar en experimentar lo espiritual, lo eterno, lo inmortal; no debería perder el tiempo en ese tipo de estúpidas ideologías, que han sido prevalentes en todo el mundo.

Hay personas ingenuas que están absolutamente convencidas de que los milagros existen. Y el mayor problema es que si tu fe es lo suficiente grande, puede ocurrir algo. El setenta por ciento de las enfermedades son ilusorias; solo existen porque tú crees que estás enfermo. Por eso, el setenta por ciento de la gente es atendida por opciones médicas distintas a la alopatía; incluso unas simples píldoras de azúcar funcionan, su nombre científico es homeopatía.

En cierta ocasión tuve un vecino bengalí…

Era un gran homeópata, pero él, cuando estaba enfermo, iba al hospital.

Le pregunté: «¿Cómo es posible? Eres un gran homeópata, has tratado a muchísima gente». Y era cierto, había…

Me contestó: «Puedo tratar a otros, pero no me puedo tratar a mí mismo; yo sé que lo que le doy a la gente son píldoras de azúcar. Sirven para ayudar a aquellos que no lo saben y tienen fe en mí».

Y se ha descubierto que el setenta por ciento de las personas son atendidas por cualquier tipo de enfoque médico, excepto unas cuantas personas testarudas que tienen la determinación de no ser curadas, ocurra lo que ocurra. Atormentan a los médicos. Atormentan a los alópatas, atormentan a los homeópatas, atormentan a los sanadores espirituales, atormentan a todo el mundo. Tienen una inventiva prodigiosa; siempre encuentran nuevas enfermedades, enfermedades que ni siquiera los médicos conocen.

Algunas veces, me sentaba en ese consultorio de homeopatía… Había una mujer que venía casi todos los días. En cuanto aparecía, él solía decir: «Dios mío, esta mujer no se va a morir nunca. No tiene nada, su salud es excelente, pero se dedica a leer revistas de medicina en las que encuentra enfermedades nuevas de las que ni siquiera yo he oído hablar. Cuando me da el nombre de la enfermedad que dice padecer, tengo que buscarlo para ver de qué se trata. Aunque da lo mismo la enfermedad que sea, porque yo solo tengo una medicina».

Cierto médico estaba harto de un joven que venía todos los días a su consulta. Era pobre, no podía pagar, y el médico había intentado convencerle por todos los medios de que: «Estás completamente sano».

Pero cada día venía con algo nuevo. Un día, le dolía el estómago, otro, le dolía la cabeza… El medico me preguntó: «¿Qué debo hacer? No quisiera ser cruel porque es pobre, huérfano, analfabeto, no tiene trabajo…».

Le dije: «Haz una cosa: envíamelo, tú solamente dile: "Es una persona muy adusta; él sabe, pero no quiere perder el tiempo, así que es muy reservado; pero tiene el poder… el agua tocada por él puede curar cualquier cosa; aunque no creo que lo haga. Pero inténtalo, insiste. Siéntate frente su puerta"».

Llegó alrededor de las nueve de la noche diciendo que le dolía mucho el estómago.

Le contesté: «A mí qué me cuentas, yo no soy médico. ¿Por qué me molestas? ¿Acaso he ido yo a tu casa alguna vez quejándome de que me dolía estómago?».

Él respondió: «No, nunca».

Le dije: «Eso zanja la cuestión; vete a casa».

Él dijo: «Por extraño que parezca, el doctor Barat, el famoso médico, me dijo que usted tenía poder, un poder espiritual que con un vaso de agua que usted hubiese tocado me curaría».

Le dije: «No puedo hacerlo».

Él me suplicó: «¿Por qué no puede hacerlo? No le estoy pidiendo gran cosa. ¡Incluso, puedo traer mi propia agua, mi propio vaso; usted solo tóquela…!».

Le dije: «¡No puedo tocar nada! ¿Por qué iba a gastar mi poder espiritual?».

Él me dijo: «Luego, admite que tiene poder espiritual».

Fue corriendo a su casa y volvió con una botella grande llena de agua.

Le dije: «No lo haré, un dolor de estómago no es permanente, acabará remitiendo. Te puedo enseñar a ser paciente, a sufrir, a aceptar, te puedo proporcionar grandes cualidades. No puedo alterar tu vida».

Él dijo: «No sea usted tan estricto. ¿No podría, simplemente, tocar la botella?».

Le dije: «No puedo hacerlo».

Nos dieron las doce de la noche… entonces, vivía con mi tía; desde su habitación, se oía todo. Finalmente, salió y dijo: «¡Tú también estás un poco loco! Si quiere que toques el agua, tócala y que se vaya. Lleváis tres horas perdiendo el tiempo. Os estoy oyendo; ¡ya está bien!».

Le dije: «¡Nadie me va a convencer, usted váyase a dormir!».

Ella dijo: «No puedo dormir con este hombre aquí».

El hombre pensó: «Esta es una buena ocasión». Tocó los pies de mi tía y dijo: «Ayúdeme, parece que no tiene corazón... Llevo aquí tres horas, padeciendo un terrible dolor de estómago».

Le dije: «Está bien, la tocaré, pero tienes que prometerme que no se lo dirás a nadie, no quiero tener una cola de gente todo el día, tengo otras cosas que hacer».

Él dijo: «Lo prometo, juro por Dios que jamás se lo diré a nadie».

Toqué la botella. Inmediatamente, se bebió todo el agua y dijo: «Dios mío, nunca me había sentido así de bien. No solo siento que me ha curado el estómago por completo sino que, además, han desaparecido otros pequeños achaques y me siento mucho más fuerte».

Le dije: «Recuerda que lo has prometido».

Él me dijo: «Tan solo una cosa más, mi madre está muy enferma».

Le dije: «Ya empiezas».

Me dijo: «No, no se lo diré a nadie, me conformo con volver a llenar la botella».

Le dije: «De acuerdo, ¡pero no quiero que traigas a nadie aquí ni que vuelvas con tu botella! ¡Ya la he tocado una vez, eso es suficiente!».

Y, sorprendentemente, aquel chiflado hipocondríaco acabó convirtiéndose en un sanador. Llenaba la misma botella una y otra vez. Pero, como yo había tocado la botella, el agua se transformaba y curaba a todo el mundo. A su casa empezó a venir gente desde lugares lejanos, y a él le encantaba. Volvió para darme las gracias.

Le dije: «No debes venir aquí».

Él me dijo: «No, no he venido a pedir nada, solo quería decirle que la botella funciona».

Le dije: «Cura a toda la gente que puedas».

Muchos años después volví a pasar por aquel pueblo. Se había convertido en un famoso curandero.

El doctor Barat, un prestigioso médico, me preguntó: «¿Qué has hecho? Sufro de migrañas, no he tenido más remedio que ir unas cuantas veces a pedirle a ese estúpido muchacho que me diera un poco de agua de su botella. Y es un milagro; la migraña ha desaparecido».

Le dije: «Se trata de sanación espiritual, pero no se lo digas a nadie».

Me dijo: «En realidad, no pensaba que tuvieras ese poder. Solo era una broma para deshacerme de ese muchacho. Pero, ahora, cuando tengo algún problema, en vez de tomar mis propias medicinas, envío mi coche a recoger a ese muchacho. Viene en el coche con la botella; ¡una taza de agua, y mano de santo!».

Le dije: «Tiene que ser así... Es poder espiritual».

La cuestión es que, si tienes fe, cualquier cosa puede funcionar en la mayoría de los casos. Solo hay un treinta por ciento de enfermedades que no se pueden curar con tu fe. Esas enfermedades son reales; requieren un diagnóstico acertado y un tratamiento adecuado.

Yo no quiero ningún tipo de estupidez aquí. He oído que algunas personas han empezado a sentir un gran bienestar, a experimentar «espacios nunca antes conocidos». Te lo advierto: olvídate por completo de ese «gran espacio», no corrompas a mi gente sencilla. Tampoco te creas una persona muy astuta; crees que tienes poderes espirituales, y ni siquiera sabes qué es la meditación. No te has encontrado con tu propio ser. Así que, curando espiritualmente a la gente, estás malgastando tu tiempo.

Antes, encuéntrate a ti mismo.

Eso es, exactamente, lo que dijo Sócrates: «Sanador, antes sánate a ti mismo».

Antes, conócete a ti mismo.

A no ser que te conozcas a ti mismo, todo es ficción; tanto tu enfermedad como tu salud carecen de importancia porque su realidad es la tumba. Puede que algunos mueran de enfermedad y otros de sanación espiritual. Pero no da igual. La única diferencia importante es si, cuando llega la muerte, en tu más íntimo ser estás absolutamente atento y consciente de tu inmortalidad. Esa es la única verdadera sanación: el verdadero ser.

Eso son juegos infantiles, y como la gente está deseosa de que le ocurra algo importante, cualquiera puede convencerles: «Mira, están empezando a ocurrir grandes cosas».

Las grandes cosas ocurren, pero no a través de nadie.

Tienes que recorrer el camino completamente solo.

Puede que la gente que haya venido y se haya marchado se haya dado cuenta de que yo no soy un hombre que aliente tu estupidez. No soy un hombre que te induzca a creer en grandes cosas, en Dios... No soy un hombre que te haga creer que tienes el paraíso asegurado. Al contrario, lo que hago es empezar a destruir tus creencias; eso asusta a la gente y huye. Los que han abandonado se arrepentirán, porque caerán en manos de alguien que les halagará y les prometerá todo lo que deseen, pero todo eso no es más que imaginación.

Una auténtica experiencia que te libera de la mente y del cuerpo: esa es la única experiencia que me interesa, ninguna otra cosa. Todo lo demás carece de importancia.

Un policía estaba haciendo la ronda nocturna en su coche. Atento, por si había problemas. En el aparcamiento de una tienda de coches usados, vio a dos viejecitas en los asientos delanteros de un descapotable. El establecimiento estaba cerrado, así que el policía se acercó al coche y preguntó: «Señoras, ¿acaso están intentando robar este coche?».

«Por supuesto que no —contestó una de las viejecitas—, este coche es nuestro, lo hemos comprado esta tarde.»

«Y bien —dijo el policía—, ¿por qué no lo arrancan y se marchan de aquí?»

«No sabemos conducir —respondió la otra viejecita—. Además, estamos esperando. Nos han dicho que si comprábamos un coche aquí, nos joderían.»

Eso es lo que hace la gente, esperar en aparcamientos de coches usados.

¡Este no es esa clase de lugar...!

Al volver de la escuela, un niño pregunta a su padre si puede sacar a pasear a su perra.

El padre le dice que no, porque está en celo.

El niño le pregunta: «¿Qué es el celo?».

A lo que el padre responde: «Da igual, de todas formas se me acaba de ocurrir una idea para solucionarlo».

El padre fue al garaje, agarró un trapo, puso en él un poco de gasolina, y frotó a la perra debajo del rabo.

«De acuerdo —le dijo el padre—, ya puedes sacarla a dar un paseo.»

El niño se puso muy contento y desapareció calle abajo. Pero, una hora más tarde, regresó sin la perra.

«¿Qué ha ocurrido? —le preguntó el padre—. ¿Dónde está la perra?»

«Bueno —respondió el niño—, al principio todo fue bien. Estuvo jugando conmigo y con un amigo mío y, de repente, se le acabó la gasolina. Así que, ahora, el perro de mi amigo la está remolcando a casa.»

Osho,

¿Es el maestro quien viene al discípulo o viceversa? Me gustaría estar más abierto a ti, abrirte más mi corazón, sentirte más, pero ningún esfuerzo por mi parte parece obtener resultado. Así que me consuelo a mí mismo diciéndome que eres tú quien entrará en mí en cualquier lugar, de repente. ¿Es eso una ilusión?

Es el maestro quien viene, pero no siempre encuentra abierto el corazón del discípulo. En la mayoría de las ocasiones, está cerrado. Así que tu pregunta, en realidad, no es una pregunta, sino las dos caras de una misma moneda.

El maestro viene, pero el discípulo tiene que estar receptivo, tiene que estar abierto. Si esperas que, de repente, el maestro entre de algún modo, estés abierto o no, estás esperando en vano. Aunque viniese, tendría que volverse a marchar. No ofrecerás una vía; cerrarás tu puerta y te encerrarás dentro.

A la gente le aterra abrir sus corazones. Los motivos de ese miedo tienen sus raíces en nuestra educación; cada vez que hemos abierto nuestros corazones, hemos sido castigados, explotados o engañados. Naturalmente, hemos aprendido a estar a la defensiva, a mantener el corazón cerrado para que nadie pueda engañarnos, para que nadie pueda acercarse a nosotros. Es una medida defensiva. Y en una sociedad en la que todo el mundo es competitivo, es normal que te defiendas, de lo contrario te explotarán. Alguien te pisoteará para pasar por encima de ti, te utilizará, abusará de ti en todos los sentidos.

En cierto lugar de la India; uno de los más importantes puntos de enlace. Yo esperaba en mi compartimiento: el tren partía en una hora; estaba esperando que pasaran otros trenes…

Un hombre, un mendigo, se acercó a mí. Al verme solo, me dijo: «Se ha muerto mi padre. Ayúdeme». Le di una rupia y le dije:

«Si se muere alguien más, puedes volver. Voy a estar aquí al menos una hora».

Me miró muy sorprendido, pero no pudo resistirse. A los diez minutos, volvió: «Tenía razón. Se ha muerto mi madre».

Le dije: «Lo sabía. Sabía que se moriría alguien más. ¡En estos sesenta minutos, se te va a morir casi toda tu familia!».

Me preguntó: «¿Cómo puede decirlo tan tranquilo?».

Le contesté: «Yo no tengo nada que ver... Lo que ha de ocurrir, ha de ocurrir; me va a costar diez rupias por lo menos»; y le di otra rupia.

Me miraba una y otra vez pensando: «¿Qué clase de hombre es este...?».

Le dije: «Escucha, en lugar de estar viniendo una y otra vez, toma estas diez rupias. ¡Que se mueran todos!».

Él me dijo: «No está bien que diga eso».

Le dije: «Pero si no tendrás que volver».

Me dijo: «Es verdad. No me puedo resistir. Pero usted es un hombre extraño. He sido mendigo toda la vida. Si no toda mi vida, al menos desde que recuerdo, mi familia se ha dedicado a la mendicidad desde hace varias generaciones. Mi padre era mendigo, mi abuelo era un gran mendigo —es algo hereditario—, pero a ninguno de nosotros le había ocurrido nada parecido; ¡lo suyo es increíble!

»En primer lugar, por lo general, la gente no da nada. La mayoría te dice: "¡Largo de aquí! Vete a pedirle a otro. Nosotros ni siquiera conocíamos a tu padre. Si se ha muerto, se ha muerto. ¿A nosotros qué nos importar?" ¡Pero usted no solo mata a toda mi familia, sino que además me adelanta la limosna!».

Le dije: «Acércate a echar un vistazo a tu familia. Si queda alguien vivo, vuelve, porque se van a morir todos. Algunas veces, las personas se mueren; una vez, dos veces, tres veces... Las personas son increíbles; por ejemplo, cuando vuelvas, puede que tu padre haya resucitado. Tú, simplemente, acércate a tu casa».

Me dijo: «Si usted lo dice, iré a ver».

Le dije: «Ve a echar un vistazo y vuelve, porque se van a morir en cualquier momento (si no es hoy, será mañana) y, entonces, no estaré aquí».

Diez minutos más tarde, regresó con las diez rupias y me dijo: «Tenga, se lo devuelvo».

Le pregunté: «¿Por qué? ¿Han resucitado todos?».

Me dijo: «¡No se burle de mí! Siempre han estado vivos. No ha muerto nadie. Pero es la primera vez que ha muerto toda mi familia ¡y por adelantado! No, no puedo aprovecharme de usted, es demasiado ingenuo».

Le dije: «No soy un ingenuo. Tan solo me estoy divirtiendo. Diez rupias tampoco es gran suma… por matar a toda tu familia. Si tienes algún pariente más…».

Me preguntó: «¿Ahora quiere matar también a mis parientes?».

Le dije: «¡A cualquiera! Parientes, vecinos; y si no han muerto, te lo adelantaré. Tú acércate a ver».

Me dijo: «Usted está loco y no me puedo aprovechar de una persona loca. No soy tan depravado. Yo timo a la gente lista pero a un hombre como usted, no. Está demasiado dispuesto a ser timado».

Le dije: «Si quieres, puedo acompañarte a contar las personas que han muerto, porque a lo mejor no sabes contar hasta un número tan elevado. ¿Hasta qué número sabes contar? ¿Qué educación has recibido?».

Me dijo: «Eso es cierto: No sé contar muy bien».

Le dije: «Puedo ir contigo. Este tren no partirá sin mí. El maquinista es amigo mío; le diré que espere, porque tengo que acompañarte a tu casa para contar personas que han muerto y las que van a morir. La verdad es que, en este mundo, todo el que nace ha de morir, así que ¿por qué no aceptar un anticipo?».

Se sentó en el suelo del compartimiento con lágrimas en los

ojos. Me dijo: «Nunca le he devuelto el dinero a nadie; estoy devolviendo diez rupias. ¡Y está dispuesto a venir conmigo a contar los que siguen vivos y los que han muerto! ¡Y está dispuesto a adelantarme lo de los que estén vivos porque también morirán…!».

Le dije: «Si te sientes ofendido, no aceptes las diez pero, al menos, acepta una; ¡por ti!».

Me dijo: «Pero yo estoy vivo».

Le dije: «Estás vivo; todo el mundo está vivo; ¡pero te morirás! Y, entonces, me resultará muy difícil saber dónde estás, dónde vives, por qué has vivido y por qué has muerto; demasiado complicado. Toma una rupia y déjame».

Me dijo: «No, no puedo aceptar nada de usted. El tren está lleno de gente. Me las arreglaré con lo que les saque. Ellos timan a otros, así que no me importa timarlos a ellos. Pero timarle a usted duele, aunque sea un mendigo. Aunque sea un mendigo, tengo cierto sentido de humanidad».

Le dije: «Como quieras, pero seguiré aquí una hora. Si alguien se muere de verdad, puedes venir sin miedo. Estas diez rupias son tuyas, me las quedo en depósito. Te las devolveré con intereses; pero durante una hora. Después, me habré ido. Aunque suelo pasar a menudo por esta ruta, y soy fácil de reconocer».

Me dijo: «¡Eso es verdad, no podré olvidarle ni perdonarle!».

Le pregunté: «¿Por qué no podrás perdonarme?».

Me dijo: «Usted me ha engañado. ¡Ha recuperado sus diez rupias!».

En este mundo hay cada individuo…

Un amigo mío…

Era profesor, aunque no le gustaba ejercer porque era incapaz de levantarse a tiempo para llegar a la clase; lo cual suponía un problema diario. El director le llamaba la atención, incluso el rector, así que, finalmente, dimitió.

Me dijo: «Esto no tiene ningún sentido. Puedo arreglármelas sin ello».

Yo le pregunté: «¿Cómo te las vas a apañar?»; solía vivir conmigo.

Me dijo: «¡Al principio, viviré *contigo*!».

Le dije: «¡Estupendo! ¿Y cuando te aburras, cuando te canses?, porque no pienso darte más dinero».

Me dijo: «Me trasladaré. Tengo muchos amigos por todo el país». Y era verdad. Tenía muchos amigos. Tenía una gran facilidad para hacer amigos: jugaba muy bien al ajedrez, se le daban bien todos los juegos, era un excelente conversador y, además, muy apuesto. Para él, enamorarse y desenamorarse era la cosa más fácil del mundo.

Le pregunté: «Pero ¿por cuánto tiempo?».

Me dijo: «¿Por cuánto tiempo? No creo que vaya a vivir más de setenta años. ¡Disponemos de este mundo durante setenta años!».

Quince años después de aquello, nos volvimos a encontrar en Nueva Delhi. Le pregunté: «¿Cómo te van las cosas?».

Me contestó: «Perfectamente».

Como siempre, andaba pidiendo dinero prestado. Le dije: «Es muy extraño que te sigan prestando dinero. ¿Cómo haces para devolverlo?».

Él me explicó: «Todo el mundo sabe que yo no devuelvo el dinero, pero siempre hay otras personas a quien pedirles prestado. Nunca pido prestado dos veces a la misma persona. ¡Utilizo ese dinero para recrear la atmósfera necesaria para que otro me preste!».

Justo antes de mi partida a Estados Unidos, vino a verme. Se le veía muy contento. Me dijo: «En este mundo en el que todos están intentando timar a todos, no timar es de estúpidos. Pero no se debe timar dos veces a la misma persona, eso no es ético. Habiendo nuevos prados en los que pastar, ¿por qué seguir acosando a una sola persona? Yo nunca acoso, esa es la razón por la que la gente me da el dinero, ¡porque saben que, una vez que me han dado dinero, no les volveré a molestar!».

En este mundo es natural andar con el corazón y los puños cerrados, siempre en guardia para que no te time nadie. En todas partes se cometen todo tipo de fraudes, pero es necesario que entiendas una cosa: si eres capaz de confiar —incluso en este mundo en el que timar es la ley—, tu confianza abrirá las puertas de los misterios de la existencia.

Osho,
Estoy delante de una puerta en la que dice: Misterios de la existencia. La abro, y me encuentro a mí mismo a tus pies. Al mirarte a los ojos fijamente, veo que, de repente, la puerta vuelve a estar ahí. La abro y, una vez más, estoy a tus pies.
¿Cómo te las apañas para ser ambas cosas, la puerta y el misterio, a ambos lados?

Estar a los pies del maestro es algo simbólico.

Lo real es tu profunda gratitud. Lo real es tu sumisión amorosa. Lo real es la disolución de tu personalidad y tu ego.

Si tu confianza es total, sin el menor resquicio de duda, los pies del maestro pueden convertirse en la puerta porque esta es la gratitud, esta es la confianza, este es el amor.

Con los ojos ocurre lo mismo; no hay misterio, pero con ellos existe un pequeño problema. Con los pies, no estás en contacto con otro ser. Cuando miras a los ojos a tu maestro, no hay nadie. Existe el riesgo de que te veas reflejado a ti mismo en el espejo de sus ojos. Si la revolución, que puede ocurrir a través de los pies, ocurre a través de los ojos, existe el riesgo de que sea mucho más complicada.

No hay duda de que los ojos son capaces de convertirse en puertas a lo divino pero, recuerda, todo debe ocurrir en tu interior.

Para ser sincero, ¡el maestro no hace nada! Simplemente está ahí, disponible, abriendo muchas puertas; la que tú elijas. Sus ojos pueden convertirse en puertas; su mero recuerdo puede convertirse en una puerta. El amor que sientes por tu maestro, aunque él esté a miles de kilómetros, puede convertirse en una puerta.

La alquimia de la transformación depende por completo de ti. ¿Estás dispuesto a ser transformado?

Si es así, incluso el más mínimo gesto del maestro indicará la verdad. Si es así, sus ojos, sus pies; todo son puertas a lo divino.

El mismo día en que murió, Gautam Buda repitió insistentemente a sus discípulos: «No me hagáis estatuas. Absteneos de hacerme templos, porque pueden ser engañosos. Vuestro recuerdo es suficiente; él es el auténtico templo. Lo único que necesitáis es vuestra sumisión, vuestro amor y vuestra disolución en el ser del maestro».

Pero la gente es gente… Cuando Gautam Buda murió, empezaron a adorar al árbol, al árbol llamado «bodi». Recibió ese nombre por ser el árbol bajo el que estaba Buda cuando se iluminó. Se dieron cuenta de que con la gratitud, el amor y las flores de sus corazones sentían como si todavía estuviera sentado bajo el árbol en el que había dejado el cuerpo.

Pero la vida sigue su propio camino… Pronto, empezaron a hacerle templos. Al principio, solo hacían estatuillas en mármol de un árbol, no la imagen de Buda. Pero empezó el declive y, poco después, el árbol fue reemplazado por la imagen de Buda. Este mundo es muy curioso: el hombre, cuyo último deseo fue que no se le hiciesen estatuas, es a quien más estatuas se le han hecho en el mundo. En China hay millones de templos… Hay uno, en concreto, en el que hay diez mil estatuas de Buda. Son flores marchitas. Ya no emanan su fragante perfume. Puede que sea arte, pero suponen un claro incumplimiento de la última instrucción del maestro.

Y no se equivocó al decir: «Mi religión desaparecerá en quinientos años». Exactamente quinientos años después... sus templos, sus estatuas, sus sacerdotes y sus rituales se habían extendido por todo Oriente. Pero, la verdad había desaparecido, el amor había desaparecido, la sensibilidad y la gratitud habían desaparecido.

Puedes tener miles de estatuas; puedes reunir una selecta colección de obras de arte, pero eso no es religión. Una estatua no tiene corazón, no podían comunicarse con ella ni siquiera de la forma en que se habían comunicado con los pies de Buda. La vida fluía en su más hermosa y elevada conciencia.

Occidente nunca ha entendido que, en Oriente, los discípulos toquen los pies del maestro. No entienden nada, porque allí no ha ocurrido: algo invisible, no-objetivo. Cuando el discípulo, con todo el amor y la humildad, se disuelve al tocar los pies del maestro, la energía que fluye, la energía que ha alcanzado su forma más pura, embarga al discípulo. Recuerda, la energía siempre fluye hacia abajo, nunca hacia arriba.

Si el maestro toca la cabeza del discípulo, lo cual es muy importante, aunque muy esotérico porque eso produce un círculo de energía: la energía fluye hacia el discípulo desde sus manos y desde sus pies. El éxtasis del maestro que casi arrolla al discípulo.

Occidente no ha perdido la oportunidad de aprovecharse de una experiencia de tan enorme importancia. En Occidente, tocar los pies de alguien parecería algo humillante, deshonroso. En Oriente, si el maestro aparta el pie y no te permite que lo toques, significa que no estás preparado, que no estás abierto; la energía no puede entrar en ti. El maestro, cercando al discípulo por ambos lados, gira el rumbo de su vida hacia nuevas dimensiones.

Por lo tanto, es igual que sean los pies, los ojos o, simplemente, su recuerdo o el corazón latiendo con amor y gratitud.

La puerta se abrirá; no hay ningún misterio. Es simple aritmética. No estoy hablando de la aritmética que has estudiado, sino de la aritmética del mundo espiritual, y aquellos que no lo han conocido, los que no han sentido su fragancia son verdaderamente pobres.

Jaimito va al dentista para una revisión. «Está bien, doctor —le dice al galeno—. Se puede quitar la máscara, le he reconocido.»

El maestro no lleva máscara pero es imprescindible que tú le reconozcas. En qué lugar, en qué momento y en qué situación penetre, como un rayo de luz, el reconocimiento en tu corazón, depende de la intensidad de tu búsqueda. Y, finalmente, el día que te reconozcas a ti mismo, verás que tú, el maestro y el universo sois un todo. No hay nadie a quien someterse, no hay nadie con quien luchar. Entonces, desciende la paz suprema que trasciende toda comprensión; pero no la experiencia.

No seas analítico. El buscador del camino tiene que estar abierto, disponible, no debe tener una actitud analítica, racional; no debe discutir con la realidad, sino aceptarla tal como viene, sentir su fragancia.

Tú eres inmortal, solo que no lo sabes. Todo el universo es tuyo pero eres como un niño pequeño buscando piedras de colores en la playa. El mundo misterioso no está lejos. No tienes que dar ni un paso; si estás dispuesto, él viene a ti. Lo único que tienes que preguntarte es: «¿Estoy preparado… preparado para abrir? ¿Indefenso?». ¿Estás dispuesto a dejarte acariciar por la fresca brisa de la vida?

Los visionarios de los *Upanishads* nos dejaron las declaraciones más relevantes. Una de sus declaraciones va dirigida a *amritasya putrah*: «¡Oh, hijos de la inmortalidad!». No hay duda de que no va dirigida ni a tu cuerpo ni a tu mente, pero tú eres mucho más. Tanto el cuerpo como la mente son instrumentos útiles, pero no los conviertas en una jaula y te metas en ellos, entonces sabrás la enorme felicidad, la inmensidad de vida que te pertenece por herencia. Tu herencia es todo el universo con toda su belleza.

El maestro no es más que una excusa para indicarte el camino, es la prueba irrefutable de que, al igual que le ha ocurrido a él, te puede ocurrir a ti; no es necesario que vayas con dudas y vacilante. Todo hombre y mujer alberga la semilla de la divinidad. Los que la han desarrollado, por pura compasión, siguen adelante, les escuchen o no; siguen haciendo todo lo que pueden para llegar a ti de alguna forma.

Cuenta la historia que cuando Gautam Buda murió y llegó a sus puertas, en el paraíso hubo una gran fiesta, porque la puerta se abre en raras ocasiones; solo, de tarde en tarde, algún hombre alcanza su pleno potencial. Pero Buda se negó a cruzar la puerta... Esto es solo una parábola; no pienses que es algo histórico. No obstante, algunas veces, las parábolas contienen más verdad que la historia. La razón que Buda argumentaba para negarse era la siguiente: «¿Cómo voy a entrar en el paraíso mientras millones de personas siguen buscando a tientas en la oscuridad? Me quedaré hasta que haya entrado en el paraíso el último ser humano». Los budistas creen que todavía está esperando.

Esté esperando o no, para mí, si hay algo cierto es que la existencia está esperando, y tú estás posponiendo por estúpidas cosas mundanas, cosas sin importancia, que no son más que trastos que están retrasando el momento de tu florecer. La primavera viene y va pero tus flores se mantienen. Un maestro es una primavera.

Cuando el maestro llama a tu puerta, deja todo lo demás porque no hay nada más importante que conocerte a ti mismo, que ser tú mismo y experimentar la gran beatitud y el éxtasis que son tuyos por naturaleza.

Dos espías israelíes son capturados en El Cairo y llevados al paredón. Cuando están frente al pelotón de fusilamiento, el capitán egipcio pregunta al primer espía: «¿Un último deseo?».

«Un cigarrillo», responde este.

El capitán le da un cigarrillo, se lo enciende, y pregunta al segundo espía: «¿Tienes un último deseo?».

Sin pronunciar palabra, el segundo espía escupe al capitán en la cara.

«Harry —le grita el primer espía—, por favor, no nos causes más problemas.»

¿Qué más problemas...? Van a ser fusilados. ¿Qué más problemas se pueden causar? Y que el último deseo sea un cigarrillo revela cómo son nuestras mentes. Imagina que se te apareciese Dios y te preguntase: «¿Qué quieres?». ¿Qué le pedirías? ¿Un buen coche? ¿Una casa palaciega? ¿Una mujer hermosa? Entonces, verías el tipo de basura que inunda tu mente.

No creo que nadie dijese: «Quiero meditar... quiero realizarme a mí mismo». Esas cosas pueden posponerse; ¿qué prisa hay? ¡En este momento, apetece un cigarrillo, y con ninguna autorrealización conseguirás cigarrillos, palacios...! No sabes lo que conseguirás con la autorrealización. La idea de la autorrealización ni siquiera se te pasa por la mente, porque das por hecho que te conoces a ti mismo.

Sócrates acertaba al aconsejar: «Conócete a ti mismo». En la vida, no hay nada que sea más importante. No desperdicies toda tu vida en cosas de las que, luego, te reirás: con todo lo que pudiste tener, con todo el éxtasis que pudo haber... y lo has desperdiciado fumando cigarros y persiguiendo mujeres; ¡o escapando de ellas!

Tu vida es una sucesión de actos repetitivos; las mismas cosas, sin el más mínimo interés por los verdaderos misterios, los verdaderos significados, la verdadera relevancia de tu ser. En cuanto empiezas a interesarte en tu ser, automáticamente, florece la meditación.

Y si, por casualidad, te cruzas con un hombre cuyos ojos se convierten en puertas a un mundo más allá y le tocas los pies, te llenarás de una extraña energía y una vibración musical, una armonía, una sincronía con la existencia.

El maestro no es más que un ejemplo de lo que tú también puedes ser.

Dos vagabundos están tumbados en bancos adyacentes. Uno de ellos lee un periódico viejo y le comenta al otro: «Aquí hay un informe de sanidad que dice que cuando te ríes ejercitas cien músculos».

«Típico de esos majaras de la sanidad —responde su amigo—, siempre le están quitando la gracia a todo.»

¡… Ahora, incluso la risa va a ser un ejercicio!

Tocar los pies a un maestro es, simplemente, una señal de que: «estoy dispuesto», de que: «por mi parte, no habrá ningún obstáculo», de que: «retiro todas las estrategias de defensa». Entonces, el maestro no tendrá que hacer nada. Al abrirte, al retirar todas las estrategias de defensa, la puerta se abre. El maestro no era más que un recuerdo de tu propio futuro.

En Occidente nunca ha habido maestros de este tipo. Es cierto que ha habido profesores, pero un maestro no es lo mismo que un profesor. El profesor te enseña doctrinas, teologías, filosofías; el maestro se limita a abrirte la puerta a tu inocencia, a tu sencillez, a tu supremo despertar.

Un maestro no es un profesor. El maestro es, simplemente, alguien que te hace reflexionar: «Dios mío, ¿qué estoy haciendo? Aquí hay un hombre al que rodea un aura de belleza y verdad; no puedo dejar pasar esta oportunidad. Este hombre me recuerda que yo también puedo vivir en esa gloria, en esa felicidad cósmica».

El director de un hotel dio a sus empleados algunos consejos respecto a cómo desenvolverse en situaciones embarazosas.

«Suponed que uno de vosotros entra en una habitación —les explica—, y se encuentra con una señorita desnuda. Cualquier cosa que diga o haga podría empeorar la situación, pero hay una salida sencilla: fingir ser miope y decir algo como: "Lo siento mucho, señor, regresaré en un minuto". Eso le ahorrará el bochorno.»

La mañana siguiente, un joven camarero de servicio que llevaba el desayuno a una habitación llamó a la puerta y, al no recibir respuesta alguna, entró. Sobre la cama, había una pareja dando rienda suelta a su frenesí en el acto sexual. De repente, sintieron la presencia del camarero y se produjo un tenso silencio, entonces el camarero recordó la charla del día anterior. Con toda naturalidad, preguntó: «Caballeros, ¿desean ustedes tomar el desayuno?».

Te diga lo que te diga, no lo interpretes, porque toda interpretación es una mala interpretación. Diga lo que diga, simplemente, absórbelo. Deja que acabe siendo parte de tu ser, y nunca te encontrarás en una situación tan embarazosa.

Dos médicos salen a cazar patos de madrugada, antes del amanecer. En un árbol, sobre ellos, oyen roncar a un búho.

«Soy tan buen cirujano —alardea uno de ellos—, que puedo subir ahí y extirparle las amígdalas sin despertarle.»

Diez minutos después, el cirujano baja del árbol con dos minúsculas amígdalas.

«Eso no es nada —dice el otro—, ¡yo soy tan hábil con las manos que puedo subir ahí y extirparle los testículos al búho sin que se dé cuenta!»

Por supuesto, unos minutos después, el otro cirujano regresó con dos minúsculas bolitas.

Unos meses después, el búho volaba con un amigo sobre ese mismo árbol.

«¡Oye! —le dijo el amigo—. Es hora de irse a la cama, pasemos la noche en ese árbol.»

«No, gracias —le contesta él—. Dormí ahí hace unos meses y desde entonces me silbaron el joder y me jodieron el silbar.»

Tienes que utilizar una energía muy sutil para sacar al ego, para sacar la idea de que estás separado de la existencia. Tocar los pies del maestro sin sentir, ni por un solo instante, que estás haciendo algo en contra de tu ser, de tu dignidad, sino todo lo contrario, sintiendo, por primera vez, que es una energía que te dignifica, que te hace luminoso, y ver que esos pies no pertenecen a ningún individuo, quizá sea la cosa más sutil del mundo. Esos pies son, simplemente, un recurso a tu disposición para abandonar tu ego, tu idea de ser especial, la idea de ser alguien, y ser, simplemente, sencillo e inocente.

Oriente se ha beneficiado mucho por medio del simple recurso del toque de pies del discípulo al maestro. Cuando el maestro siente que el acto del discípulo es auténtico y sincero, le pone las manos en la cabeza y el discípulo queda inundado por la misma energía que desborda en el maestro. Es una extraña transferencia; invisible, pero experimentable.

Me viene a la memoria Mahakashyapa, probablemente el discípulo más inocente y más puro de Buda…

Gautam Buda le dijo: «Estás iluminado. Tienes todo lo que yo tengo. Ahora, ve y expande la palabra».

Mahakashyapa le dijo: «Si lo hubiese sabido, no me habría iluminado. Estar cerca de ti, tener la posibilidad de tocar tus pies todos los días y sentirme inundado por tu amor y tu compasión era suficiente para mí. Si existe alguna forma de desiluminarse, preferiría desiluminarme».

Buda le dijo: «Eso es difícil. No se puede dar marcha atrás».

Él le preguntó: «¿Qué haré? Cada mañana, cuando te toco los pies, mi dicha, mi felicidad, mi éxtasis alcanza su cota más elevada. Y cuando me tocas la cabeza, siento como si estuviese cayendo una lluvia de pétalos de rosa sobre mí. Lo echaré mucho de menos».

Buda le dijo: «No lo echarás de menos. Haz una cosa: ponte mirando hacia donde estoy, arrodíllate y toca la tierra como si fueran mis pies; seguirás sintiendo lo mismo».

Como era tan inocente, le creyó y se marchó. Cada mañana, lo primero que hacía era calcular la dirección en la que estaba Buda y en esa dirección —aunque es probable que no fuera la correcta, que Buda no estuviera en esa dirección—, en su corazón, en su fe, le tocaba los pies. De sus ojos caían lágrimas de alegría y casi podía sentir las manos de Buda sobre su cabeza. Eso le daba la absoluta certeza de que estaba en la dirección correcta. Y la misma lluvia de flores, incluso con más fragancia, caía sobre él.

La gente le decía: «Mahakashyapa, Gautam Buda te ha declarado iluminado, ¿por qué te postras…? ¡Una persona iluminada no debe postrarse! ¿A qué viene esta tontería? No hay nadie y tú haces como si tocaras los pies con un inmenso fervor. Y cuando te levantas, eres casi un hombre diferente, tan luminoso…».

Él decía: «La distancia no significa nada. Para el amor no existe el tiempo ni la distancia. Es algo que sucede dentro de ti; lo externo solo es un recurso. Y en cuanto a las lágrimas, no son de dolor o de angustia, son lágrimas de alegría, de pura celebración por saber que él no se ha olvidado. Incluso siento sus manos sobre mi cabeza, lo cual me confirma que estoy en la dirección correcta».

Cuando volvió a ver a Gautam Buda, se lo preguntó, pero Gautam Buda se rió. Le dijo: «Qué inocente eres, Mahakashyapa. Todo ocurría dentro de ti; incluso esa mano era la tuya. Sabía que es imposible encontrar la dirección exacta del lugar dónde yo estaba, a cientos o miles de kilómetros. Pero, como confiabas en mí, el milagro ocurría».

La confianza es el mayor milagro del mundo. Pero, recuerda, no tiene nada que ver con la creencia. Los diccionarios confunden a la gente. Si buscas en el diccionario el significado de confianza, verás que lo define como: creencia, fe. No es ninguna de esas cosas. Detrás de la creencia siempre se oculta una duda. La fe es ciega, no está basada en tu propia experiencia, pero la confianza sí lo está. Una vez que pruebas el dulce sabor de la confianza, no necesitas ninguna religión ni oración.

Esta es una historia que he contado muchas veces, pero es tan hermosa que me encanta hacerlo…

Antes de la revolución… La iglesia cristiana de Rusia es una de las más ortodoxas… El cristianismo es una religión muy infantil. Lo que para ellos significa el término santo es muy diferente al significado del término *sant* en Oriente. Aunque los traductores que solo tengan relación con las palabras crean que «sant» y «santo» significan lo mismo, no es así. El término oriental «sant» se utiliza para designar a aquel que ha realizado *sat*, la verdad. Es una realización propia.

Mientras que, según el concepto occidental, santo es aquel que ha sido certificado por la iglesia. Procede de la palabra «sanctus»; ha sido santificado, certificado que es santo.

En esta hermosa historia de León Tolstoi…

Había tres santos que vivían en una pequeña isla en medio de un gran lago. El arzobispo de Rusia empezaba a preocuparse porque cada vez más gente iba a visitarlos. Se habían extendido muchos rumores acerca de los tres santos. No lo entendía: «¿Cómo van a ser santos si no los he certificado yo?». Pero al ver que miles de personas iban a tocarles los pies, finalmente decidió que había que hacer algo; de lo contrario, estas tres personas podían cargarse la jerarquía religiosa. Hay que hacer las cosas como Dios manda; el cristianismo ha generado jerarquía, burocracia.

En Oriente, nadie puede concebir que un santo necesite que alguien le certifique; su propia experiencia es suficiente. En Oriente, nadie puede entender que incluso el Papa, el representante de Jesucristo y Dios, sea elegido. ¿Qué es eso, religión o política? Nosotros nunca hemos elegido a nadie como Gautam Buda; nunca hemos elegido a nadie como Krisna… Cuando una persona tiene la experiencia, la propia autoridad que esta experiencia le da, se le reconoce, tiene que ser reconocido, aunque a él no le importe que le reconozcas o no. Pero ¿cómo vas a mantener los ojos cerrados… cuando el sol te da en la cara?

Finalmente, el arzobispo se embarcó en una lancha motora y se dirigió a la isla para ver qué estaba sucediendo allí.

Era muy temprano, y, al ver a esos tres pobres hombres, dijo: «¡Dios mío! Estos idiotas… ¿quién los ha hecho santos?».

Llegó allí con gran autoridad. Los tres hombres, al ver que se trataba del arzobispo en persona, se postraron a sus pies. Eso hizo que se sintiera muy complacido. Preguntó: «¿Quién ha dicho que sois santos?».

Ellos contestaron: «Somos personas pobres. Nadie ha dicho que somos santos; no lo somos. Nosotros, simplemente, vivimos aquí, bajo un árbol, y no sabemos qué ha sucedido, cómo se ha extendido el rumor o por qué vienen miles de personas. Díganos, ¿cómo podemos convencerlos de que no somos santos? Nosotros no somos personas cultas.

»Al principio, les decíamos que no somos santos pero eso provocó el efecto contrario. La gente pensó: "Ellos dicen que no son santos porque son muy humildes… Seguro que lo son. No tienen ego…". Así que dejamos de hacerlo. Al final, decidimos que dejaríamos que sucediera lo que tuviera que suceder. Usted puede ayudarnos. Dígale a la gente que no somos santos, sino hombres pobres. Dígales que no vengan, que están molestándonos todo el día sin ninguna razón».

El arzobispo se sentía muy complacido y le pareció que venir había sido una buena obra, que incluso tendría que haber ido antes para evitar que llegaran a ser famosos por todo el país. Les preguntó: «¿Rezáis todos los días?».

Se miraron entre ellos y dijeron: «Sí».

«¿Qué oración rezáis? ¿Conocéis la oración oficial cristiana?», les preguntó.

Ellos contestaron: «No hemos ido a la escuela. No conocemos ninguna oración oficial».

«Entonces ¿cuál es la oración que rezáis todos los días?»

Se miraban los unos a los otros y se decían: «Dísela tú».

El arzobispo intervino: «Decídmela».

Ellos le confesaron: «Nos da un poco de vergüenza porque nos la hemos inventado nosotros. Es una oración muy simple. Por favor, no se ría, y no se lo cuente a nadie. Sabiendo que Dios es tres —Dios, el espíritu santo y el hijo—, como nosotros también somos tres, se nos ocurrió que podíamos inventarnos una oración… Así que unimos nuestras mentes y sacamos la siguiente oración: "Dios, tú eres tres, nosotros también somos tres, apiádate de nosotros". Esa es nuestra oración».

El arzobispo, aun a su pesar, no pudo evitar reírse: «¿Y creéis que eso es oración? Olvidaos de ella, no tiene ningún sentido. Os enseñaré la oración oficial».

Pero la oración oficial era larga. Cuando acabó, uno de los santos dijo: «Es una oración demasiado larga, no nos la hemos aprendido. Tendrá que volver a repetirla. Nosotros pondremos toda nuestra atención. Pero tendrá que repetirla al menos un par de veces más, como somos tres, tendrá que repetirla tres veces. Puede que así nos la aprendamos».

Repitió la oración tres veces. Tocaron sus pies; los bendijo y regresó en su lancha motora, sintiéndose muy satisfecho. Justo cuando estaba a mitad de camino, vio algo milagroso. Los tres pobres hombres se acercaban corriendo sobre el agua.

No podía creerse lo que estaba viendo. En el fondo, ni siquiera creía que Jesús hubiese caminado sobre las aguas; ¡y estos tontos iban corriendo sobre el agua! Hizo que se detuviera la lancha, y ellos le dijeron: «Lo sentimos. Hemos olvidado la oración oficial, es demasiado larga. ¿Podría repetírnosla una vez más?».

El arzobispo, que debía de haber sido un hombre inteligente, les dijo: «No hace falta que os la repita. No hay nada malo en vuestra oración. Continuad con ella. Yo llevo toda mi vida rezando esa oración autorizada y no soy capaz de caminar sobre el agua, y vosotros estáis haciendo el milagro».

Ellos le dijeron: «Esto no es un milagro. Para nosotros es una práctica habitual. Somos pobres, no poseemos lanchas, pero nuestra confianza en Dios es absoluta. Él es tres; nosotros somos tres; apiádate de nosotros; y nunca nos ha fallado. Siempre ha sido piadoso con nosotros».

La confianza abre la puerta a los analfabetos, a los incultos. No tiene que ver con cuánto hayas estudiado o lo culto que seas. No se trata de ser elegido Papa. Que el representante de Dios sea elegido por seres humanos es completamente ridículo. Es pura política. Si Dios quisiera un representante, debería nombrarle él, pero, al parecer, es tan redomadamente vago que después de seis días de creación… ¡Nadie sabe qué es lo que ha hecho en todo este tiempo! Incluso, mandó al espíritu Santo para que embarazase a la pobre María; ni siquiera se tomó esa molestia.

Oriente entiende una cosa: la verdad es tu propia experiencia y emana de tu confianza. Cuando llega, lo hace con una autoridad que no emana de ninguna escritura o representante de Dios. Es intrínseca a la propia experiencia.

Yo solo te enseño confianza, amor, compasión y un camino hacia tu ser interior: meditación. Y seas quien seas, cualquiera que sea la religión en la que, desafortunadamente, hayas nacido, cualquiera que sea tu raza… no importa. El color de la piel… Ahora, no se lo que costará, pero, hace veinte años, podía convertirse a un hombre en negro con una rupia de pintura. Pero no lo olvides: el negro tiene una ventaja sobre ti. ¡Su piel es mucho mejor que la piel blanca!

Existen todo tipo de discriminaciones y de teologías creadas por el hombre, fabricadas por la mente. No servirán de nada. Uno tiene que ser muy simple, y su religión tiene que ser muy simple.

Confía en la vida, ama la vida…

Disfruta la vida, y la existencia se ocupará de ti.

Osho,
Encontrarse con el buda en el camino y matarle implica, también, la muerte del discípulo. ¿Podrías comentar algo más acerca de la experiencia maestro-discípulo y de lo que significa estar en presencia del maestro?

En toda la historia de la humanidad, Gautam el Buda es el único maestro que podía firmar una declaración de tan enorme relevancia. No va dirigida a aquellos que llaman personas religiosas. Va dirigida a aquellos que están verdaderamente implicados, comprometidos, en llegar hasta ellos mismos.

En cierto sentido, es una declaración muy extraña, porque lo que está diciendo es, exactamente, lo que oculta. La declaración es: «Si te encuentras conmigo en el camino, mátame inmediatamente».

Y dices, acertadamente, que matar al maestro significa la muerte del discípulo. Has entendido el significado exacto de la declaración de Buda. Lo que dice es: «Si te encuentras conmigo en el camino, no importa que sea yo —el maestro es lo supremo; pero ni siquiera importa que sea el maestro—, mátame inmediatamente, no quiero acabar convirtiéndome en un obstáculo en tu camino. Quiero ser un trampolín».

Pero, claro, solo puedes matar al maestro si antes has matado al discípulo. En realidad, maestro y discípulo no son dos palabras, sino las dos caras de una misma moneda. En lugar de pensar en la relación maestro-discípulo, míralo como si el maestro y el discípulo fuesen dos caras de la misma moneda. Y cuando tiras la moneda, tiras ambas caras. En cuanto muere el maestro, ¿cómo va a sobrevivir el discípulo?

Gautam Buda podría haber dicho: «Si te encuentras conmigo en el camino, mata al discípulo». Pero eso no habría servido al propósito, su declaración no habría sido relevante, que es exactamente lo que él quería, pero el único modo de matar al discípulo es matando al maestro. El único modo es desapareciendo juntos y dejar la energía buscando el paraíso perdido, como un todo.

Normalmente, la gente siempre ha entendido que la relación del maestro y el discípulo es como las demás relaciones: la mujer y el marido, el profesor y el alumno. Pero no se parecen en nada; es una relación muy extraña. Es como si un corazón empezase a latir en dos cuerpos. No se puede decir que exista una relación, porque en una relación se requiere que hayan dos partes, y este fenómeno de maestro y discípulo lleva implícita la necesidad de la desaparición de la dualidad.

La compasión de Gautam Buda es inmensa. En lugar de decirte: «Desaparece», en lugar de decirte: «Abandona tu ego, deja de ser una entidad separada», encontró una forma muy sutil de decir lo mismo de un modo mucho más sofisticado: «Mátame, si te encuentras conmigo en el camino».

En meditación, en tu periplo hacia el interior, te encontrarás con muchas cosas: tus deseos reprimidos, tus experiencias incompletas, tus ambiciones, pero son fáciles de anular, son fáciles de trascender. Y finalmente, te encontrarás con tu maestro, porque él es tu último amor. Por él, lo abandonaste todo; al final, solo queda el maestro. Pero incluso ese pequeño apego es suficiente para impedir que tus ojos vean la verdad.

Otra declaración de Buda —en caso de que te preguntes cómo es posible que un apego tan pequeño pueda impedir que se vea la inmensa verdad— dice lo siguiente: «Una pequeña partícula de arena en tus ojos puede impedirte ver todo el cielo». No se trata del pequeño grano de arena, se trata de tu visión. Tu visión está cerrada, tu visión es muy pequeña. El mundo, la verdad, el universo es inmenso, pero tus ojos… Y el maestro es, sin lugar a dudas, la mayor experiencia de tu vida. Él te desborda, vibra en tus nervios, danza en tu corazón, emociona cada célula de tu ser. Si no te deshaces de él, no podrás conocer lo infinito y lo eterno.

Pero en cuanto te deshaces de él, como es obvio, dejas de ser un discípulo; ambos desaparecen a la vez. Lo que queda es absoluto silencio, un estado de tranquilidad no-dual.

Ningún otro maestro en todo el mundo ha logrado indicarlo de una forma tan clara y sofisticada, tanto que no te das cuenta de que te está pidiendo que *te* disuelvas. Lo primero que entiendes es que te está pidiendo que le mates. No hay duda de que os encontraréis en el camino. Os encontraréis al final, cuando hayan desaparecido todos los apegos y todas las relaciones. Os encontraréis, y será duro. Será muy duro matar a tu propio maestro. Pero solo es una metáfora para indicar que hay que despedirse de Gautam Buda: «Ya he tenido suficiente de ti, ahora, déjame tranquilo. Apártate del camino».

Yo ni siquiera sé cómo empuñar una espada, así que no puedo decir eso. ¡Qué digo una espada! Mis manos ni siquiera han tocado una cuchilla de afeitar en toda mi vida.

No creo que haya nadie en el mundo con una barba tan original como la mía. Nunca me la he cortado… En mi casa, todos me decían siempre que lo hiciera. Yo les respondía: «Para mí, la originalidad es muy importante, y aunque sea lo único original en mí, al menos, nadie podrá negar que mi barba lo es».

Así que yo no puedo decirte: «Cuando nos encontremos, mátame». La palabra «matar» era perfectamente adecuada para un príncipe, pero yo, simplemente, diré: «Cuando te encuentres conmigo, solo dime adiós». Con eso, es suficiente. No hay ninguna necesidad de muerte ni de derramamiento de sangre. Con todos los discípulos como tengo, si todos tuvieran que matarme, ¿cuántas veces tendría que ser asesinado? No, sería excesivo; lo más educado es un simple adiós. Nadie puede discutir su belleza y su gracia.

Y recuerda, decir adiós es más difícil que matar porque cuando digas adiós, tus ojos estarán llenos de lágrimas, tu corazón estará gimiendo. Mientra que, por otra parte, matar es muy sencillo, muy simple. Un solo mandoble y el pobre maestro caerá muerto. Y entonces, lo más sorprendente será que no solo habrá muerto el pobre hombre, sino que, con él, también habrás muerto tú. Él era tu vida; ¡te has suicidado!

Esas palabras, «matar» y «suicidio», no son muy poéticas. Mi propuesta es: «Cuando te encuentres conmigo en el camino, dime "adiós", con dignidad y sin lágrimas en los ojos, y no mires atrás».

Naturalmente, tú también desaparecerás. Solo queda pura existencia.

Nosotros somos, simplemente, olas en el océano de la pura existencia. Cuando la ola desaparece, no desaparece nada… simplemente ha dejado de haber una curva.

Una curva se ha convertido en una línea recta.

Nadie muere ni desaparece. La existencia permanece igual a través de todos los cambios, a través de todos los climas, a través de todas las formas, a través de todas las estaciones, a través de la vida, a través del nacimiento, a través de la muerte.

No deberías tomártelo demasiado en serio...

En cierta ocasión, un fraile cristiano me comentó: «Resulta muy extraño que un hombre que predicó la no-violencia durante toda su vida dijese: "Si te encuentras conmigo en el camino, mátame"».

En cierto modo, ese fraile cristiano tenía razón, porque la palabra «matar» no inspira una sensación de amor y compasión. Pero lo que él no comprendía era que, para las personas como Gautam Buda o Krisna, nada muere. Lo único que ocurre es que una forma se disuelve en una nueva forma. En este mundo, no se puede destruir nada, solo se puede cambiar, y el cambio está ocurriendo continuamente.

Es bueno que aceptes este cambio como la verdadera naturaleza de la existencia y, con él, abandones toda resistencia y cambies con una profunda sumisión, con un profundo dejar ir.

No nades corriente abajo, simplemente fluye.

A donde sea que vaya la corriente es tu hogar.

También, preguntas: ¿qué significa «estar en la presencia del maestro»?

Significa estar ausente como tú mismo y dejar que la presencia del maestro te rodee, te penetre, te queme, te cambie, te transforme. Tú abandona toda defensa, abandona toda distancia, abandona todo miedo; simplemente fúndete y mézclate con la energía que rodea al maestro. Eso es lo que significa estar en la presencia del maestro.

No todos los que os encontráis aquí estáis presentes en el sentido de la presencia de la que os estoy hablando. Aunque estés presente como tú mismo durante años, no ocurrirá nada. Sin embargo, basta un solo momento de la presencia a la que me refiero para que renazcas.

La presencia del maestro es un fuego en el que tienes que arder, todo lo que sea oro permanecerá y todo lo demás arderá. Ser de oro de veinticuatro kilates es una pura dicha. Empezará a rodearte una pureza perfecta como una flor. Una energía —que para ti es nueva, desconocida, porque, aunque siempre ha estado en ti, había estado dormida, aletargada— se vuelve radiante. Empiezas a brillar en un nuevo estilo de vida y amor, cantas, bailas y celebras de una forma nueva.

Si la presencia del maestro no se convierte en una danza en ti, no has estado presente, debes haber estado en alguna otra parte.

Ya he contado la historia…

Dos amigos estaban hablando. Uno de ellos dijo: «No te lo vas a creer, anoche soñé que salía de pesca. ¡Dios mío, qué peces tan magníficos, qué tamaño! ¡Me pasé toda la noche pescando, no dejaban de picar… y, cada vez, las piezas eran mejores…!».

El otro amigo le dijo: «Eso no es nada. Yo sí que estoy seguro de que no te vas a creer lo que soñé anoche. Soñé que estaba en una cama entre Marilyn Monroe y otra belleza de mujer desnudas».

Al oír esto el primero le espetó: «Idiota. Pues vaya un amigo. ¿Por qué no me llamaste?».

El segundo le contestó: «Lo hice. ¡Fui corriendo a tu casa y tu mujer me dijo que te habías ido de pesca!».

Nadie está donde cree estar. ¿Acaso crees que estás aquí? ¿Realmente, crees que…? Si miras en tu interior, puede que cambies de opinión. Es extraño, tú estás aquí y tu mente deambulando por alguna otra parte, pensando en otra cosa.

Estar en presencia de un maestro no significa estar, simplemente, en presencia física. Tiene que tratarse de una presencia de conciencia, como si el resto del mundo hubiese desaparecido. Solo este momento, y un gran silencio te estremece. De este silencio surgirá la danza, la celebración.

Ahora algo serio. Lo digo en *serio*...

Un profesor de psicología, en una clase, dice a sus alumnos que va a llevar a cabo un estudio sobre el sexo. Les dice: «Los que tengan sexo una vez al día, que levanten la mano».

Levantaron la mano en torno a un quince por ciento de los alumnos. «Muy bien —continúa—, los que tengan sexo tres veces por semana, que levanten la mano.»

En esa ocasión, levantaron la mano en torno a un cuarenta por ciento.

«Interesante —dice—. Los que tenga sexo una vez por semana que levanten la mano.»

Lo hizo alrededor del veinte por ciento.

Entonces, el profesor preguntó: «Los que tengan sexo una vez al mes que levanten la mano».

Surgieron unas pocas manos. Por último, preguntó: «Los que tengan sexo una vez al año que levanten la mano».

Un muchacho pequeño empezó a mover ostensiblemente el brazo, con una sonrisa de oreja a oreja.

«¿Por qué estás tan contento?, le preguntó el profesor.

El pequeño muchacho saltó de su pupitre y se puso a bailar y a cantar de alegría: «¡Porque es esta noche!».

Una pareja de ancianos estadounidenses, en sus vacaciones anuales de invierno, iban en automóvil desde Nueva York a Florida. El marido conducía y la mujer estaba en el asiento de al lado, dándole instrucciones. Al pasar por Virginia, les paró un policía de tráfico.

El oficial dice al hombre: «Se habrá dado cuenta de que ha rebasado el límite de velocidad».

La mujer pregunta al marido. «¿Qué ha dicho?».

«Ha dicho que iba demasiado rápido», le contesta este.

Luego, el policía pide al marido que le enseñe su permiso de conducir y su documentación.

«¿Qué ha dicho?», pregunta la mujer.

«Quiere ver mi permiso, querida», contesta él.

Al ver que son de Nueva York, el agente les dice: «Estuve una vez en Nueva York. ¡Allí eché el mejor polvo de mi vida!».

«¿Qué ha dicho?», pregunta la mujer.

Tranquilamente, el marido le responde: «¡Dice, cariño, que cree que te conoce!».

¿Estás despierto ahora? Solo para estar seguro...

En la tribu caníbal se produce una gran agitación al ver que traen al poblado a un cazador blanco y a su hermosa novia. Los atan a un árbol.

Los caníbales ponen a hervir agua en un enorme caldero, echan al hombre adentro, lo cocinan y se dan un gran banquete con él.

A la mañana siguiente, hay otro caldero al fuego, los caníbales desatan a la muchacha y la acercan a él. Cuando están a punto de echarla adentro, viene un hombre corriendo desde la cabaña del jefe.

«¡Esperad! —grita el hombre—. ¡Esperad! ¡El jefe quiere tomar el desayuno en la cama!»

5. Pasado y futuro

Osho,
Regreso pronto a una pequeña comunidad esquimal, donde actual-
mente trabajo y vivo. Tengo este deseo interior de compartir con
los inuits —los esquimales se llaman a sí mismos «Inuits»— los
destellos que tengo de tu visión. Mi mente dice: «¿Quién soy yo
para creer que puedo ayudarles?». Me da miedo caer en la misma
trampa en la que cayeron los misioneros cristianos con ellos.
¿Se trata, simplemente, de otro delirio de la mente con el que hay
que tener cuidado y dejar que pase?

Ser misionero es un crimen contra la humanidad. Un misionero es
un hipócrita. Yo no quiero que seas un misionero; quiero que seas
una misión; que son cosas muy diferentes.

La función del misionero es convertir la mente de la otra persona a una determinada doctrina, religión. Sin embargo, el hombre que simplemente comparte su corazón y su ser, sin ninguna
pretensión de convertir, no es un misionero, es una misión. Es una
llama viva que puede extender su fuego a toda la comunidad en la
que vive. Una gente tan peculiarmente sencilla como los esquimales no necesita ser convertida sino ser amada. Necesita que a sus
vidas se lleve más luz, más comprensión. Y, curiosamente, cuando
vives con gente tan sencilla como los esquimales, no solo te ofre-

ces a ti mismo sino que, además, aprendes mucho de ellos; cosas que la humanidad ha olvidado.

Los pueblos que todavía viven de forma primitiva, que no han entrado en el mundo contemporáneo, tienen mucho que ofrecer. Pero el misionero no viene para aprender nada, solo para enseñar. Aprender es ofensivo para el misionero; él es un hombre civilizado, sabe más que los esquimales. Pero existen muchas dimensiones que la gente sencilla y primitiva conoce, de las que el hombre civilizado se ha olvidado por completo. Todavía existen comunidades en este mundo…

Hay una comunidad en lo profundo del Himalaya birmano que nunca, en toda su existencia, ha conocido una guerra. Para ellos, combatir es imposible. Y ellos son los primitivos; los incivilizados. Si Sigmund Freud hubiese visitado esa pequeña comunidad, le habría sorprendido enormemente constatar que nadie sueña. Como nadie reprime, no hay nada que soñar.

Antes, tienes que reprimir cosas importantes y naturales; tienes que oponerte a lo natural y lo instintivo, solo entonces podrás generar sueños. Todo lo que no has vivido en tus horas de vigilia lo vivirás mientras duermes. Pero si vives con plenitud, sin reprimir nada, seguro que no tendrás sueños. Tu dormir será un profundo silencio.

Los misioneros también han llegado allí. No podían creerse que esa gente no soñara: «A lo mejor, están mintiendo, o quizá sus sueños son tan profundos que cuando se despiertan por la mañana no se acuerdan de nada». Pero serias investigaciones demostraron —y existen métodos muy sencillos para saber si una persona está soñando o no— que esa gente no soñaba.

De vez en cuando alguien sueña. Cuando eso ocurre, realizan un extraño ritual. Cuando alguien sueña, visita a los ancianos y les cuenta su sueño. Sigmund Freud, Adler y Jung deberían renunciar a la idea de que son los precursores del psicoanálisis. Esta gente lleva miles de años practicando el psicoanálisis sin saber que se llamaba psicoanálisis; y no solamente lo practica una persona, lo practican todos los ancianos de la comuna.

La persona relata su sueño; los ancianos discuten el significado del sueño. Son personas sencillas; sus sueños son sencillos. Si alguien ha soñado que ha golpeado a otro joven de la comunidad, los ancianos deciden: «Debes llevarle dulces y flores a ese joven para pedirle perdón, por haberle golpeado en sueños».

A lo mejor, todo esto te hace gracia, porque lo ocurrido en el sueño no le ha causado ningún daño al joven. Pero esa gente lleva razón. Puede parecer ilógico, pero no hay duda de que llevan razón: si golpeas a alguien en tus sueños, es porque albergas alguna ira inexpresada. Y cuando la ira se convierte en acción, ya sea en la realidad o en sueños, tienes que pedir perdón por tu ira.

Llevan miles de años practicando esta especie de psicoanálisis y ha resultado muy útil para la comuna. Cuando vas a pedir perdón a alguien con flores, con dulces —son gente muy pobre— y el hombre dice: «No es necesario, solo ha sido un sueño. No me has golpeado…».

El otro hombre le contestará: «La cuestión no es si te he golpeado o no, la cuestión es que debía albergar el deseo de hacerlo y, para mí, eso es motivo suficiente para pedirte perdón».

Naturalmente, estas personas nunca se han peleado. Nuestro mundo necesita continuas guerras porque la gente está llena de rabia y no es capaz de encontrar ninguna vía para expresarla.

Se ha observado que en tiempos de guerra la gente parece muy feliz… extraño. La gente está muriendo, miles de personas están siendo masacradas, pero, sin duda, hay una brisa muy vital. La gente tiene un aspecto menos polvoriento, menos cadavérico. Si fuese posible, incluso se levantarían de sus tumbas y pedirían el periódico. ¡Es tan emocionante…! De lo contrario, la vida se vuelve aburrida.

Esas personas, en Birmania, han vivido sin luchas, pero eso no significa que sus vidas no sean emocionantes. Son emocionantes de otra forma: ellos danzan, aman; sus danzas son hermosas. Las noches de luna llena, toda la comunidad se congrega y danza durante casi toda la noche. Las canciones se han ido refinando con cada generación. Su música se ha ido tornando cada vez más espiritual. Es emocionante pero su emoción es de amor, de poesía, de escultura, de danza, de música; no de guerra.

Es obvio que aquellos que sienten emoción en la guerra no son personas civilizadas. Puede que este pueblo sea inculto, que no conozca la geografía y la historia del mundo, pero son, en todos los demás sentidos, mucho más civilizados que los llamados pueblos civilizados.

Cuando vayas con los esquimales —no sé qué tipo de trabajo estarás haciendo allí—, espero que no estés ejerciendo de misionero, porque eso es un crimen. Son un pueblo sencillo y viven su vida de una forma maravillosa. No los arrastres al cristianismo, a la Iglesia católica... No les impongas cosas como el celibato o actitudes opuestas a la vida; esas cosas los destruirán.

Precisamente hoy, una nueva noticia ha llegado de Estados Unidos. Según un estudio realizado por psicoanalistas, dos terceras partes de los pacientes prefieren hablar de sus problemas, de sus sueños, con ordenadores antes que con personas. Solo una tercera parte prefiere hacerlo con humanos; se prefiere a una máquina antes que a un hombre. El resultado fue sorprendente, pero reveló una verdad: que es muy difícil encontrar un hombre que no juzgue. La maquina al menos no juzga. Escuchará digas lo que digas, grabará, no hará ni un gesto de condena. Pero cuando se habla con un hombre de cualquier cosa, es imposible no pasar a través de sus prejuicios.

Todo el mundo juzga, y cuando la gente juzga pierde su inocencia. Todo el mundo ha perdido su infancia en aras de la educación y la civilización. Esos esquimales todavía viven en épocas pasadas del hombre, en la infancia de la humanidad. Si puedes aprender algo de su inocencia, apréndelo. Si puedes compartir algo de tu meditación y de tu amor, compártelo.

No les lleves tu Biblia; llévales tu guitarra. No les lleves tus principios y teologías; llévales tus danzas. No te limites a ser un profesor, sé también un alumno. No te creas superior a esa pobre gente primitiva.

Si logras eso, no sentirte superior, podrás aprender algo de ellos. Y si estás abierto, puedes aprender mucho en cualquier parte; especialmente de la gente muy primitiva porque todavía no han sido corrompidos por los sacerdotes y los políticos. Son tan sencillos como los animales, como los pájaros.

Estás entrando en una hermosa situación, pero recuerda no convertirte en un misionero.

Compárteme pero no conviertas.

Transmite pero no conviertas.

Deja que se familiaricen con la risa que se está produciendo aquí, con el silencio, con la meditación. Pero recuerda que esto no es una religión y que no estamos aquí para destruir la dignidad de nadie haciéndole formar parte de un culto. Tendrás que estar muy atento, porque los viejos hábitos son difíciles de eliminar.

Nuestra educación, nuestra sociedad, nuestra civilización… todo ello ha penetrado profundamente en nuestras mentes, nos demos cuenta de ello o no. En cuanto te encuentras con alguien inocente como un niño, inmediatamente lo atropellas e intentas convertirlo, con el pretexto de que le estás dando madurez; y existen miles de bonitos pretextos. Pero, en realidad, lo que estás haciendo es destruir la individualidad de esa persona e imponerle la tuya. Es un delirio del ego. Así que, si no estás atento y tienes cuidado con tu propia mente, no es difícil que acabes siendo un misionero.

Osho,
El otro día, te oí hablar de crear una academia para la meditación
y una academia para llevar al cuerpo a un todo orgánico. ¿Po-
drías comentar algo más acerca de esto y de cómo ves que estas
dos academias se complementen entre sí?

Es una de las preguntas más complicadas. No lo parece porque no eres consciente de que, durante siglos, al hombre se le ha enseñado toda clase de cosas contrarias a la vida. Incluso la tortura del cuerpo ha sido una disciplina espiritual. Mi idea de tener una academia es para que la ciencia, por primera vez, se vuelva internacional en vez de accidental.

Hasta ahora la ciencia ha sido accidental. La gente ha tropezado con algunos descubrimientos, inventos. Incluso se han hecho descubrimientos que no se buscaban, sino yendo a tientas en la oscuridad, sin ninguna dirección. Y, obviamente, a los políticos del mundo —que querían poseer cada vez más poder de destrucción—, inmediatamente, se les ocurrió la idea de esclavizar a los científicos.

Ahora todo científico es esclavo de alguna nación, de algún gobierno, y solo trabaja en proyectos contrarios a la vida, destructivos. Cuanto más destructivo es su descubrimiento, más loado, más premiado es por el gobierno.

Yo propongo una academia de ciencia creativa que, conscientemente, evite todo lo que destruya vida y estudie e investigue solo aquello que sea beneficioso para la existencia.

Esta academia no puede ser únicamente de ciencia porque la ciencia tan solo es una parte de la realidad humana. La academia debe ser completa, en ella debe haber espacio para la creatividad, para el arte, para la conciencia; por lo tanto, debe estar dividida en tres partes, tres grandes departamentos, no separados, solo serán clasificados por separado por cuestiones prácticas.

Lo más fundamental será buscar métodos, técnicas, formas de

elevar la conciencia humana que, por supuesto, no puede ser contraria al cuerpo; esta conciencia reside en el cuerpo. No pueden verse como enemigos; son aliados en todos los sentidos. Te digo algo y mi mano hace un gesto sin que yo se lo mande. Existe una gran sintonía entre mi mano y yo.

Caminas, comes, bebes, y todo eso indica que eres una unidad orgánica, cuerpo y conciencia. Torturando el cuerpo no puedes elevar tu conciencia. El cuerpo debe ser amado; tienes que ser un gran amigo tuyo. Él es tu hogar, tienes que limpiarlo de toda inmundicia; no olvides que siempre está a tu servicio, día tras día. Incluso cuando duermes, tu cuerpo sigue trabajando continuamente para ti, digiriendo, transformando la comida en sangre, expulsando las células muertas del cuerpo, transportando oxígeno, aprovisionando de oxígeno al cuerpo, ¡mientras tú estás durmiendo plácidamente!

Está haciendo todo lo necesario para tu supervivencia, para tu vida, aunque tú seas tan ingrato que ni siquiera se lo hayas agradecido nunca. Al contrario, vuestras religiones os han enseñado a torturarlo: el cuerpo es tu enemigo y tienes que liberarte de él, de sus ataduras. Pero el amor no es una atadura, la compasión no es una atadura. El amor y la compasión son absolutamente necesarios para tu cuerpo y su nutrición. Cuanto mejor sea tu cuerpo, mayor es la posibilidad de que crezca la conciencia. Forman una unidad orgánica.

El mundo necesita un tipo de educación completamente nuevo en el que, básicamente, a todo el mundo se le instruya en los silencios del corazón —en otras palabras, en las meditaciones—, en el que a todo el mundo se le enseñe a ser compasivo con su propio cuerpo. Porque si no eres compasivo con tu propio cuerpo, no podrás serlo con los demás. Es un organismo vivo, y no te ha hecho ningún daño. Siempre ha estado a tu servicio desde que fuiste concebido y siempre lo estará hasta que mueras. Hará todo lo que tú quieras que haga, incluso lo imposible, sin desobedecerte.

Es imposible concebir un mecanismo más obediente y sabio. Si fueses consciente de la cantidad de funciones que realiza tu cuerpo, te sorprenderías. Nunca te has parado a pensar en todo lo que hace el cuerpo. Es milagroso y muy misterioso. Pero nunca has reparado en ello. Por mucho que intentes amar a otras personas, no podrás; porque, como nunca te has preocupado de familiarizarte con tu propio cuerpo, para ti esas personas también son cuerpos.

El cuerpo es el mayor misterio de toda la existencia. Necesita ser amado, sus misterios, sus funcionamientos deben ser investigados íntimamente.

Desafortunadamente, las religiones han sido contrarias al cuerpo. Pero eso es una indicación, una prueba definitiva de que, si descubre la sabiduría y el misterio del cuerpo, el hombre pasará por completo de los sacerdotes y de Dios. Habrá encontrado el mayor misterio dentro de él mismo, y en el misterio del cuerpo se encuentra la capilla de tu conciencia.

Una vez que sabes de tu conciencia, de tu ser, no puede haber ningún Dios sobre ti. Solo ese tipo de persona puede ser respetuosa con los demás seres humanos, con los demás seres vivos, porque son tan misteriosos como él mismo, diferentes expresiones, variedades que enriquecen la vida. Y cuando un hombre ha hallado conciencia en sí mismo, ha encontrado la llave a lo sublime. Una educación que no te enseñe a amar tu cuerpo, que no te enseñe a ser compasivo con tu cuerpo, que no te enseñe a entrar en los misterios del cuerpo, no podrá enseñarte a penetrar en tu propia conciencia.

El cuerpo es la puerta; el cuerpo es el trampolín. Y cualquier educación que no toque el tema de tu cuerpo y conciencia no solo será incompleta, sino que además será altamente nociva porque estará deteriorando continuamente. Lo único que impide el deterioro es el florecimiento de la conciencia en tu interior. Además, provoca en ti una imperiosa necesidad de crear; de crear más belleza en el mundo, de crear más calidad de vida en el mundo. Por eso, el arte constituiría el segundo apartado de la academia. El arte es un esfuerzo consciente de crear belleza, de descubrir belleza, de hacer tu vida más gozosa, de enseñarte a danzar, a celebrar.

Y el tercer apartado sería para la ciencia creativa. El arte puede producir belleza, la ciencia puede descubrir la verdad objetiva. Estas tres cosas juntas harían que cualquier sistema educativo fuera completo. Todo lo demás es secundario; puede que te sirva para ganarte la vida, pero no para el crecimiento espiritual, no te servirá para llevarte a las fuentes de tu dicha, de tu amor, de tu paz, de tu silencio. Un hombre que no ha experimentado el éxtasis interior habrá vivido en vano. Habrá vegetado, se habrá arrastrado desde el vientre de su madre a la tumba pero no habrá podido bailar y cantar, no habrá podido aportar nada al mundo.

Para mí, una persona religiosa es aquella que aporta al mundo algo de belleza, algo de dicha, algo de felicidad, algo de celebración, que antes no tenía; algo nuevo, algo fresco, algunas nuevas flores. Pero la religión nunca antes había sido definida como la defino yo. Todas las definiciones que se le han dado han resultado ser horribles y erróneas. No han ayudado a la humanidad a elevarse a planos de la dicha, de belleza y de amor. Han sumido a toda la humanidad en la miseria y el sufrimiento, no han enseñado libertad. Al contrario, han impuesto toda clase de esclavitudes con el pretexto de la obediencia. ¿Obediencia a quién? Obediencia a los sacerdotes, obediencia a los ricos, obediencia a los poderosos; abreviando, obediencia a todos los intereses privados.

Una pequeña minoría lleva siglos esclavizando a toda la humanidad. Lo único que puede corregir esta horrible e insana situación es una correcta educación.

Mi idea de una academia mundial de ciencia creativa, arte y conciencia es, en realidad y dicho de otra forma, mi visión de una verdadera religión.

El hombre necesita un cuerpo mejor, un cuerpo más sano.

El hombre necesita un ser más consciente, más alerta.

El hombre necesita todo tipo de comodidades y lujos que la existencia está dispuesta a proporcionar. La existencia está dispuesta a proporcionarte el paraíso aquí y ahora, pero tú lo vas posponiendo; siempre, hasta después de la muerte.

En Sri Lanka, un gran místico, al que veneraban miles de personas, se estaba muriendo...

Se reunieron a su alrededor. Abriría los ojos: respiraría unas cuantas veces más en esta orilla y se marcharía, se marcharía para siempre.

Todo el mundo esperaba con impaciencia escuchar sus últimas palabras. El anciano dijo: «Os he estado predicando acerca de la felicidad, del éxtasis, de la meditación durante toda mi vida. Ahora, me marcho a la otra orilla. Ya no estaré a vuestra disposición. Me habéis escuchado, pero nunca habéis puesto en práctica lo que os he dicho. Siempre lo habéis pospuesto. Pero ya no tiene sentido posponer. Me voy. ¿Alguno de vosotros está preparado para venir conmigo?».

Un silencio absoluto fue la única respuesta. Todos se miraban los unos a los otros; quizá su discípulo más antiguo que llevaba cuarenta años con él... a lo mejor, él estaba preparado... Pero este miraba a los otros; nadie se ofreció. Desde el fondo, alguien levantó la mano. El gran místico pensó: «Al menos una persona tiene el suficiente valor».

Pero el hombre dijo: «Por favor, déjame que te aclare por qué no me estoy ofreciendo. He levantado la mano solo para que me digas cómo se llega a la otra orilla porque hoy no puedo ir. Tengo muchas cosas a medio hacer: tengo un invitado en casa, mi hijo está a punto de casarse, hoy me resulta imposible; y dices que, de la otra orilla, no se puede regresar.

»Algún día, seguro que un día, nos encontraremos allí. Si pudieses explicarnos una vez más —aunque nos lo hayas estado explicando toda tu vida—, tan solo una vez más, cómo se llega a la otra orilla. Pero, por favor, ten en cuenta que en este momento no estoy preparado para ir. Solo quiero refrescar la memoria para cuando llegue el momento propicio...».

Ese momento propicio nunca llega.

Esa historia no es solo la de ese pobre hombre, es la historia de millones de personas, de casi todo el mundo. La mayoría de la gente está esperando el momento propicio, la constelación de estrellas propicia... Consultan con astrólogos, con quiromantes... para averiguar por distintas fuentes qué les depara el mañana.

El mañana no ocurre; nunca ha ocurrido. Se trata, simplemente, de una estúpida estrategia para posponer.

Lo que siempre ocurre ocurre hoy.

Un sistema de educación correcto enseñaría a la gente a vivir aquí y ahora, a crear un paraíso en esta tierra, en lugar de esperar que llegue la muerte, y ser desdichado hasta que la muerte acabe con tu desdicha.

Deja que la muerte te encuentre danzando, feliz y amoroso. Es una extraña experiencia que si un hombre puede vivir su vida como si *ya* estuviese en el paraíso, la muerte no se puede llevar nada de la experiencia de ese hombre.

Mi tarea es enseñarte que esto es el paraíso, que no existe ningún paraíso en ningún otro lugar, y que no se necesita ninguna preparación para ser feliz. Para ser amoroso, no se necesita ninguna disciplina; tan solo un poco de alerta, un poco de atención, un poco de comprensión. Si la educación no puede proporcionarte ese poco de comprensión, no se le puede llamar educación.

Mi concepción de una academia mundial supone que todo el mundo debería tener la misma educación de meditación, de arte, de ciencia creativa. Si somos capaces de crear un sistema educativo saludable para todo el mundo, entonces las divisiones por religión y la discriminación racista y nacionalista, las horribles políticas que todo ello ha generado y el estúpido comportamiento del hombre de prepararse constantemente para la guerra...

Cada vez que veo un soldado, me resulta difícil creer que ese hombre pueda tener una mente.

Ni los animales se hacen soldados.

Pero, al parecer, al hombre solo le interesa una cosa: matar, matar cada vez de forma más eficiente, mejorar los instrumentos para matar.

Una educación correcta debe enseñarte a encontrar tu propia canción y a danzar sin timidez; a celebrar las pequeñas cosas de la vida y a reanimar este planeta. Que sepamos, solo existe uno en el que las personas pueden amar, meditar, en el que las personas se pueden convertir en budas, en el que pueden existir personas como Sócrates y Lao Tzu.

Somos muy afortunados de estar en este pequeño planeta. Es uno de los planetas más pequeños del universo, pero ni siquiera las estrellas más grandes, millones de veces más grandes que esta tierra, no pueden presumir de un solo Albert Einstein, un Jesús o un Yehudi Mehuhin. Es extraño que, en todo este inmenso universo, solo este pequeño planeta haya conseguido producir un poco de conciencia, un poco de vida. Ahora, depende de nosotros crecer desde este pequeño comienzo hasta las infinitas alturas para las que tenemos potencial y que, además, es nuestro derecho de nacimiento.

Hasta ahora, la educación no ha seguido el camino correcto. Ha torturado a la gente con historia y geografía, sin ninguna necesidad. Estas asignaturas deberían ser opcionales para aquellos a quienes les interesen. Si alguien tiene interés en aprender la historia de Constantinopla, que la aprenda. Y si alguien tiene interés en aprender las hazañas de Gengis Khan, Tamarlane, que las aprenda. Pero no hace falta enseñar obligatoriamente a todo el mundo todos los disparates y truculencias que han ocurrido en el pasado. Eso es algo increíblemente estúpido.

Enseñar a la gente la historia de personas como Gengis Kan, Nadirshah, Tamerlane y Alejandro Magno es enseñarle el lado erróneo de su ser.

Yo he protestado en las universidades: «¿Por qué no se estudia a Sócrates? ¿Por qué no se estudia a Chuang Tzu? ¿Por qué no se estudia a Bodhidharma...?». Ellos son el lado correcto de la conciencia. Estudiar al tipo de personas erróneo te induce a pensar que no hay nada malo en ese comportamiento. No hay nada malo en intentar ser un Gengis Kan. No es algo insólito, es lo que el hombre ha hecho desde siempre.

Hay que seleccionar la historia, tenemos que retirar a todos esos personajes erróneos y proteger a nuestros hijos de la idea de que el hombre se ha dedicado exclusivamente a las guerras, a la competición, a la codicia. Tenemos que enseñar a nuestros hijos lo que puede ser y no lo que ha sido; no el pasado, sino el futuro. Por qué perder tanto tiempo enseñando asignaturas que no tienen ninguna relevancia en la forma de vida actual y no darles la más mínima información acerca del arte de amar, del arte de la vida, del significado de la existencia, y una preparación para una muerte con dicha, silencio y meditación. Falta todo lo que es esencial y, sin embargo, son obligatorias asignaturas sin ninguna relevancia y absolutamente estúpidas.

Dicen que la historia se repite. La historia no se repite. Lo que se repite es nuestra estupidez que sigue enseñando lo mismo generación tras generación. Se condiciona a los pobres niños a imitar a unos grandes héroes que, en realidad, en vez de héroes, fueron grandes criminales. Un solo hombre, Gengis Kan, mató a cuarenta millones de personas. Sería mejor eliminar de la educación toda información acerca de esa gente. Dales una educación que hable de la danza de Shiva, de la flauta de Krisna. Enséñales todo lo hermoso y bueno que ha existido para que se acostumbren a la idea de que todo es bueno y natural, y de que el mal es algo esporádico; que el mal no ocurre, que nunca ha ocurrido, y que el bien es absolutamente normal. Ser un buda no es algo anormal. A todos los niños se les debería enseñar que ser un buda es un fenómeno normal. Cualquiera que sea lo bastante sabio se convertirá en un buda.

Tú te convertirás en un buda. Tiene que haber una gran revolución en la educación y sus sistemas; de lo contrario, el hombre seguirá repitiendo la historia.

Ahora un tiempo para el silencio y la risa...

Un hombre vuelve a casa del trabajo y su mujer le pregunta: «¿Te has pasado por la tienda a recoger las fotos, como te pedí? ¡Seguro que no! ¡Nunca me escuchas! ¡Nunca te acuerdas de nada! ¡Oh! Las has recogido. Bueno, gracias Dios por el milagro. ¡Déjame verlas! Esta es terrible y esta aún peor. ¡Dios mío! Esta es horrible y esta otra es un desastre. De hecho, son las peores fotografías que he visto en mi vida.

»No puedes hacer nada bien! ¡No sabes ni conducir bien un coche! ¡No sabes ni cambiar un fusible, no sabes cantar y, como fotógrafo, eres pésimo!

»Fíjate: ¡en todas las fotos me has sacado con la boca abierta!».

Una prostituta reformada está predicando en la esquina de una calle para el Ejército de Salvación. Remarcaba sus palabras tocando un gran tambor.

«¡Yo era una pecadora!», gritaba.

¡Pom! Sonaba el tambor.

«¡Era una mala mujer!», gritaba.

¡Pom!

«¡Bebía!»
¡Pom!
«¡Jugaba!»
¡Pom!
«¡Iba con hombres!»
¡Pom! ¡Pom!
«¡Los sábados por la noche me desmelenaba por completo!»
¡Pom! ¡Pom! ¡Pom!
«¿Y qué hago ahora los sábados por la noche? —gritaba—. ¡Me vengo a esta esquina a tocar este puto tambor!»

6. Naturaleza y supernaturaleza

Osho,
Durante los dos últimos meses, he estado cuidando de mi herma-
na que estaba muriéndose de cáncer en un hospital. Conseguí pro-
porcionarle amor y cuidados físicos, y, aunque continué ponién-
dole tus discurso incluso los últimos días que estaba en coma,
sentí que había fracasado en introducirla a la meditación; se ne-
gaba a afrontar la muerte.
Lo que me intriga es que, en el último momento, a pesar de todo el
tormento y el sufrimiento que debió de pasar, una gran sonrisa
empezó a iluminar su cara. ¿Podrías comentar algo acerca de esa
sonrisa y de mi tentativa de introducirla a la meditación?

Meera, la pregunta que has formulado atañe a una cuestión muy
fundamental, que es la siguiente: si, por casualidad —y te explicaré
a qué me refiero por «casualidad»—, si, por casualidad, alguien muere con gran sufrimiento, como en el caso del cáncer, el propio sufrimiento del cáncer no permite que la persona caiga en la inconciencia.

Justo antes de la muerte, cuando el cuerpo se separa del alma, se
produce una gran experiencia, que solo les sucede a los místicos, a
los meditadores. A ellos no les ocurre por accidente, se han preparado para ello. Su meditación es, sencillamente, un ejercicio para
desidentificarse del cuerpo.

La meditación los prepara para la muerte, por eso pueden morir estando concientes; excepto ellos, todas las demás personas, normalmente, mueren en la inconciencia. Así que uno no sabe que se ha separado del cuerpo, que no ha muerto. Solo ha desaparecido la conexión entre él mismo y el cuerpo pero como su conciencia es tan delgada, en la propia separación del cuerpo y el alma, ese fino hilo de conciencia se rompe.

Pero el meditador vuelve, conscientemente, muchas veces a esa misma situación en la que se aparta, se sale, de su propio cuerpo. En otras palabras, el meditador experimenta muchas veces la muerte de forma conciente, así que cuando llega la muerte, no es una experiencia nueva para él. El meditador siempre muere riendo.

Intentaste enseñarle meditación a tu hermana. Pero es difícil porque, cuando alguien está sufriendo tanto, todo lo que le dices parece carecer de sentido. Pero cuando se acercaba la muerte, justo un momento antes, en el momento de la separación, tiene que haber comprendido: «Dios mío, creía que yo era el cuerpo y que el sufrimiento era mío. Mi sufrimiento era mi identificación». Entonces, se produjo la separación, se cortó el hilo; y ella sonrió.

Es normal que lo ocurrido te haya tenido intrigada; ella estaba luchando contra la muerte, contra el sufrimiento, por eso no te escuchaba, no hacía el más mínimo esfuerzo por aprender meditación. No obstante, murió en un estado muy meditativo. Ocurrió accidentalmente.

Lo más importante en la vida es aprender que tú no eres el cuerpo. Eso te aportará una gran liberación del dolor y el sufrimiento. No es que el sufrimiento vaya a desaparecer, no es que el dolor o el cáncer vayan a dejar de existir, existirán, pero tú no te sentirás identificada con ellos. Tú serás tan solo un observador. Porque, cuando consigues observar tu propio cuerpo como si se tratara del de otra persona, has conseguido algo de vital importancia. Tu vida no ha sido en vano. Has aprendido la lección, la lección más importante para un ser humano.

En mi opinión, la meditación debería ser una asignatura obligatoria para todos los estudiantes, para todas las personas jubiladas. Debería haber colegios y universidades en los que se enseñase meditación. En todos los hospitales debería haber una sección especial para los enfermos terminales. Antes de morir, deberían tener la posibilidad de aprender meditación. Entonces, millones de personas podrían morir dichosamente, con una sonrisa en los labios. Entonces, la muerte sería, simplemente, una liberación, una liberación de la jaula llamada «cuerpo». Tú no eres el cuerpo.

Eso es lo que tu hermana comprendió en el último momento. Y debe de haberse sonreído de su propia incomprensión, de su resistencia a la muerte. Debe de haberse sonreído de no haber querido aprender meditación. Su sonrisa contiene muchas tensiones; entiendo que te haya tenido intrigada.

No lo olvides. Su sonrisa puede convertirse en una experiencia de una enorme importancia para ti. Es el regalo que te ha hecho, un regalo de un valor incalculable. No dijo ni una sola palabra, no tenía él tiempo suficiente, pero su sonrisa lo dijo todo.

Hay historias de místicos que quizá pueden aclararte la diferencia entre lo accidental y lo bien cultivado. La sonrisa de tu hermana fue accidental; no estaba preparada para ello. Pero no hay por qué limitarse a esperar que ocurra accidentalmente. Puedes prepararte para ello.

Un gran monje zen anunció a sus discípulos: «Me voy a morir hoy. No intentéis impedírmelo». Ellos dijeron: «¿Quién te lo impide? Pero es extraño… Nadie anuncia su muerte como si tal cosa. ¡Estás hablando de cosas maravillosas y, de repente, anuncias que te vas a morir!».

Él les dijo: «Estoy cansado. No me molestéis. A eso me refería al deciros que no me lo impidáis. Solo quiero que hagáis una cosa: que me sugiráis la forma».

Los discípulos le dijeron: «Pero ¿qué quieres que te sugiramos? Si quieres morir, muere».

Él les dijo: «No quiero morir de la forma corriente».

Ellos le preguntaron: «¿Cuál es la forma corriente?».

Él contestó: «La forma corriente de morir es tumbado en la cama. El noventa y nueve coma nueve por ciento de la gente elige esa forma. Eligen eso. Yo no quiero formar parte de esa gran mayoría. Pensad un poco y sugeridme alguna idea original, ¡uno no se muere todos los días… solo una vez! La ocasión merece que se haga de una forma original. Siempre he vivido de forma original, ¿por qué habría de morir como cualquiera?».

Los discípulos estaban perplejos. ¿Una forma original? Alguien sugirió: «Puedes morir sentado, la gente suele morir tumbada».

Él dijo: «Eso no es muy original. En primer lugar, entre estar sentado y tumbado no hay una gran diferencia; además, ya ha habido muchos santos que han muerto sentados en la postura del loto. No lo haré así. No podéis sugerir… ¡y presumís ser mis discípulos!».

Le dijeron: «¿Cómo nos íbamos a imaginar que nos pedirías eso?».

Alguien dijo: «Si sentado no te parece muy original, ¿por qué no mueres de pie?».

Él contestó: «Eso suena mejor».

Pero uno de ellos objetó: «Yo he oído hablar de otro santo que murió de pie».

El viejo maestro dijo: «Esto se está poniendo difícil; este hombre ha arruinado también esa posibilidad. Seguid pensando. Ahora, por haberla arruinado, tendrás que sugerir algo tú. Cuando ya había decidido morir de pie, vas tú y dices que eso no es original».

El discípulo sugirió: «Lo original sería en vertical sobre la cabeza».

Él dijo: «Me alegra ver que entre mis discípulos hay un pensador original. Lo intentaré».

Se puso en vertical cabeza abajo, y murió.

Los discípulos estaban desorientados, no sabían qué hacer, porque todos los rituales dan por garantizado que la persona esté tumbada en la cama. Pero él estaba muy en contra... Se enfadaría mucho. Y un hombre así, incluso después de muerto, era capaz de castigar, o de ponerse a hablar de nuevo y decir: «Esto no es... lo estáis volviendo a hacer de la forma corriente».

Alguien sugirió: «Lo mejor sería que se lo consultásemos a su hermana, que vive en un monasterio cercano y es su hermana mayor; llamémosla. De todos modos, tenemos que informarle de que su hermano ha muerto. Dejemos que ella decida qué debemos hacer».

Cuando vino la hermana, que demostró ser digna hermana de aquel hombre, dijo: «¡Idiota! Te has pasado toda la vida incordiando, nunca has hecho nada a derechas. Esta no es manera de morir. ¡Levántate y túmbate en la cama!».

Y cuenta la historia que el hombre se levantó y se tumbó en la cama y que, entonces, la hermana le dijo: «Ahora, cierra los ojos y muere». Y, luego, se marchó; no se quedó.

Para las personas de meditación profunda, tanto la vida como la muerte son un juego.

Cuando la hermana se hubo ido, el santo abrió un ojo y preguntó: «¿Se ha ido ya esa bruja? Siempre ha sido un tormento para mí... y solo porque es tres años mayor que yo. Ya le ha quitado la gracia... Me moriré de la forma corriente».

Cerró los ojos y murió. Pero, entonces, los discípulos tenían más dudas aún de si estaba muerto o no. Así que le pellizcaron, le levantaron los párpados: «¿Todavía estás ahí... o te has ido ya?»;

pero ya estaba realmente muerto. Como no había prisa, esperaron; le concedieron media hora. A lo mejor, abría los ojos otra vez... pero el anciano se había ido.

Así es como debe morir un meditador, con dicha, con alegría, sin tomarse las cosas en serio. La vida es un juego y la muerte debe ser un juego más interesante aún.

Osho,
En un discurso reciente, te has declarado en favor de la ingeniería genética. Eso provoca un conflicto en mí. Para mí, dicha ingenie- ría va en contra de la naturaleza. ¿Quién sería el encargado de crear a ese superman? Se ha visto con frecuencia que alguien que ha sido considerado genio, más tarde, es considerado un diablo. Las personas como Hitler, Stalin o Reagan solo son posibles por- que los demás les apoyan.
Además, la ingeniería genética es contraria a mi libertad de auto- desarrollo.
Por favor, ¿podrías explicarme esta ciencia que tanto me preocupa?

La ingeniería genética va a encontrar el rechazo de casi todo el mundo. Pero antes de ponerme a hablar de la ingeniería genética, me gustaría recordarte que cada adelanto, cada paso evolutivo en la vida de humanidad, en sus comienzos, siempre ha sido considera- do como algo antinatural.

¿Acaso crees que el hombre debería regresar a la naturaleza? Te das cuenta de lo que eso implica: vivir colgado en las ramas, sal- tando de árbol en árbol. Incluso los monos, si les propusiesen que podrían producirse mejores ejemplares por medio de la ingeniería genética, se ofenderían. Sería antinatural.

En la historia hay una larga lista de nombres célebres que han estado en contra de la naturaleza, pero esas son las personas que han generado toda la tecnología y todas las comodidades y la inteligencia que tienes. Y encontraron una gran oposición de todos los sectores.

De hecho, sin saberlo, estás disfrutando de muchas cosas antinaturales. Los trenes, los aviones, la ropa, las medicinas, tu salud, una vida más larga que tus antecesores, todo ello puede ser considerado antinatural. Incluso un simple bolígrafo es antinatural; no lo ha producido la naturaleza.

León Tolstoi fue uno de los pensadores más relevantes de Occidente. Era tan contrario incluso a la idea de producir algo que no fuese natural que Mahatma Gandhi lo adoptó como gurú. Mahatma Gandhi adoptó tres maestros. El primero de su lista era León Tolstoi. Él era uno de los hombres más ricos del mundo en sus tiempos, pero vivía como un mendigo, como si ser un mendigo fuese natural y ser rico fuese antinatural.

¿Por qué es natural ser un mendigo? De hecho, debería ser al contrario, porque entre los animales no hay mendigos. ¿Has visto alguna vez algún búfalo mendigando? Son gente absolutamente natural. No utilizan coches ni trenes; a no ser que les obliguen. Incluso entonces, intentan resistirse todo lo que pueden.

El segundo maestro de Mahatma Gandhi era el filósofo estadounidense Emerson, quien también «regresó a la naturaleza». Su tercer maestro era un indio, Shrimad Rajchandra. Pero todos ellos eran sus maestros porque estaban de acuerdo en un punto: regresar. Pero ¿dónde trazas la línea? ¿Hasta qué punto ir hacia atrás es natural? Ninguno de estos filósofos del «regreso a la naturaleza» ha sido capaz de dar una respuesta clara, el único ha sido Mahatma Gandhi. Su «regreso a la naturaleza» se refiere hasta el invento de la rueca; pero eso tampoco es natural. La rueca es tan tecnológica como cualquier tecnología, solo que es primitiva. Si un hombre puede multiplicar por mil su producción con una pequeña máquina, ¿por qué iba a conformarse con una rueca?

Para cubrir las necesidades de ropa de una sola persona hay que hilar ocho horas al día. Así que todo el mundo estaría hilando y se volvería loco porque no podrían comer, no podrían hacer nada más; ¡no habría tiempo! También tienes que dormir, ¡pero simplemente hilar para tener suficiente tela para tu ropa tomará todo tu tiempo!

Pero incluso la ropa no es natural. Nadie indicó a Mahatma Gandhi que incluso la ropa es antinatural, porque ningún animal utiliza ropa, excepto unos pocos perros en Inglaterra; y, además, en contra de su voluntad. Es absolutamente antinatural obligarles a llevar ropa. Las señoras los sacan a pasear, y ya sabes cómo son los perros: cada árbol les provoca un terrible urgencia, lo cual es natura... nadie se lo ha metido en sus mentes. A lo mejor, están regando el árbol para ayudarle a crecer fuerte. Pero la señora se avergüenza.

Así que la primera parte de tu pregunta debe ser entendida como: todo lo nuevo encuentra oposición. Por ejemplo, en la India, todos los líderes religiosos se oponen al control de natalidad por la sencilla razón de que no es natural.

Tenía mucha amistad con un Sankaracharya, que es una especie de Papa del hinduismo. Él estaba muy en contra del progreso, la ciencia, la tecnología. Me enteré que había sufrido un ataque al corazón y fui a visitarle al hospital. Una vez allí, le pregunté: «¿Qué ha ocurrido con tu filosofía?».

Me dijo: «Este no es el momento».

Yo le dije: «¡Este es justo el momento! ¿Qué es este cardiograma?; ¿acaso ha sido producido por la naturaleza, por algún árbol? ¿Qué son todos estos instrumentos que el médico utiliza y las medicinas que te están suministrando? Este es el momento justo para decidir si eres un hombre de palabra o, simplemente, un charlatán. Cuando te atañe, te olvidas de todo».

¿Qué hay de malo en el control de la natalidad? Los líderes religiosos indios tienen muchos argumentos. Un líder hindú muy famoso, Karpatri...

Casualmente, coincidimos en un compartimiento viajando en tren y empezamos a discutir acerca del control de natalidad. Me dijo: «No mencione ese término, es absolutamente antinatural. Por ejemplo, Rabindranath era el décimo tercer hijo que tenían sus padres. Si hubiesen utilizado el control de natalidad, nunca habría existido un Rabindranath».

Le dije: «Entiendo. ¿Significa eso que cada pareja debería producir al menos trece hijos buscando un Rabindranath? En la India hay personas que tienen doce, trece, catorce hijos, pero no aparece el Rabindranath. Así que ¿puede usted darme alguna garantía?».

Me contestó: «¿Por qué debo dar yo una garantía de algo que no me compete? Es antinatural impedir que vengan los hijos que nos manda Dios...».

Le dije: «¿A usted quién le ha dicho que los manda Dios? Dios lleva practicando el control de natalidad toda la eternidad. Solo tuvo un hijo, Jesucristo. Si quiere aprender algo de Dios, aprenda control de natalidad. Él podría haber tenido millones de hijos; pero al parecer era un hombre sabio. E incluso eso, lo hizo sin casarse; por medio de un agente, el Espíritu Santo. Así que la responsabilidad recae sobre el Espíritu Santo; Dios se queda absolutamente al margen. Pero el Espíritu Santo parece haber aprendido control de natalidad, porque, en los dos mil años que han pasado desde Jesucristo, jamás ha vuelto a intentarlo».

Él me dijo: «Usted siempre expone extraños argumentos. Yo no soy cristiano y no conozco la Biblia ni al Dios cristiano».

Le pregunté: «Hablemos de los dioses hindúes. ¿Cuántos hijos tuvo Shiva, dos...? Eso es lo que está diciendo el gobierno de la India: "¡No tengas más de dos!". Brahma no tuvo ninguno; ¡al ser el más sabio!».

Me dijo: «Nunca lo había pensado».

Además, le dije: «Usted no entiende nada de todo el proceso del nacimiento de un niño. Otro millón de personas muere cada vez que nace un niño; y en la mayoría de las ocasiones, ni siquiera eso. Cada vez que haces el amor no produces un hijo, de lo contrario todas las mujer tendrían que llevar múltiples embarazos simultáneamente. Mientras esté embarazada, no podrá volver a quedarse encinta; la puerta está cerrada. Hay gente que viene y llama; y no en pequeñas cantidades. Cada vez que hace el amor, en cada coito, millones de espermas masculinos se apresuran por llamar a las puertas. Pero si las puertas están cerradas, tu tiempo de vida es de escasas horas. Toda esa violencia está ocurriendo».

Es sorprendente que Mahavira, quien predicaba la no-violencia, centrara su interés en el celibato por distintas razones que las del resto de religiones. ¡Lo que le preocupaba era que en cada coito matabas a millones de personas sin ni siquiera saberlo! Imagínate… al parecer, a lo largo de su vida, un hombre normal puede matar a cuatrocientos millones de personas. Todos los Adolf Hitlers y demás no tienen ninguna importancia; ¡incluso las personas corrientes están matando a millones de seres!

Así que el control de natalidad no cambiará mucho las cosas: en un millón, más o menos, y eso no supone un gran cambio.

Le conté una historia…

Un emperador muy famoso, Akbar, traía cisnes de los Himalayas. Tiene que ser el lago de mayor altitud y de aguas más puras, Mansarovar. Y, extrañamente, allí vive el mayor y más blanco de los cisnes. Vienen a la India cuando el frío es demasiado intenso. El lago está helado nueve meses al año: puede pasar un coche sobre él sin ningún temor; es tan sólido como una roca. Solo se deshiela durante tres meses. Así que durante esos tres meses los cisnes regresan a Mansarovar. Akbar había visto esos cisnes; y eran muy hermosos.

Dijo: «Construid un hermoso lago de mármol en mi jardín. Haced todos los preparativos necesarios para que los cisnes no tengan que regresar a Mansarovar».

Se construyó el lago y se acercaba la estación en la que volverían los cisnes. Dijo: «No se trata de un lago cualquiera. Es una recepción real, así que pregonad por toda la capital: Mañana por la mañana, llenad el lago de leche. Traed toda la que podáis, al menos un cubo por persona».

Birbal, su amigo y consejero, se rió.

Akbar le preguntó: «¿Por qué te ríes?».

Él le respondió: «Por la mañana verás por qué me estoy riendo. ¡Sé qué va a ocurrir!».

Y por la mañana, realmente, ocurrió… Todo el mundo pensó: «De madrugada, en la penumbra que hay antes de que salga el sol, un cubo de agua entre millones de cubos de leche no se notará. ¿Quién se va a dar cuenta? Y, de todas formas, no podrán saber que he sido yo porque cuando el agua se mezcle con la leche de todos los demás se notará la diferencia…».

Pero como las mentes humanas piensan igual… Todo el mundo tuvo la misma idea, ¿por qué desperdiciar un cubo de leche?

Algunos fueron tan astutos que ni siquiera llevaban agua, solo el cubo vacío, para que todo el mundo viera que iban, y, en la oscuridad, hacían como si lo estuvieran vaciando, y regresaban a casa.

Al amanecer, Akbar y Birbal fueron a ver porque debía de ser una visión extraordinaria un lago lleno de leche. No había tal lago de pura leche: ¡solo había agua! Además, ni siquiera estaba lleno porque muchos habían hecho trampa; en realidad, todos habían hecho trampa.

Birbal dijo: «¡Ves ahora por qué me reía…! Cuando me lo contabas, se me ocurrió la misma idea que se le ocurriría a millones de personas en la capital… el lago se llenará de agua. ¡Y esperemos que sea agua *limpia*!».

Le dije a Karpatri: «Yo no puedo creer en el Dios en el que usted cree por la sencilla razón de que, si hubiese tenido un poco más de cordura, lo correcto habría sido un solo espermatozoide, un buen espermatozoide, un Rabindranath Tagore».

¿Qué necesidad hay de tantos idiotas? La masa, Adolf Hitler y Ronald Reagan... todos ellos son criaturas de Dios; ellos no son naturales.

¿Qué es natural? Y cuando el hombre crea algo, ¿por qué lo llamas antinatural? El hombre no es otra cosa que una extensión de energía de vida. Si crees que una flor es natural, entonces el invento de un hombre es la flor de su genio.

No hay una cuestión de antinaturalidad de fondo en la ingeniería genética. Puedo entender el miedo. Cada cosa nueva produce miedo, pero, una vez que te acostumbras, te olvidas por completo de que un día era una cosa nueva. ¿Sabes que cuando se inventó la electricidad nadie estaba dispuesto a poner una lámpara eléctrica? Quién sabe, a lo mejor explota y hace que arda toda la casa. Ahora no te da miedo.

Te sorprenderá saber que, incluso al principio del siglo XX, un hombre fue juzgado en Estados Unidos porque quería agregar un cuarto de baño a su alcoba. ¡Era una idea nueva, antinatural! El cuarto de baño y las letrinas tienen que estar en el patio, lejos.

Los indios son incluso más naturales. Durante mi infancia, yo solía insistir: «Haz un cuarto de baño en la casa». Y todo el mundo intentaba convencerme de que lo más sano y natural era ir a la orilla del río, al aire libre, al cielo abierto, bajo la luz del sol... «¿Por qué insistes en que pongamos un cuarto de baño en casa? ¿Estás loco? Y el río fluye...»

Pero es el mismo río en el que, en todas partes, la gente defeca, se lavan, lava la ropa, los búfalos se bañan... En la orilla de un río indio siempre están ocurriendo todo tipo de cosas. Es una escena digna de verse. ¡Y la gente utiliza esa misma agua para beber! Es natural, siempre ha sido así, no es un invento.

Recuerda, se trata del mismo miedo que produce la ingeniería genética: ¿quién lo controlará? No tienes miedo de las medicinas, de quién las controle. Confías en el médico —un médico que no conoces de nada—, en que no te matará, en que no te timará, en que no te mantendrá enfermo el mayor tiempo posible.

Tu pregunta es: ¿Quién va a controlarlo?

Mi idea es simple: debería existir una academia mundial con diferentes departamentos, y debería confiarse en los científicos. Es la única manera. O bien confías en una fuerza ciega de la biología o bien en un ser humano que al menos es un poco consciente y comprende su responsabilidad.

Cuando tienes hijos, no preguntas… ¿En quién estás confiando? ¿Quién está enviando a todos esos niños? Es una fuerza biológica ciega, sin duda, natural, pero también el científico es natural. Y lo que produce es de mayor valor, porque procede de una conciencia.

Quiero convertir la meditación en un absoluto para todos los estudiantes, en cualquier asignatura que estén aprendiendo, para que su conciencia se vuelva más limpia y clara. Y, desde esa claridad, podremos crear un mundo mejor. Esos científicos, si también son meditadores, no crearán bombas atómicas para destruir. Puede que utilicen la energía atómica para mover trenes para que no contaminen el aire. En lugar de matar a hombres, la misma energía atómica puede ser tremendamente útil para salvar al hombre y su futuro.

Se ha argumentado una y otra vez que si la genética cae en las manos de un hombre como Ronald Reagan, y es él quien decide el tipo de personas que debe producirse, corremos cierto peligro. Pero si Ronald Reagan decide que Charles Darwin y sus teorías no se deberían estudiar en las universidades, no ves el peligro. Si el presidente Truman decide arrojar bombas atómicas sobre Hiroshima y Nagasaki, no ves que los políticos no deberían existir en absoluto, ellos son los peligrosos.

Tienes que entender todas las implicaciones de mi proposición. La meditación debería ser el tema central en todas las ramas del conocimiento, especialmente en ramas como la ingeniería genética que son tan importantes, que van a producir nuevas generaciones, nuevos seres humanos. Un mundo nuevo debería estar en manos de personas muy claras, silenciosas y amorosas. Así que no pienses solo en la ingeniería genética, piensa que también podemos añadir la meditación como una parte esencial en la educación; de no ser así, entiendo tu conflicto.

Cualquier persona inteligente preguntará cuál sería el destino del mundo si la ingeniería genética estuviese en manos de alguien como Joseph Stalin, Adolf Hitler o Benito Mussolini. Producirían esclavos, idiotas. Pero, de todas formas, el noventa y nueve por ciento de los idiotas ya han sido producidos; tan solo un uno por ciento de raros demuestra ser genios.

Puedo ver por qué te preocupas… pero está ocurriendo de todos modos: todas las armas están en manos de ese tipo de personas. ¿Y no te preocupa que, ahora, las armas nucleares estén en sus manos? No estás haciendo nada; pueden destruir todo el mundo sin ninguna dificultad. Así que, ¿qué más pueden hacer? Pero la ingeniería genética se puede rescatar; en realidad, toda la ciencia se puede rescatar de sus manos.

Debería existir un solo sistema de educación para todo el mundo. Solo debería haber dos idiomas: el idioma nacional, tu lengua materna, y el inglés, el idioma internacional. Es una casualidad que el inglés se haya convertido en el idioma internacional aunque no sea el más hablado. Por ejemplo, el chino es hablado por más personas que el inglés, pero dentro de los confines de China. No puede convertirse en un idioma internacional aunque lo hablen más personas. El español es hablado por más personas que el inglés, pero el español no puede convertirse en un idioma internacional.

No es una cuestión de cantidad, se trata de que, por casualidad, el inglés se ha convertido en un idioma que se entiende en todo el mundo. Hay que enseñar inglés, como idioma internacional, a todos los niños; y su lengua materna, porque, por muy bien que hables un idioma que no sea tu lengua materna, no es lo mismo. En tu lengua materna hay algo poético, cariñoso, gracioso. No se debe eliminar la variedad.

El idioma internacional se mantendría como una lengua técnica para la intercomunicación en todo el mundo. Todos los ejércitos deberían rendirse a la ONU, un gobierno mundial, un verdadero gobierno mundial. Hasta ahora han existido dos gobiernos mundiales falsos. Uno fue la Liga de las Naciones; pero sin ejército alguno era impotente. Y con la ONU ocurre lo mismo; es un poco mejor pero no demasiado.

La ONU, o cualquier nombre que quieras darle como gobierno mundial, solo pueden funcionar si los gobiernos nacionales rinden sus ejércitos, sus armas. Los que no rindan sus armas y sus ejércitos deberían ser boicoteados por el gobierno mundial. No podrían oponerse al gobierno mundial, tendrían que rendirse; es mejor rendirse dignamente. Tendrían su gobierno, tendrían sus guardias internos, una fuerza nacional que se ocupe de los asuntos internos, pero no tendrían armas nucleares ni millones de personas implicadas en el innecesario entrenamiento de matar. El hombre muere automáticamente... No puedo entender... Haz algo que no ocurra automáticamente. El hombre muere tarde o temprano, así que ¿qué prisa hay? ¡Si vives unos cuantos días más, deja que viva!

Todos esos millones de personas que nutren los ejércitos son un puro desperdicio; no están haciendo nada. Su utilidad solo se pone de manifiesto cuando hay guerra; en la paz no tienen ninguna utilidad.

Un gobierno mundial empezaría a disolver, poco a poco, todos los ejércitos, convirtiendo a los soldados en pacíficos ciudadanos, útiles, creativos. Porque, al menos hasta ahora, no se conoce ningún otro mundo con el que se pueda entrar en guerra. Una guerra de planetas es una posibilidad muy lejana. Puede que dentro de millones de años exista la posibilidad de guerras interplanetarias. En la actualidad, ni siquiera sabemos si existe alguien más en todo el universo; lo más probable es que estemos solos.

Un gobierno mundial, un idioma mundial, un sistema educativo mundial; manteniendo un férreo control para que la ciencia y sus descubrimientos no se usen con fines perversos.

Las naciones pueden mantenerse como provincias, para que puedan disfrutar un poco de la política, pero será como los reyes y reinas de la baraja, meramente formal. No tienen fuerza real; no pueden hacer nada. En sus propios países pueden controlar la telefonía, los ferrocarriles y todo lo necesario para su nación. El gobierno mundial puede ser un paraguas que asuma todas las responsabilidades de defenderlos. No habría necesidad porque no habría nadie con la intención de atacarte, y no sería necesario seguir acumulando armas.

Toda la energía científica podría dirigirse hacia ciencias como la ingeniería genética. En mi opinión, esta podría desempeñar el papel más importante de la ciencia porque puede producir un nuevo tipo de ser humano, más saludable; gente en cuyo programa no esté la enfermedad. Puede alargar la vida lo suficiente, todo lo que quieran. No solo puede acabar con las enfermedades, sino también con el envejecimiento.

Las posibilidades son tan enormes que deberíamos poner a un lado nuestros miedos, y tomar medidas de precaución para que la ingeniería genética no sea utilizada en contra de la humanidad, sino a favor de esta.

De todos modos, si no haces nada, ocurrirá eso que tanto miedo te da. No puede impedirse el desarrollo de la ingeniería genética; todos los países con el suficiente poder están interesados en ella. Así que tu miedo, tu paranoia, no servirán de nada. Si se toman medidas de precaución, y se produce un movimiento reivindicativo global en todo el mundo para que las ciencias como la ingeniería genética no estén en manos de las naciones sino en las de una comunidad mundial de los propios científicos, el peligro será mucho menor.

Y recuérdalo, ocurrirá. Esas personas que predican el «regreso a la naturaleza» no hacen más que hablar; ellos mismos no lo ponen en práctica.

Mahatma Gandhi estaba en contra del ferrocarril. Los trenes son muy buenas personas; ¡nunca le han hecho daño a nadie! ¡Estaba en contra del teléfono, estaba en contra de la radio, estaba en contra de todo lo que hace tu vida más confortable...!

En cierta ocasión, pasé unas horas en su ashram; ya había muerto, afortunadamente. Su hijo estaba a cargo del ashram. Más que un ashram parecía un tugurio. Le dije: «Esto es un tugurio. Esto no es un ashram».

Al llegar la noche, me dijo: «Hay muchos mosquitos, pero como creemos en la no-violencia no podemos matarlos, ni con insecticidas ni con ninguna otra cosa».

Le dije: «Dios mío, eso significa que voy a ser devorado por tus mosquitos; entonces, ¡me voy!». Les pregunté: «¿Cómo os las apañáis?».

Me contestó: «Mahatma Gandhi encontró un remedio muy natural».

Ese «remedio natural» era aceite de keroseno. El aceite de keroseno no es algo natural. Es manufacturado; antes no había. Ha habido épocas en las que solo se hacía fuego con leña. Y épocas en las que ni siquiera existía el fuego; resulta increíble que el fuego sea una invención, no es natural.

Mahatma Gandhi obligaba a esas pobres veinte o treinta personas que vivían en el ashram —en su mayoría viudas y algunos ancianos que no tenían nada que hacer, cuyas familias no querían porque suponían un estorbo—, y les enseñaba a ponerse aceite de keroseno en la cara, en las manos, en cualquier parte del cuerpo que estuviera al descubierto.

Yo dije a Ramdas, su hijo: «Si lo piensas bien, estos mosquitos son más inteligentes que tú. Ellos no se acercan al keroseno con el que alguien ha estropeado su comida. ¿Cómo puedes dormir con ese olor a keroseno por todas partes?».

Me dijo: «Sé que puede parecer estúpido, pero forma parte del regreso a la naturaleza. No podemos utilizar mosquiteras, esa es una tecnología demasiado avanzada (¡la mosquitera!), y no podemos utilizar insecticidas para mosquitos por lo que les hacen a los pobres mosquitos. Así que hemos encontrado un término medio. Si son lo suficientemente intrépidos, se arriesgarán y tendrán su comida; si son cobardes, es cosa suya, nosotros no tenemos la culpa. Somos absolutamente libres de untarnos la cara con lo que queramos».

Los mosquitos no pueden hacer una manifestación para decir que eso no está bien, que es antinatural. Y es antinatural porque ningún animal se unta con aceite de keroseno para librarse de los mosquitos.

¿Dónde pondrás el límite? ¿Y qué necesidad hay? Los nuevos retos deben ser aceptados con todos sus riesgos. La inteligencia requiere que aceptemos el reto y que tomemos las medidas de cautela para anular los riesgos y los peligros; de lo contrario, nada puede ocurrir.

¿Regresar a la naturaleza…? ¡No! Yo digo: adelante hacia la supernaturaleza. También es natural.

Nada antinatural puede ocurrir. Todo lo que *ocurre* es natural. La única cuestión es si vas hacia atrás o hacia delante. ¡Ve hacia delante!

Podemos producir millones de nuevas frutas, nuevas verduras. El repollo de siempre… y uno lo come una y otra vez, nunca se pregunta si debería hacerse algo respecto al repollo. Las mismas frutas que comió Adán… manzanas. En todos estos años, no hemos sido capaces de hacer algo mejor. La mente es muy ortodoxa, le aterra lo nuevo. Y especialmente cuando le atañe al propio hombre, le entra pavor.

Eso es lo que te da miedo; de lo contrario, no habría problema.

Deberíamos asumir el riesgo, tomar toda clase de precauciones para que nada salga mal; Pero, incluso, si algo sale mal, ¿qué? De todas formas, todo está mal.

Osho,

Te he oído decir que el desarrollo natural del colectivo humano va desde la tribu a la familia y a la comuna; como resultado de la imparable demanda de libertad individual. Japón, donde los lazos familiares y quizá tribales son fuertes, va por detrás de Estados Unidos en su progresión.

Japón está adelantando a Estados Unidos en el liderazgo del poder económico mundial. Según parece, debido a que los japoneses tienen mayor facilidad para trabajar juntos. Mientras que en áreas que requieren brillantez individual Estados Unidos todavía va por delante.

Cuando Estados Unidos destruyó la comuna de Oregón, un entorno que proporcionaba las ventajas del esfuerzo cooperativo a la vez que satisfacía el crecimiento hacia la libertad personal, ¿perdieron la oportunidad de disfrutar lo mejor de ambos mundos? ¿Ha perdido Estados Unidos la oportunidad de ponerse a la cabeza del liderazgo del mundo en el siglo veintiuno? ¿Y, en lugar de eso, los estadounidenses se tendrán que enfrentar a un futuro de malestar económico y social, producto de la desintegración cultural que habría podido ser fácilmente guiada con éxito por tu visión?

Doctor Amrito, el tema de la lucha de la humanidad por la libertad individual es muy complicado. No comienza con la tribu. Miles de años antes de que se formaran las tribus, existían pequeños grupos que no pueden ser considerados tribus. No tenían ningún compromiso entre ellos ni eran familias, porque no nacían de un matrimonio o de ningún otro tipo de relación.

Esos grupos, en realidad, no tienen ningún nombre. Se reunían por miedo. Estoy hablando de los tiempos en los que ni siquiera se había descubierto el fuego. La humanidad era realmente gandhiana; ni siquiera la rueca. El miedo a la oscuridad, porque la noche era peligrosa, ha quedado tan grabado que todavía lo llevamos en nuestro inconsciente.

¿Por qué tienes miedo en una noche oscura? Es tu inconsciente colectivo; todavía alberga memorias de días pasados hace miles de años. ¿Por qué tienes miedo cuando estás solo? Puede que nunca lo hayas mirado desde esta perspectiva. ¿Por qué quieres estar con alguien?

La soledad pone triste a la gente. Hacen cualquier tontería para eludir la soledad. Juegan al ajedrez sabiendo perfectamente que todo es irreal. Ni el rey es rey ni la reina es reina. La reina es valiosa como la reina de Inglaterra. Pero fíjate en los jugadores de ajedrez... tan absortos, volcando toda su conciencia... y no solo es el ajedrez, hay miles de maneras de eludir la soledad. Proviene de esos días en los que estar solo era muy peligroso. Había animales salvajes, y todos los animales son más fuertes que el hombre. Los tiempos de los que estoy hablando se conocen como la era de los mamuts; animales diez veces más grandes que los elefantes de ahora.

No hay problema. ¿Por qué no podías tener miedo a estar solo? Por la noche, tenías que esconderte en cuevas o subirte a los árboles; y era muy natural hacer una especie de Lions Club o Sociedad Rotatoria. Se hacían solo por miedo. Se unían y el más fuerte, naturalmente, se convertía en líder.

Y, desde aquellos días, la historia continúa.

Incluso hoy en día, el más poderoso es el líder. La ley es él.

Eso es lo que Napoleón solía decir: «Yo soy la ley. Todo lo que digo se convierte en ley. Ninguna ley está por encima de mí». Es cierto que hay diferencias de fuerza física, diferencias de inteligencia. Desde esos días, la mujer ha sido torturada por el hombre, solo porque su cuerpo es más frágil y menos musculoso; son más suaves, más calidas, más cariñosas; pero no lo suficientemente fuertes para ser luchadoras o boxeadoras.

Así que la persona que ostentaba el liderazgo elegía a las mujeres más hermosas. Eran de su propiedad. Y el resto de miembros de la Sociedad Rotatoria se quedaban con las sobras. Básicamente, eso no ha cambiado en absoluto; todavía el pobre recoge las sobras. Los reyes, los primeros ministros y los presidentes eligen a las mejores.

Hace tan solo cincuenta años, un solo hombre, el Nizam de Hyderabad, tenía quinientas esposas. Era el hombre más rico del mundo, por una casualidad, porque en su estado está la mina donde se encontraron todos los grandes diamantes, el Kohinoor y muchos otros. Todavía contiene diamantes de un valor inmenso.

Naturalmente, el Nizam se quedaba con todo lo que le gustaba y el resto era vendido al mundo. Eso estuvo ocurriendo casi durante mil años. Había acumulado tantos diamantes que era imposible contarlos. Así que los inmensos sótanos del palacio del Nizam estaban repletos de diamantes, no contados sino pesados, por kilos... Eso nunca había ocurrido en el mundo; los diamantes no se pesan por kilos. Ni siquiera él sabía hasta dónde llegaba su riqueza.

Cualquier mujer hermosa nacida en su estado era su primera elección. Si él la rechazaba, cualquier otro podía tenerla. Entonces, los otros miembros de la Sociedad Rotatoria... Y el del Nizam no es un caso aislado: a través de los tiempos, muchos reyes han hecho lo mismo; y estoy hablando de esos tiempos. Esos pequeños grupos solían colisionar entre ellos. El único tesoro que poseían era la mujer. No existía el dinero ni el oro ni las piedras preciosas. La única riqueza era la mujer. Así que esos pequeños grupos estaban continuamente luchando y robando mujeres a otros grupos.

Esto debe de haber sucedido durante miles de años. Finalmente, a la gente se le ocurrió —la mente del hombre evoluciona muy lentamente— que esta no era la forma correcta: «Deberíamos crear tribus más grandes para ser más fuertes y poderosos».

Los pequeños grupos no podían sobrevivir, o morían o entraban a formar parte de una tribu mayor. Las tribus no tenían familias. Continuaron las mismas reglas. Las mujeres se repartían según el poder. La mujer ha sido una mercancía durante millones de años, y parte de ese tiempo la única mercancía.

Pero pronto ocurrió un nuevo fenómeno porque todas estas tribus vivían de la caza. Una tribu de cazadores no puede vivir en el mismo lugar durante mucho tiempo porque, tarde o temprano, habrá cazado a todos los animales o estos habrán huido. La tribu tiene que moverse. Te sorprenderá saber que toda la población del mundo civilizado actual procede del área central de Mongolia. Las tribus tienen que viajar en diferentes direcciones. Diferentes grupos de la misma tribu que llegaron a Irán, a Alemania, a la India…

Los lingüistas han descubierto que los idiomas de todos estos países sofisticados y cultos del mundo proceden de una misma fuente: el sánscrito. En la lengua alemana el treinta por ciento de las palabras proceden del sánscrito. Lo mismo ocurre con el inglés y con el holandés. En toda Europa… son todos hermanos y hermanas. Sus antepasados, un día, vivieron en la Mongolia central. Pero una tribu de cazadores tiene que moverse y tiene que hacerlo en diferentes direcciones. Cada pequeño grupo de gente toma una dirección distinta; hacia donde haya posibilidades de conseguir comida.

Pero, pronto, llegó el día; y ese día llegó gracias a las mujeres... El mérito de una sociedad estable con ciudades, con casas, con una vida tranquila, es de las mujeres porque no iban a cazar. La mayoría de ellas estaban embarazadas, cuidando a los hijos pequeños. Y un hijo tras otro, toda su vida era como una cadena de montaje produciendo toda clase de idiotas. Cuidándolos, no tenían ni el tiempo ni la fuerza. Naturalmente, ellas insistían: «Deberíamos vivir de fruta, no de carne. Hay árboles de sobra». Y, pronto, los hombres tuvieron que hacer caso a las mujeres porque los animales estaban desapareciendo.

Pero no se puede depender de la fruta, a no ser que empieces a cultivar. Y la mujer observó el crecimiento de las plantas y los frutos y, luego, que los frutos maduraban y caían al suelo produciendo una planta; entonces pidió que se cultivara. Los nómadas siempre se estaban trasladando de un lugar a otro y, en cierto sentido, el hombre todavía sigue siendo nómada. En el fondo de su mente, siempre está cazando algo; cazando a esta mujer, a aquella, yendo a ver el Taj Mahal... ¿para qué?

La mujer está más interesada en la casa, en su decoración, en ponerla bonita, en hacerla más cálida, más hospitalaria para los extraños. Todo el mérito de las ciudades recae en la mujer. El hombre no es el fundador de las ciudades. Si el hombre pudiera elegir, elegiría un caballo árabe y salir de caza o visitar lugares; un extraño deseo de estar siempre en cualquier otro lugar.

Fíjate en los turistas... Todo tipo de cámaras y los últimos lentes colgando a ambos lados de sus hombros. Van aprisa de Ajanta a Ellora, de Khajuraho a Katmandú, y lo único que hacen es sacar fotografías. Lo cual es absolutamente estúpido porque todas esas fotos se pueden encontrar en todas las ciudades, y mejores, porque han sido tomadas por profesionales. Estos aficionados se toman tantas molestias y al final descubren que la película está en blanco. Y han estado desde Kabul a Katmandú.

Y lo que desean es llegar a casa para ver todos estos hermosos lugares en el álbum de fotos. Pero cuando están en esos hermosos lugares no tienen tiempo para verlos. Miran a través de sus cámaras: el ángulo correcto, un metro en la otra mano, midiendo la luz… Y no uno, sino docenas de idiotas haciendo ese mismo tipo de cosas. Un solo idiota podría hacerlo y distribuir copias a todos los otros admiradores idiotas. Parece extraño, pero la verdad es que el nómada todavía está vivo en el hombre. Se ha quedado arraigado en lo profundo de su inconsciente, pero aparece de diferentes formas.

En Estados Unidos, hay estudios que demuestran que los hombres cambian de casa cada tres años. La media es la misma… los hombres cambian de mujer cada tres años. Y también es la misma media en cuanto al trabajo: cada tres años hay un cambio. Tres años parece ser el límite que uno puede tolerar, el tiempo máximo de aburrimiento que uno puede soportar. Y luego llega el salto cuántico supremo… ¡Cambia de coche, cambia de casa, cambia de esposa, cambia de ropa…!

¡La gente cambia incluso su cara por medio de la cirugía plástica! Una nariz un poco más larga… ¿Qué va a ser? La gente se hace estiramientos de cara para parecer un poco más joven. Pero ha llegado a la escena gente nueva, más joven; ¿quién se va hacer cargo? Gente joven de segunda mano.

¡Pero cambia! ¡No te quedes quieto en silencio, haz algo! La mujer ha sido responsable del desarrollo de las grandes ciudades. Por los hijos, la mujer insistió en el matrimonio, porque sin matrimonio ¿quién aceptaría la carga de los hijos? El hombre ha aceptado el matrimonio bajo coacción. Por eso, si te fijas en la cara de las personas casadas, realmente necesitan un estiramiento. Todo ha sido bajo coacción. De lo contrario, la sociedad, el gobierno y la propia mujer no tendrán ningún contacto contigo; de ahí que la virginidad sea tan venerada. Es para obligar a los hombres: «Antes, cásate, luego acércate; de lo contrario, gritaré».

La tribu, finalmente, se convirtió en los cimientos del matrimonio, porque la tribu es algo grande y se vuelve mayor cada día. Y, sin duda, fue un movimiento hacia la libertad individual, porque en una tribu no hay ninguna libertad individual. En una tribu, simplemente eres una parte. Si no funcionas de acuerdo con las órdenes de la tribu, esta simplemente te boicotea.

En pueblos indios, yo he visto con mis propios ojos... En la India no te puedes casar con una viuda. En realidad, responde a una misma lógica: si los hombres empiezan a casarse con viudas, ¿a quién le importa la virginidad? De un modo extraño, las viudas son más hermosas. Quizá tengan que ponerse más guapas, de lo contrario ¿quién se interesaría por ellas? Las vírgenes son inexpertas, tienen un aspecto infantil; las viudas tienen experiencia, son más refinadas, más atractivas. Pero en un pueblo indio, si te casas con una viuda, todo el pueblo —que todavía es una tribu— te boicotea, y el boicot es total. No puedes tomar agua del pozo del pueblo, no puedes comprar nada en ninguna tienda del pueblo; nadie te recibirá en su casa.

El pueblo te ignorará por completo, como si no existieras. No puedes vivir; es imposible. Si no puedes comprar nada y nadie te habla, si ni siquiera puedes tomar agua del pozo, la vida se vuelve imposible. ¿Qué clase de libertad...? En una estructura tribal no hay libertad. Es el deseo de libertad lo que causó que, poco a poco, las tribus se dividieran en unidades individuales, pequeñas unidades que llamamos familias.

La familia goza de cierta libertad. Especialmente, con la llegada de vehículos como el automóvil... Uno no puede concebir cómo funciona esta existencia. Nadie habría podido concebir que los automóviles pudieran traer algo de libertad al mundo. Ahora te puedes alejar veinte kilómetros de tu mujer en compañía de tu amante; y la mujer nunca se enterará. Los chicos y chicas que no están casados pueden encontrarse. Los automóviles han producido una revolución. Pero lo que se busca es libertad. Sin embargo, la familia todavía intenta obstaculizar por todos los medios esa búsqueda y no traspasar los límites. Es una cuestión de prestigio.

Yo te estoy enseñando algo definitivo: el mundo no podrá ser libre hasta que no desaparezcan también las familias. Al desaparecer estas, desaparecerían las naciones; la familia es la unidad, los ladrillos de la nación, desaparecerían las iglesias y las religiones.

Necesitamos un mundo de individuos. Es cierto que significa una enorme responsabilidad. Pero disponemos de todo lo necesario. No tienes que preocuparte por lo que pueda ocurrir si dos personas solteras sin las ataduras de la ley, de la sociedad, de la tribu, de la familia y del país tienen hijos; ¿qué será de esos pobres niños?

Esos niños no son necesarios. Su única función es ayudar a la Madre Teresa; aparte de eso, no son en absoluto necesarios. Ahora existen tres tipos de píldoras anticonceptivas. La primera píldora supuso una gran revolución, Pero no era cien por cien segura. Había que tomarla diariamente, y un día no se toma y, qué casualidad, de repente, aparece el novio… La mente humana siempre piensa de la siguiente manera: «No te preocupes. Cada vez que se hace el amor no te quedas embarazada. Eso solo ocurre de vez en cuando. ¡Atrévete!»; además, no sería correcto rechazar al novio.

Esta píldora supuso una gran ayuda para reducir el índice de natalidad, pero de vez en cuando una joven virgen se quedaba embarazada. Eso es lo que yo creo que le ocurrió a María: debió de haberse olvidado de tomar la píldora. Los cristianos y los judíos deberían estar muy orgullos por haber sido los descubridores de la píldora. La prueba es Jesucristo.

La segunda píldora es muy significativa. Puedes tomarla después. Puedes hacer el amor y luego tomar la píldora. No es necesario tomarla diariamente. Y la tercera píldora iguala a hombres y a mujeres. No hace falta que la mujer tome la píldora, la toma el hombre. Pero, claro, este tiene que tomarla antes de hacer el amor.

Después de hacerlo… ya se puede tomar toda la caja de píldoras, no servirá de nada. Los niños siempre han sido un problema… ¿Cómo puede liberarse la gente de todas las ataduras de la posesividad? Pero ya no es necesario; la gente puede vivir como individuos.

No hay animales salvajes; no necesitas estar continuamente alerta. No hay animales salvajes; incluso en las noches oscuras puedes estar solo sin ningún miedo.

La función de la familia se ha terminado.

Te liberó de la tribu; ahora, también tienes que liberarte del matrimonio y de la familia. Eso no significa que sea obligatorio, porque, entonces, sería otra forma de esclavitud. No implica que tengas que, simplemente significa que existe la opción de vivir con la mujer que amas —o no vivir juntos—, de amar a una mujer para toda la vida o ir alternando al estilo estadounidense. No hay nada malo en ello. Cualquier cosa que te haga feliz es absolutamente buena.

Amrito, te preocupa… realmente; es algo de lo que hay que preocuparse.

En la Segunda Guerra Mundial, Alemania, Japón e Italia eran amigos, aliados, en contra de Estados Unidos y del resto del mundo. Durante cinco años, fueron los vencedores. Fue la insensatez de Adolf Hitler, que resulta natural: si llevas cinco años ganando y grandes naciones se rinden en un día… Te vuelves tan arrogante que empiezas a olvidarte que hay mil y una cosas que pueden cambiar la situación. Podría haber vencido en Occidente; y Japón iba ganando. Incluso Calcuta empezó a ser evacuada porque las fuerzas japonesas habían llegado a Rangún y sus bombas estaban alcanzando Calcuta.

La combinación de los japoneses y los alemanes era extraña. A mí también siempre me ha parecido curioso que la mayoría de mis sannyasins sea de Japón o de Alemania. Pero, al atacar Rusia… Adolf Hitler tenía un pacto de amistad con ellos, de no agresión.

Pero al verse vencedor, rompió el pacto. Había conquistado casi toda Europa. Y Japón, su aliado, se extendía por todo Occidente... Hitler se olvidó por completo de que derrotar a Rusia era una empresa muy difícil. Se olvidó de que, a lo largo de la historia, muchos habían intentado derrotar a Rusia, pero su geografía y su clima son tales que nadie ha sido capaz de derrotarla.

Llegaron al mismo punto: Rusia esta cubierta de una espesa capa de nieve nueve meses al año. Y es tan enorme que se extiende por dos continentes. Un extremo acaba en Oriente y el otro en Occidente; es dos continentes juntos. Tiene suficientes soldados para defenderse de cualquiera durante tres meses. Y después no se preocupa; después, el clima se hace cargo. En esa espesa nieve, los ejércitos de los enemigos empiezan a perder su guía, a olvidarse de de dónde han venido y por qué. Las provisiones no llegan, toda comunicación con sus países de origen queda cortada...

En toda la historia de Rusia, siempre se ha mantenido invencible en el mismo punto. Adolf Hitler quizá pensó que él lo lograría. Ciertamente, lo logró, pero después de esos tres meses tuvo que rendirse. Y, al rendirse él en Occidente, su aliado japonés tuvo que rendirse en Oriente. Estaban juntos tanto para ganar como para perder.

Pero el milagro es que Estados Unidos derrotase a Alemania, Japón e Italia; no cuento a Italia porque los italianos son buena gente. Nunca les importó si habían vencido o habían sido derrotados. Estaban completamente metidos en sus espaguetis cuando levantaron la cabeza, vieron que la escena había cambiado y regresaron a sus espaguetis.

Italia ha sido el único país que, después de la guerra, ha seguido igual que antes; pero son gente muy cariñosa. Es el único país que lleva dos años luchando continuamente por mí. Y ahora, el Partido Radical me ha pedido mis bendiciones: «¿Debemos iniciar un movimiento para la integración del Vaticano en Italia, y en contra de que el Papa pueda ser a la vez la cabeza de una religión y de un estado?». Les he enviado mis bendiciones: «¡Luchad! La propia existencia del Vaticano es una gran falta de respeto. ¿Qué tiene que ver la religión con la soberanía?».

De hecho, una persona religiosa no debería tener nada que ver con la política. Pero, como sabes, los italianos son italianos; lucharán, pero su lucha será deplorable. Harán mucho ruido; ruido radical, pero si nadie escucha, ¿por qué preocuparse? Se está preparando la *festa*; la revolución puede esperar…

Pero Japón y Alemania demostraron ser un milagro. Ambas naciones son más poderosas ahora que antes de la guerra mundial. Su derrota no las ha destruido; al contrario, las ha hecho más fuertes. Ahora, Alemania es más poderosa que cuando estaba en manos de Adolf Hitler; y Japón ha resultado aún mejor.

La pregunta de Amrito es que Japón es un país muy tribal, puede que el más tribal del mundo, muy tradicional, muy ortodoxo…

Aquí, los terapeutas de mis grupos me piden consejo acerca de qué hacer con estos japoneses. Los terapeutas están instruidos en el Psicoanálisis de Sigmund Freud y otras escuelas de terapia de Occidente, donde se asume un hecho científico —y puede que fuese un hecho científico en las personas que Sigmund Freud estudió—: que todas las chicas odian a su madre, que todos los chicos se enamoran de su madre, que todos los chicos quieren matar a su padre porque él es el obstáculo y que todas las chicas, de algún modo, desean eliminar a la madre porque está impidiendo su relación amorosa con su padre. Estas asunciones en Occidente se han convertido casi en hechos científicos; y tienen algo de cierto.

Pero si dices a un japonés: «Inconscientemente, estás pensando en matar a tu padre…». El padre es tan respetado que incluso la idea… ¡el japonés matará al terapeuta! «¿Cómo te atreves a decirme tal cosa?» Di a un japonés: «Estás enamorado de tu madre», y te dará tal golpe de karate que te olvidarás de todos tus psicoanálisis.

Durante muchos años, he tenido que impedir que los japoneses hiciesen grupos de terapia diciendo: «Estos grupos no son para ti». Toda su tradición es muy pesada y, además, proceden de una rama diferente. Ellos no proceden de Mongolia. Los japoneses, los chinos y los birmanos tienen diferentes orígenes. Sus lenguas son diferentes. No tienen ninguna relación con el sánscrito, ni tienen el mismo tipo de cultura, educación o historia.

Te sorprenderá saber que creen en el comportamiento adecuado y las maneras hasta tal punto que es algo casi sagrado y religioso.

Me acuerdo de un hombre…

Un gran guerrero que, además, era un maestro en el arte de la espada fue a ver al emperador. Se olvidó de inclinarse de la forma adecuada —algo insignificante— pero se sintió tan culpable que inmediatamente se hizo el harakiri allí mismo. Esa es la única forma de deshacerse de la culpa. Nada de disculpas como: «Lo siento, señor»; eso no sirve. Solo hay una cosa que demuestra que realmente lo sientes: «Estoy acabado».

Se clavó la espada en su centro del hara, su hara, y murió allí mismo. Cuando sus estudiantes se enteraron —y tenía trescientos discípulos aprendiendo con él—, todos se suicidaron por el mal comportamiento de su maestro. Su *maestro*; cómo iba a vivir toda su vida con esta carga; es mejor acabar con todo. Toda la escuela de guerreros sucumbió por un pequeño gesto.

Se trata de un tipo de personas diferente. Con ellos, Sigmund Freud no serviría de nada.

La pregunta de Amrito es que esas personas tribales han tenido mucho éxito en el trabajo en equipo, no requiere individualidad, requiere integridad. Están dispuestos a sacrificarse a sí mismos en el nombre de la religión, en el nombre de la nación.

Ha habido infinidad de casos graciosos...

Treinta años después de la Segunda Guerra Mundial, encontraron a un hombre solo en las junglas de Birmania, luchando, matando a gente. Mataba a todo aquel se le acercara; para él, la Segunda Guerra Mundial todavía continuaba. No se había enterado de que ya habían pasado treinta años... Resultó muy difícil apresarlo. Fue capturado y llevado a Japón y vio con sus propios ojos que su país había sido derrotado. La gente que lo había capturado se olvidó de que era japonés... Inmediatamente, se hizo el harakiri. ¿Derrota del país? ¿Cómo vas a vivir con tal herida? Había estado luchando solo durante treinta años, contra todo el mundo. Mataba a cualquiera que pasara por el bosque; la guerra continuaba.

Este no es un caso aislado. Se dieron otros tres casos en diferentes lugares. No se lo podían creer... y cuando lo creían, se hacían el harakiri.

Esta es una cultura diferente y una sociedad diferente. La integridad de esta gente, incluso en la derrota... Hiroshima y Nagasaki completamente destruidas...

Precisamente ayer, pregunté a un científico japonés que me ama... Lleva veinte años trabajando en los efectos de la radiación en Hiroshima.

Le pregunté: «¿Cómo está la situación? ¿La tierra aún está yerma, despoblada?».

Me miró; no podía creer lo que le estaba diciendo. Finalmente, comprendió. Me dijo: «No, ahora Nagasaki es una ciudad mucho más grande que Nueva York. Hiroshima es una ciudad más grande que Tokio».

Son un tipo de personas diferente. Producen de todo y son competitivos en el mundo. Y en esa competición, Estados Unidos parece estar perdida sin saber qué hacer, porque el yen japonés está subiendo y el dólar estadounidense está cayendo.

Es cierto que un colectivo puede ser condicionado de la forma que lo están los japoneses y los alemanes, a pequeña escala, de que son una raza superior... Los japoneses creen que son los hijos directos del sol, que son una raza divina.

Por eso Adolf Hitler intentaba convencer a los alemanes: «Sois arios nórdicos puros. Vuestro destino es gobernar el mundo». Y mató a seis millones de judíos porque proclamaban ser el pueblo elegido de Dios. Adolf Hitler tenía que matarlos para demostrar: «A ver quiénes son los elegidos, ¿vosotros o nosotros?». Matando a seis millones de judíos convenció al resto de los alemanes de que: «Realmente, somos los elegidos».

Esta gente está condicionada, y una mente condicionada puede funcionar mejor. La mente incondicionada, meditativa, silenciosa y relajada no es una obsesa del trabajo; disfruta de la vida, ama la vida. El trabajo es algo secundario; es necesario, así que lo hace. Pero él no está hecho para el trabajo, el trabajo esta hecho para él. Los valores cambian.

Ciertamente, en un país formado por individuos completamente independientes, el nivel de producción bajaría, pero su felicidad aumentaría. Su moneda no empezaría a elevarse hasta las estrellas, pero su éxtasis sí las alcanzaría. Habría un tipo de atmósfera completamente distinto, no competitivo, sin la preocupación de prevalecer sobre nadie. La victoria no tendría ningún valor; en realidad, sería fea. Derrotar a alguien no es un valor que pueda ser considerado humano. La victoria forma parte de nuestro pasado animal.

Así que es cierto que si la gente se vuelve cada vez más independiente de la familia, de las tradiciones y de las moralidades, muchas cosas que ahora son consideradas importantes desaparecerán. Pero aparecerán muchas cosas nuevas que no habían aparecido ni en tus sueños más osados.

Ser simplemente un ser feliz, lo bastante sano para producir ropa y alimentos para ti y para los que amas; no competitivo, no político, sino inmensamente religioso en el sentido de estarle agradecido a la existencia por haberte dado una vida tan esplendorosa, tan feliz, con una dicha desbordante... Con que ocurra en un solo país, se extenderá como un fuego en el que los condicionamientos japoneses o alemanes, por muy antiguos que sean, desaparecerán.

No es sorprendente que los políticos alemanes y el parlamento alemán me tengan tanto miedo. Normalmente, puede que no lo parezca, pero sé perfectamente que soy peligroso, y su miedo es real. Pero ningún acto que salga del miedo tendrá éxito. Tendrán que afrontar la realidad que crearán mis sannyasins cuando regresen a Alemania. Están creando una conmoción: «¿De qué tenéis miedo?».

¿No es extraño que Alemania permita que los terroristas celebren su conferencia internacional allí? Y, a la vez, están aprobando una ley en el parlamento para que yo no pueda entrar en el país o en ninguno de sus aeropuertos. No les preocupan los terroristas. Y era una conferencia mundial de terroristas, de terroristas de todo el mundo; ¡ellos no son un peligro!

Yo *soy* un peligro, porque ¿qué pueden hacer los terroristas? A *ellos*, el ejército alemán puede hacerles frente, pero ningún político alemán puede enfrentarse a lo que yo hago. Incluso si Adolf Hitler, de algún modo, resucitara, le pondría firme. Él era un chiflado. Mis sannyasins le agarrarían e, inmediatamente, le apuntarían a grupo de terapia.

Un científico japonés, amigo del emperador de Japón, estuvo aquí. Me dijo: «Me gustaría invitarle a Japón. Tengo cierta amistad con el emperador. Le conoce, lee sus libros, pero, desafortunadamente, no tiene ningún poder, es solo una figura simbólica. Tiene que firmar todo lo que se apruebe en el parlamento. Y mucho me temo que, si menciono su nombre, el parlamento puede que no le acepte ni como turista».

El miedo de esas personas es comprensible. La pregunta de Amrito es absolutamente correcta. Yo no quiero un mundo que produzca cada vez más armas, que produzca cada vez más cosas innecesarias. Por ejemplo, en Europa se produce tanta mantequilla que tienen que tirar montones de ella al mar… Y en Estados Unidos se está haciendo lo mismo: cada seis meses, miles de millones de dólares en alimentos son arrojados al mar. Pero no dicen a la gente: «Tranquilos, no produzcáis tanto». No necesitamos edificios como los rascacielos de Nueva York, ni tampoco necesitamos las mil y una cosas que se han vuelto casi necesarias tan solo por la publicidad que te las impone hasta que se te acaban metiendo en la cabeza.

En la actualidad, en todo el mundo, solo hay una cosa internacional: la Coca-Cola. Hasta yo he tenido que beber Coca-Cola. Esa es la única hermandad internacional, la Hermandad de la Coca-Cola.

Hay miles de cosas que no son necesarias, pero se producen porque la gente está de acuerdo en ahorrar más dinero. La gente es codiciosa y su codicia no tiene límite.

Precisamente el otro día, os hablaba de un movimiento surgido en Estados Unidos, el Movimiento de las Patatas de Sofá. Miles de personas se han unido a él. No es una broma, porque ¿qué otra cosa puedes ser…? Si el tiempo medio que pasas sentado y viendo televisión es siete horas y media, eres tan solo una patata, ni siquiera eres un ser humano. Esa es toda tu vida. Cuando os encontréis con Dios, os preguntará: «¿Qué habéis hecho?». Y vosotros contestaréis: «Nada. Éramos miembros del Movimiento Televisión Coca-Cola. Somos patatas».

En una sociedad más simple, debería proveerse de todo lo necesario, debería producirse. Pero se desperdicia mucho innecesariamente. El hombre no tiene tiempo para ser él mismo, para estar con él mismo o, simplemente, para estar en silencio, tocando la flauta. Es cierto que no necesitamos esa mente condicionada que hace que el hombre sea casi un robot.

El condicionamiento japonés es el de un robot y lo mismo ocurre con el condicionamiento alemán. Mi propuesta es que creemos robots que hagan todo el trabajo para que el hombre esté libre para disfrutar de la vida, para amar, para danzar, para cantar, para descubrir nuevos placeres, nuevas aventuras, nuevos desafíos.

Existe una extensa y hermosa literatura; estos patatas nunca se enterarán de ello. Existe una magnífica música, poesía; estos obsesos del trabajo nunca se darán cuenta, no tienen tiempo. Y lo que están produciendo es basura.

Amrito, yo estoy a favor de un mundo más simple en el que las necesidades básicas del individuo estén cubiertas, en el que se le proporcionen oportunidades básicas para su crecimiento espiritual, y en el que la individualidad se convierta en el valor más fundamental. No hay nada por encima del individuo, y su libertad es sagrada.

Ahora, después de la difícil pregunta académica del doctor Amrito, algo sencillo, algo humano…

Un viernes por la tarde, a última hora, el jefe dice a un empleado que tendrá que quedarse a trabajar hasta tarde. Así que este pide a un amigo suyo que se pase por su casa y se lo diga a su mujer.

El amigo llamó a la puerta y le abrió la mujer. «Tu marido llegará tarde a casa —le dice el amigo—. ¿Qué te parece si subimos y echamos un polvo?»

La mujer se escandaliza e intenta dar un portazo.

«¡Te doy cincuenta euros!», insiste el amigo.

«¿Cómo te atreves?», le reprocha la mujer.

«De acuerdo, cien», dice el amigo.

«No estaría bien», le dice la mujer.

«Venga, doscientos euros —le dice el hombre—, solo por media hora y tu marido nunca se enterará.»

La mujer acabó aceptando el dinero y el amigo se lo pasó en grande.

Cuando el marido volvió a casa, preguntó a su mujer: «¿Ha venido mi amigo a decirte que volvería tarde del trabajo?».

«Sí», respondió la mujer.

«Espero —le dice el hombre—, que te haya entregado mi sueldo, doscientos euros.»

7. Reflejando, no identificándose

Osho,

Cada vez más veo cómo mi energía o está subiendo muy arriba o está bajando muy abajo, cómo, algunas veces, me emociono mucho y, luego, cuando se pasa la emoción, me avergüenzo de lo que ha ocurrido en ese estado de emoción.

¿Puedes darme algún consejo acerca de cómo saber cuándo llega la emoción, de cómo no dejarse llevar e identificarse con la depresión y de cómo hallar mi base y mi equilibrio?

La mente es casi como el mar, olas sobre olas. Algunas olas son más altas, y entre dos olas hay una depresión. Existen dos formas de salirse de este continuo proceso de subir y bajar.

La más fácil es estar alerta cuando estás en éxtasis. En la depresión, en la agonía, la conciencia se vuelve muy difícil. Cuando fluyes con alegría, felicidad, es el momento de estar alerta. Pero la gente hace exactamente lo opuesto. ¿Quién se preocupa de la conciencia cuando está feliz? Pero, en la angustia, empiezan a pensar que es el momento de estar consciente y cómo salirse de ella. Pero nadie ha sido capaz de escapar de la angustia directamente.

Primero, uno tiene que salirse del éxtasis. Si, en primer lugar, puedes estar consciente en tus momentos de felicidad, la depresión, las bajadas no vendrán.

Sé feliz y estate consciente.

Disfruta y estate consciente.

Ama y estate consciente.

No pongas la consciencia a un lado diciendo: «Esto es una especie de molestia; estoy en un éxtasis tan grande». La consciencia se convierte en algo parecido a una molestia; no lo es. Puede parecerlo al principio, pero pronto verás que lleva tu éxtasis a cumbres más elevadas. Al final, la consciencia y el éxtasis se convierten en uno. Entonces esas bajadas, esos momentos de depresión, de agonía desaparecen.

La segunda forma, que, innecesariamente, es seguida por algunas personas, es difícil, pero, como eres alemán, puede que sea la correcta para ti. Intenta ser consciente cuando estás sufriendo; y no eres solo tú: a lo largo de la historia y en todo el mundo, lo ha intentado mucha gente. Cuando no había sufrimiento, lo producían solo para ser conscientes de él. Ayunaban, y eso producía un sufrimiento; pasaban fríos inviernos desnudos, y eso producía sufrimiento. El hombre tiene mucha imaginación; puede torturarse de muchas maneras. De vez en cuando, alguna persona ha sido consciente también de esa experiencia; es innecesariamente inhumano aunque todas las religiones lo hayan predicado. A la mente humana le resulta atractivo todo aquello que es difícil, y tiende a olvidar todo aquello que es obvio y simple.

Pero aquí no estás en Alemania. E incluso en Alemania tienes que deshacerte de todas esas enfermedades de ser alemán, de ser indio, de ser chino... Sé humano, es suficiente. Yo enseño lo fácil. No estoy a favor de ningún tipo de tortura innecesaria. Si es inevitable, entonces es otra cosa, pero incluso hemos intentado hacer del sufrimiento inevitable una transformación.

Para mí, la puerta más fácil es donde te encuentres feliz. Danza, canta... y, mientras danzas o cantas, estate consciente. No te pierdas ni te identifiques.

La mente tiene el viejo hábito de identificarse con cualquier cosa. Ocurra lo que ocurra, la mente enseguida se identifica. La mente no funciona como un espejo, funciona como una película. Todo lo que se le pone enfrente se queda impreso en ella. El espejo se mantiene vacío. La gente viene y va, sube y baja... El espejo no se pierde en ninguna identificación.

Aquí, te enseño celebración, alegría, porque sé que es la puerta más cercana a tu definitivo despertar. Un hombre lleno de dicha está más cerca de la existencia. Cuanto mayor sea su dicha, menor será la distancia que le separe del corazón del universo.

En tu agonía, estás solo; el corazón del universo está lejano. Tu agonía ha creado la distancia. Así que cuando estés en agonía —es humano, y ocurre de vez en cuando—, mantente alerta. Y si has sido capaz de mantenerte alerta cuando la danza estaba descendiendo sobre ti y llovían flores sobre ti, no te resultará en absoluto difícil ser consciente cuando algo vaya mal. Puedes ser un observador; apartado, sin identificación.

Eso es lo que hace el espejo. Y eso es lo que hacen aquellos que han conocido la naturaleza humana más profundamente que lo que llamáis religiones y psicoanalistas, los que llamáis gente sabia. Pero depende de ti. Si disfrutas torturándote, entonces elige los momentos de desdicha para la práctica de la observación. Si eres comprensivo e inteligente, elegirás el camino más corto y más cercano.

De cualquier modo, elijas lo que elijas, el resultado es el mismo: la consciencia te hará libre de la identificación. Puedes probar con ambas; algunas personas se pierden cuando están felices. Puede que para ellos sea difícil estar consciente cuando son felices. Su mente les dice: «¿Qué necesidad hay de consciencia? No metas la religión en un momento tan dichoso, tan feliz. Tú eres joven, y estás sano, y estás enamorado, ¿para qué necesitas a la iglesia en este momento?». Sí, cuando eres viejo y estás con un pie en la tumba, te acuerdas de Dios; pero es demasiado tarde. Entonces rezas a Dios, pero es demasiado tarde.

Precisamente el otro día vi un reportaje de un misionero cristiano muy famoso; llevaba treinta años en la brecha. Daba sermones televisivos, y millones de personas le escuchaban cada domingo. Ahora, le han descubierto saliendo de un prostíbulo. Hizo lo correcto: apareció por televisión con lágrimas en los ojos… Estaba viendo el reportaje y no podía creerme que a su edad estuviera llorando. Millones de telespectadores sintieron simpatía por el anciano. Este decía: «Le pediré perdón a Dios, y a ustedes también les ruego que me perdonen. He estado visitando prostitutas todos estos años. Como penitencia, no hablaré en tres meses». Pero lo más probable es que durante esos tres meses visite prostitutas. ¿Qué otra cosa va a hacer? Dios siempre está disponible. Hoy, o dentro de tres meses, puedes pedir perdón.

Pero conmigo no hay dios que valga. No hay nadie que pueda perdonarte y las plegarias no sirven de nada. *Tú* tienes que cambiar. *Tú* tienes que entender el mecanismo de transformación, y es muy sencillo.

Cuando camines por la mañana temprano y los pájaros estén felices, los árboles brillando con el reflejo del sol y sientas una paz, ponte alerta. Nada de lo que está ocurriendo debería ocurrir en un estado de inconsciencia; solo estate consciente. Lo cual no significa repetir verbalmente por dentro: «Mira, los pájaros están cantando. Mira que felices están los árboles. Mira, qué paz reina…». Eso lo destruiría todo.

No tienes que verbalizar, tienes que experimentar. Y en cuanto halles el momento digno de ser disfrutado, estate alerta en ese momento. Poco a poco, tu alerta se volverá parte de ti. Y la función de la alerta es destruir las identificaciones.

De vez en cuando, estarás bajo de ánimo; nubes oscuras, la vida no parece tener sentido… ninguna razón. La alerta que has ganado, fortalecida, cristalizada en momentos de alegría, vendrá en tu ayuda. Tú te mantendrás alejado y sabrás que en el fondo: «Todo esto está ocurriendo pero no me está ocurriendo a mí, tan solo a mi alrededor, y va cambiando. Mi conciencia permanece exactamente igual que un espejo, limitándose a reflejar y no identificándose».

Pero los viejos hábitos son difíciles de eliminar, requiere un gran esfuerzo; nos los han enseñado desde el principio. Si ha habido otras vidas anteriormente, portamos condiciones, cuya antigüedad los científicos han estimado en más de diez millones de años. Y el condicionamiento más peligroso en lo que respecta al despertar, a la iluminación, es la identificación.

En un instante, te identificas, te olvidas de que esto también pasará. Espera un minuto... ¿te ha dejado tu antiguo novio? Alégrate, «¡Qué gran oportunidad!». Eso es lo que yo he estado enseñando. Deja marchar lo viejo porque está llegando lo nuevo. Tardará un poco. En ese tiempo, depende de ti ser desdichado o estar esperando con alerta.

Pero, todos los días, continúa. Por la mañana, tu humor es malo y sabes que este humor ha sido malo muchas veces antes; luego desaparece, así que ¿por qué preocuparse? Deja que sea malo. ¿Qué importa? ¿Por qué prestarle atención? Porque toda atención es nutrición... Simplemente, observa; deja que ese viejo humor se sorprenda: «¿Qué ocurre? Siempre has sido hospitalario... Algo ha cambiado. ¿Estás sentado en silencio sin preocuparte siquiera de que hay un viejo mal humor?».

Pero no recuerdas tu propia vida y sus patrones. Estas subidas y bajadas no te ocurren a ti, solo ocurren en la mente; y tú no eres la mente. Puedes ponerte a un lado y observar todo el juego. Hazlo como quieras pero abandona el viejo hábito de caer en la misma trampa una y otra vez. ¡La primera vez se te puede perdonar, porque te movías por terreno desconocido, pero la segunda vez que caes en la trampa, y la tercera vez, y la milésima vez...! Entonces, parece que te has empeñado en caer en la trampa, ocurra lo que ocurra. No se trata de la trampa, se trata de tu decisión; o a lo mejor no eres, en absoluto, consciente y vas tropezando en tu oscuridad como un sonámbulo. Incluso los sonámbulos lo hacen mejor.

Pero este viejo hábito tiene que cambiar. Pero no se trata de hacer un esfuerzo para cambiarlo. No se trata de decidir: «Voy a cambiar». Una simple comprensión, una simple visión clara de toda la situación y lo viejo cambia. Pero hasta los adultos se comportan como niños pequeños inmaduros; en realidad, no demuestran ser adultos. Lo único que parece es que están envejeciendo, no madurando.

Un niño de cuatro años tenía horrorizados a sus padres. Estaba aprendiendo a hablar con fluidez, lo cual era encantador, pero utilizaba el verbo «joder» en casi todas las frases, lo cual era una grosería. Intentaron todas las estrategias para que dejara de hacerlo y, como nada funcionaba, intentaron el soborno.

Dijeron al niño que podía ir a la fiesta de cumpleaños de una amiguita suya si dejaba de decir palabrotas. Su padre dijo a la madre de la niña que en cuanto dijera esa fea y asquerosa palabra lo enviara inmediatamente de vuelta a casa.

El sábado a los dos y media, el niño se marchó, y a las tres ya estaba de vuelta en casa, llorando.

«Te advertí que no dijeras esa asquerosa palabra», le gritó el padre.

«No he dicho la jodida palabra —gritó el niño—. La jodida fiesta no es hasta el jodido próximo sábado.»

Si nos fijamos en nuestro propio comportamiento, no hallarás una gran diferencia. La misma cosa se repite una y otra vez. Deja que prevalezca la comprensión; una simple comprensión.

Sé consciente de este silencio. No utilices palabra por dentro, no juzgues.

Deja que lo que sea que esté ocurriendo simplemente se refleje. Y este es el método que hay que utilizar para salirse de la identificación de las subidas y bajadas, y traer un equilibrio a nuestra vida.

Osho,
Se dice que todas las situaciones y personas en nuestro camino son un espejo para nosotros. ¿Atraigo yo ambas cosas tanto inconsciente como accidentalmente? Cuando alguien es agresivo conmigo, ¿cómo puedo saber si soy yo o la otra persona la que lo está causando?

La vida es muy independiente. Es muy difícil saber quién es responsable de qué. En realidad, todos somos responsables de lo que ocurra; participamos en ello de algún modo. Si alguien se pone agresivo contigo, en vez de pensar que él es el agresor, como se hace normalmente, hazlo desde este punto de vista: «¿Qué habrá en mí que le ponga agresivo?; no es agresivo con todo el mundo». No es agresivo con los árboles; es agresivo contigo. Tiene que haber algo que estés haciendo, algo en tu comportamiento que provoque agresión en él.

Puede que no se lo estés haciendo a él. A eso me refiero; todo está muy entretejido. Quizá le recuerdas a su padre que solía pegarle y, como era tan pequeño, no podía hacer nada. Y cuando te ve, su agresión no es hacia ti, tú eres simplemente simbólico. Su agresividad es hacia su padre que ya no está en este mundo.

Así que en lugar de reaccionar a la agresión, que empeoraría las cosas, intenta entender. Pregúntale: «¿Por qué eres tan agresivo conmigo? ¿Hay algo en mí que te ofenda? ¿Te he hecho algo?; porque si es así no me he dado cuenta. Tiene que haber otra razón para tu agresión».

Así es como lo haría un hombre sabio. Y si le preguntas a esa persona, quizá empiecen a brotar lágrimas de sus ojos y te pida perdón: «Tú no has hecho nada, es que me recuerdas a mi padre. Cuando era niño, me pegaba tanto que solía pensar que cuando fuese grande y fuerte, ya le enseñaría yo… Pero él murió antes de que eso ocurriera. Así que algo ha quedado incompleto en mí. En cuanto te veo, no tiene nada que ver contigo, es mi problema».

Si las personas empezasen a comportarse así, en poco tiempo crearíamos un tipo de vida completamente distinto. Te enamoras de una mujer; ¿te has preguntado alguna vez por qué te enamoras de una determinada mujer habiendo tantas? Nunca te lo preguntas. ¿Es posible que te recuerde a tu madre? Puede que su forma de caminar te recuerde a tu madre, y amas tanto a tu madre que ese mismo amor vuelve a revivir.

Antes de convertirte en un tonto y enamorarte, haz un pequeño análisis de lo que estás haciendo y por qué lo estás haciendo. Puede que eso ahorre una gran cantidad de desdicha en el mundo. Inconscientemente, sin entender tus deseos internos latentes, tus tendencias, te enamoras de una mujer, pero no sabes; no podrás amarla, porque ella no es tu madre. Y cuando te acerques más, te darás cuenta de que: «Dios mío, no es mi madre». Y, naturalmente, esa mujer no se ha casado con un hijo; se ha casado con un marido. No puede comportarse de la misma forma que se comportaba tu madre.

Puede que ella espere que tú te comportes como su padre, a quien amaba. Algún rasgo tuyo, que puede ser algo tan insignificante y simple como que vuestros bigotes sean exactamente iguales, es suficiente para provocar la memoria del padre que ha perdido. Se ha *enamorado* de ti, pero no de *ti*. Si la gente, antes de actuar, entendiese que todo lo que hace tiene una razón en su interior y que los demás no están obligados a satisfacerla… Que dos mujeres lleven el mismo peinado no significa que sean el mismo tipo de persona. Y si lo que amas es el peinado, puedes mandar hacer una peluca con un peinado exactamente igual al de tu madre: adórala, ámala. Eso sería más saludable porque esa peluca no te hará daño, no te pedirá cosas que tu madre nunca te ha pedido. Pero una mujer, cuya única similitud es el peinado, no satisfará tus deseos. Estás buscando una madre.

Ahora, los psicólogos están muy preocupados de que todos los problemas tengan por causa el haber sido criados por padres. La hija empieza a amar al padre y el hijo empieza a amar a la madre, que nunca encontrarán. Durante toda su vida añorarán a la mujer o al hombre que están buscando.

Tu pregunta es relevante. Me trae a la memoria a George Gurdjieff. Él solo tenía nueve años cuando murió su padre. Y este debe de haber sido un hombre muy sabio. Eran pobres. Llamó a Gurdjieff y le dijo: «Siento no poder dejarte ninguna herencia. Te dejo solo en este enorme mundo de competición, violencia, codicia. Quiero decirte una cosa; contiene toda la experiencia de mi vida. Puede que ahora no lo entiendas, pero recuérdalo; algún día lo entenderás».

Y el consejo era muy sencillo. El consejo era que, si alguien se enfadaba con él, no reaccionara inmediatamente, no empezara a pelear. Escucha en silencio lo que te esté diciendo. Pero tranquilo y sereno. Y cuando haya acabado, dile: «Por favor, dame veinticuatro horas para pensar en lo que has dicho y regresaré con mi réplica».

Un extraño consejo pero con tremendas implicaciones psicológicas. Al final de su vida, Gurdjieff declaró que este sencillo consejo cambió por completo su vida porque: «Algunas veces me daba cuenta de que su enfado no tenía nada que ver conmigo. Ni siquiera tenía que replicar; no iba dirigido a mí. Probablemente estaba enfadado y, por casualidad, yo pasaba por ahí; o me daba cuenta de que lo que me estaba diciendo estaba cargado de razón, había hecho algo malo…». Entonces, iba y pedía perdón diciendo: «Tenías razón».

Gurdjieff dice que la gente se sorprendía. Le decían: «¿Qué clase de niño es este? Aunque le pegues, te dice: "Dentro de veinticuatro horas, vendré a darte una respuesta. Y si no vengo, significa que no tengo ninguna respuesta. Eso quiere decir que no es una cuestión que me ataña"».

Yo os he contado una extraña anécdota…

En una conferencia mundial de psicología, un famosísimo psicólogo estaba exponiendo su tesis y sus descubrimientos. Y justo en la primera fila, un viejo psicoanalista, famoso a su manera, estaba sentado al lado de una hermosa joven, quien, a pesar de su juventud, había escrito unos artículos con una gran visión del comportamiento humano. Había sido nombrada doctora en literatura honoris causa por muchas universidades; pero era muy joven y hermosa.

Estaba atrayendo la atención del conferenciante, distrayéndole, porque, además, ese viejo estaba jugando con los pechos de la mujer. Eso era demasiado, y justo delante de él… ¿Cómo puede uno leer su tesis así?

El psicoanalista se enfadó. Decía cosas absolutamente irrelevantes. Incluso los oyentes pensaban: «¿Qué le habrá pasado? Siempre ha sido un pensador muy coherente, pero parece muy perturbado». Y su perturbación tenía que ver con aquel viejo: «Ese idiota está jugando con los pechos de esa hermosa mujer». Porque, en el fondo, le hubiese gustado estar en su lugar.

Toda esta combinación de cosas hizo que perdiera los papeles por completo. Incluso olvidó lo que había ido a decir. No pudo concluir su discurso. A mitad de la tesis, se bajó del estrado, se acercó a la señorita y le dijo: «¿No le importa que este viejo esté jugando con su pecho?».

Ella le contestó: «Es su problema. A mí, no me está haciendo

ningún daño. Está siendo muy suave y delicado. ¿Por qué iba a preo-
cuparme por su problema?».

Aunque parezca extraño, es verdad; el problema es del viejo.
Y la joven señorita es, ciertamente, más sabia que ambos colegas.
«¿Por qué habría de perturbarle a usted? —le preguntó ella—. No
es usted quien está jugando con mis pechos; es él; y es su problema.
A mí no me molesta. No me hace ningún daño. De hecho, está siendo muy respetuoso con una mujer hermosa, pero ¿a usted por qué
le perturba? Sin duda, por dentro, está pensando: "Si fuese yo el
que está al lado de esa mujer...".»

¿Dónde vas a encontrar a una mujer tan comprensiva... Juegas
con sus pechos y, aun si conocerte, te lo permite porque entiende...? Ese pobre hombre debe de haber sufrido en los albores de su
vida. A lo mejor, su madre no le dio el pecho.

Todos los pintores, poetas y novelistas están pintando pechos
continuamente. Extraño, porque el pecho es simplemente un mecanismo para la nutrición del niño; ¡no es para los viejos! Las mujeres de todo el mundo que están un poco liberadas son contrarias
a dar el pecho porque se les deforma. Deforma la redondez del pecho porque el niño lo estira hacia abajo —que es lo que tiene que
hacer; está ordeñando a la madre— y el pecho se alarga.

Existencialmente, el pecho alargado es absolutamente necesario para la supervivencia del niño. Si el pecho fuese demasiado
redondo, el niño no podría sobrevivir porque, como su cara es tan
pequeña, cuando empezase a mamar, su nariz quedaría obstruida
por el pecho, no podría respirar; tendría que dejar de mamar o de
respirar. En ambos casos, moriría, así que va estirándolo; y ninguna mujer quiere tener los pechos caídos. Es cierto que, estéti-
camente, su aspecto no es bonito. Así que hay muchos recursos
para, al menos, mantener la apariencia de un busto redondo,
como el sujetador. E incluso cuando una mujer pierde un pecho al

ser operada de un cáncer, lo reemplazan con uno de goma mucho más perfecto y que tiene un aspecto precioso; pero deben llevarlo tapado.

Hay mujeres que intentan agrandar sus mamas con inyecciones, o hacerlas más pequeñas mediante cirugía. Pero esta preocupación por los pechos es todo lo antigua que te puedas imaginar: antiguas estatuas, pero con la misma preocupación... Así que puede que te interese una mujer cuyos pechos parezcan redondos, pero quizá solo *parezcan* redondos y bajo la ropa haya goma, no un verdadero pecho. Así que es perfecto para hablar de romance y poesía y mantener diálogos de cine en la playa. Pero, en la primera noche de luna de miel, todo será un desastre. Cuando agarres los pechos, te quedarás con ellos en las manos. La mujer te dirá: «Puedes jugar con ellos», y se irá a dormir.

Existen los problemas, pero estos proceden de tu interior y son proyectados sobre los demás. Y a los demás les ocurre lo mismo. Tienen problemas, tienen deseos reprimidos, tienen experiencias incompletas. Y, si por casualidad, tú encajas con algo de su miseria psicológica, puede que se enamoren de ti o se enfaden contigo o te odien.

Hay gente que dice: «Hay determinadas personas que detesto solo con verlas. No han hecho nada; aunque ni siquiera haya hablado con ellas, su mera visión es suficiente para que las deteste». No es suficiente para que las detestes, pero quizá tu experiencia pasada con un determinado hombre ha dañado la imagen en tu interior, y esa imagen se ajusta perfectamente a ese hombre. Naturalmente, surge el odio, surge el amor, surge la ira.

Pero el hombre comprensivo siempre mira hacia dentro para buscar la causa: ¿Por qué lo estoy haciendo? Y si no perjudica al otro, y si el otro también lo desea, significa que también está esperando alguna experiencia del mismo tipo. Entonces, las cosas van perfectamente; de lo contrario, surgen problemas a cada momento.

Durante veinticuatro horas, observa tus juicios acerca de los demás; ¿son buenos o malos? Observa de dónde salen tus respuestas a la gente. ¿Salen de ellos o salen de tu interior? Todo este mundo con toda su desdicha y sufrimiento está dentro de ti. Todo este mundo puede ser de felicidad y bendición si tu ser interior cambia.

Esta es mi definición de una persona religiosa: ha cambiado su ser interior, lo ha limpiado, así que se convierte en un puro espejo, refleja pero no reacciona. Siente compasión incluso por aquellos que están llenos de ira, siente compasión por los tristes, los desdichados, por los que están destrozando su vida con el alcohol o las drogas. Lo único que siente es compasión. Y de esa compasión sale una respuesta: si puede ayudar, ayuda.

No puedes provocar una reacción en un hombre sabio; nunca reacciona. Esa es la diferencia entre las palabras «reacción» y «respuesta», aunque parezcan similares. La reacción es ciega e inconsciente y culpa al otro. La respuesta es consciente y clara y ve las cosas tal como son. Si él tiene la culpa, la asume; no es necesario pelear: es tu mente; yo no tengo nada que ver con ello.

Debo de haber recibido miles de cartas de todas las partes del mundo. Algunos dicen que me aman; y ni siquiera me han visto, ni siquiera me han leído. ¿De dónde viene su amor? Puede que toda su vida hayan estado queriendo revelarse y, al oír hablar de mí, ven su deseo cumplido; alguien se ha revelado. Pero eso no tiene nada que ver conmigo. Es su propio deseo, su propia proyección.

Hay miles de otros que me critican por extrañas razones. Tan solo hace unos días, un hombre escribió un artículo en el que decía: «Si Osho no hubiese sido controvertido, habría sido considerado uno de los más grandes intelectuales de nuestro siglo».

Pedí a mi secretaria que le escribiera preguntándole: «¿Puede nombrar a algún gran hombre, tan solo uno, que no fuese controvertido?». No ha contestado. Luego publicamos la carta, pero se oculta; no hay respuesta. Todo gran hombre, Gautam Buda, Zoroastro, Lao Tzu… Solo los que se dedican a hacer zapatos, a limpiar las calles no son controvertidos.

Cuando dices algo original, hiere a muchas personas porque sus prejuicios colisionan con la idea original. No se dan cuenta de que yo no soy la razón de su enfado, están enfadados por sus propios prejuicios. Si fueran personas de silencio, sopesarían de forma equilibrada ambas alternativas: «¿Quién sabe, puede que la idea original sea correcta? Hay que darle una oportunidad». Y, ciertamente, merece respeto, porque no te estoy imponiendo ninguna idea, simplemente la estoy expresando. Pero, en todas partes, parece como si la gente tuviese miles de candados en la boca. La expresión «libertad de pensamiento» carece por completo de sentido.

No existe ni la libertad de pensamiento ni la libertad de expresión. Y las personas que han sido criticadas por ser controvertidas son la causa de toda la evolución. Los no controvertidos, los mediocres, los retrasados… no han aportado nada. Han destruido mucho pero jamás han aportado nada.

Así que siempre que ocurra algo, recuerda, primero mira dentro de ti. Puede que lo que te estén diciendo sea cierto, y si no es cierto entonces no tienes por qué preocuparte, es el problema de otro que lo está proyectando en ti.

Solo para romper vuestro silencio porque algunas veces se hace demasiado pesado…

Dos amigos salen de caza por la montaña en Oregón. Uno de ellos se detiene para echar una meada, y una serpiente de cascabel le pica en la verga. Llama a su amigo y le dice que se acerque al pueblo más cercano y pregunte qué puede hacer.

El amigo sale corriendo y, media hora después, llega sin aliento a la consulta del doctor y le pide consejo.

Este le dice: «Abre la herida con un cuchillo afilado y absorbe el veneno».

Regresa corriendo y, según se acerca, el amigo le pregunta: «¿Qué te ha dicho el médico, amigo?».

«Lo siento —le contesta—, me ha dicho que te vas a morir.»

Jaimito pregunta a su padre: «Papá, ¿es verdad que Dios está en todas partes?».

«Es verdad, hijo», le responde el padre, sin dejar de leer el periódico.

«¿Está en el garaje?» pregunta Jaimito.

«Sí, hijo —le responde el padre—. Está en el garaje.»

«¿Está en el jardín?», pregunta Jaimito.

«Sí, está en todas partes», le responde el padre un tanto irritado.

Jaimito va al garaje y no encuentra a Dios. Mira en el jardín y tampoco lo encuentra allí.

Así que se dirige hacia la cocina y empieza a gatear por debajo del vestido de su madre.

«Jaimito —le grita—, ¿qué estás haciendo?»

«Tranquila, mama —le dice Jaimito triunfantemente—, acabo de agarrar a Dios por las barbas.»

Osho,
A menudo, un sentimiento que no puedo describir llena mi corazón y todo mi ser. Una mañana, durante uno de tus discursos, sentí como un amor desbordante por ti y por el todo. Pero ahora me doy cuenta de que el mismo sentimiento, o un sentimiento muy, muy parecido también surge en el miedo, en la angustia, en el dolor palpitante, en el desamparo y la frustración. ¿Podrías comentar algo al respecto?

Ciertamente hay algo muy similar en emociones muy diferentes: el desbordamiento. Puede ser amor, puede ser odio, puede ser ira; puede ser cualquier cosa. Si es excesivo, te causa una sensación de estar desbordado por algo. Incuso el dolor y el sufrimiento pueden causar esa misma experiencia, pero el desbordamiento no tiene valor en sí mismo. Lo único que demuestra es que eres un ser muy emocional.

Esa es la típica indicación de una personalidad emocional. Cuando es ira, todo es ira. Y cuando es amor, todo es amor. Es como si se emborrachase, se cegase con las emociones. Y cualquier acción que sale de ello es errónea. Aunque sea amor desbordante, la acción que salga de ello no será correcta. Reducido a su base, cuando estás desbordado por una emoción, pierdes toda razón, toda sensibilidad, pierdes tu corazón en ello. Se convierte en algo parecido a una nube oscura en la que estás perdido. Entonces, todo lo que hagas será erróneo.

El amor no debe ser una parte de tus emociones. Normalmente, eso es lo que cree y experimenta la gente, pero cualquier cosa desbordante es muy inestable. Llega como un viento, y pasa, dejándote atrás, vacío, abrumado, con pena y tristeza.

Según aquellos que conocen en profundidad al hombre —su mente, su corazón y su ser— el amor debe expresar tu ser, no una emoción.

Las emociones son muy frágiles, muy cambiantes.

Un momento parece que lo es todo.

En otro momento estás simplemente vacío.

Así que lo primero que hay que hacer es sacar al amor de esta muchedumbre de emociones desbordantes. El amor no es desbordante. Por el contrario, el amor es una tremenda visión, claridad, sensibilidad, conciencia. Pero esa clase de amor se da en raras ocasiones, porque muy poca gente llega alguna vez a su ser.

Son personas que aman sus coches... ¡Mi fotógrafo ama su cámara...! Ese amor es de la mente. Y, luego, amas a tu mujer, a tu marido y a tus hijos; ese amor es del corazón. Pero como necesita cambiar para mantenerse vivo, y tú no puedes permitir que varíe, se vuelve rancio. El mismo marido todos los días; es una experiencia muy aburrida. Embota tu sensibilidad, embota cualquier posibilidad de gozo. Lentamente, te vas olvidando del lenguaje de la risa. La vida se convierte en mero trabajo, sin ningún goce. Y uno tiene que trabajar porque tiene esposa e hijos.

He oído...

Una pareja de ancianos se presentó en el juzgado. El marido tenía noventa años y la mujer debía de tener ochenta y cinco; querían divorciarse.

El juez no podía creer lo que estaba viendo. Les dijo: «¿A su edad? Pueden fallecer en cualquier momento. ¿Qué están pidiendo? ¿Qué van a hacer divorciados? ¿Cuánto tiempo llevan casados?».

El hombre dijo: «Al menos sesenta años, puede que incluso más».

El juez le dijo: «No puedo creer que hayan vivido sesenta años casados y, ahora, al final de la vida, ¿quieren divorciarse? ¿Por qué han esperado tanto?».

El anciano dijo: «¡Hemos tenido que esperar a que todos nuestros hijos murieran! Ahora es el momento para ser libres y disfrutar de la vida».

Habían vivido toda su vida juntos; esta debía de estar completamente rancia. Pero el amor de la mente es simple: puedes cambiar de cámara porque la cámara no pondrá ninguna objeción. No se peleará contigo, no tendrá desmayos, no te denunciará, no te pedirá dinero. No es más que un objeto.

Por esta simplicidad, la mayoría de la gente en el mundo ha pasado de amar a seres humanos a amar a máquinas, todo tipo de máquinas; puede ser un coche… es más sencillo, puedes cambiarlo en cualquier momento; no existe impedimento alguno. La gente ha empezado a amar a los animales. Hay amantes de los perros que se los llevan a todas partes. Es mejor porque puedes controlar, puedes pegar a tu perro y aun así vendrá a recibirte moviendo la cola. Es una experiencia divertida.

También tienen otro tipo de animales —pájaros, loros— y les prestan mucha atención. No es tan simple como parece. Muestra algo más profundo de nuestra experiencia: no podemos amar a seres humanos; es un problema constante.

Una mujer recién casada estaba hablando con una amiga. La amiga le decía: «Ese hombre es un borracho. No deberías haberte casado con él; será un problema constante».

La mujer dijo: «No. Cambiaré sus hábitos. Quizá necesite algunos años, pero le haré dócil y obediente. Es un buen hombre».

La amiga le dijo: «Vives en una fantasía. Yo he tenido un perro cinco años y he intentado enseñarle sin ningún resultado. Por mucho que le digo que los árboles no son retretes, no me hace caso. Le pego, le dejo sin comer; entonces adopta un aspecto muy triste y, al final, empiezo a sentir simpatía por el pobre animal. Pero él no cambia sus hábitos. Si un perro puede ser tan testarudo, ¿cómo crees que cambiarás a un hombre que, además, es un borracho?».

La idea en sí de que cambiarás a tu mujer, cambiarás a tu marido, cambiarás a tus amigos, es peligrosa. Será fuente de conflictos desde del principio. Significa que habrá lucha, no alegría, no una danza, sino una lucha.

La gente empieza a beber solo para eludir la pelea que le espera en casa. Cuando están borrachos, no les importa ni siquiera que sus mujeres les peguen; se encuentran inconscientes. Millones de personas toman veneno para desprenderse de aquellos que creían que amaban.

Dos hombres se pasaban todo el día sentados en la barra de un bar; todos los días. A última hora de la noche, cuando el bar estaba a punto de cerrar, el camarero casi tenía que echarlos a empujones. Seguían bebiendo y bebiendo. Un día, justo antes de empezar a beber, uno de ellos pregunta al otro: «Nosotros dos somos los únicos verdaderos bebedores; los otros son aficionados, inmaduros. ¿Puedo preguntarte por qué bebes tanto?».

El otro le contestó: «Tengo que hacerlo, de lo contrario no puedo enfrentarme a mi mujer. ¡Cuando estoy completamente borracho tengo tanto coraje que podría enfrentarme a un león! Y es entonces cuando me voy a casa, golpeo la puerta, la abro, tiro cosas aquí y allá, hago mucho ruido, entro en la alcoba de mi mujer, le doy un buen cachete en las caderas y le digo: "Cariño, ¿te apetece?"; ¡y ella finge estar profundamente dormida!

»Tengo que beber por su culpa. Cuando me casé, no lo hice con mi mujer, me casé con el alcohol. ¿Y cuál es tu razón? ¿Te ocurre lo mismo?».

El otro contestó: «No. Yo no estoy casado. Estoy soltero».

«¿Soltero? Es increíble —exclamó el otro—. ¿Y cómo es que vienes aquí todas las noches siendo soltero?»

El soltero le dijo: «¿Qué otra cosa hacer? En la casa solo hay oscuridad. Lo único que puedo hacer es sentarme y aburrirme. Esto es muy colorido y cada día ocurren cantidad de cosas extrañas. Empecé siendo lo que tú llamas un aficionado pero, poco a poco... Ahora soy todo un profesional».

Hay gente que bebe por tener mujer, y gente que bebe por no tenerla. Es un mundo extraño. Uno no sabe sobre qué bases lógicas se rige, ni siquiera si existe alguna lógica en la vida o si es completamente absurda.

Tienes que sacar tu amor de las garras de la emoción, donde ha estado desde el día que naciste, y debes encontrar una ruta hacia tu ser. A no ser que tu amor entre a formar parte de tu ser, no será muy diferente de tu dolor, de tu sufrimiento, de tu tristeza.

Las emociones no te ayudarán a convertirte en una individualidad integrada. No te proporcionarán un alma de granito. Seguirás como un trozo de madera muerta yendo en la corriente de aquí para allá, sin saber por qué.

Las emociones ciegan al hombre exactamente igual que el alcohol. Pueden tener nombres bonitos como amor, o nombres feos como ira, pero de vez en cuando necesitas enfadarte con alguien; te libera. Verás que cuando los perros hacen el amor en la calle, la gente les tira piedras. Esos pobres animales no le están haciendo ningún daño a nadie; están realizando un ritual biológico que tú también llevas a cabo —pero ellos no tienen casas para ocultarse— y lo hacen muy bien. Una muchedumbre los perseguirá arrojándoles piedras, pegándoles… ¡extraño comportamiento!

La gente necesita estar enfadada de vez en cuando, al igual que necesitan enamorarse de vez en cuando, y odiar a alguien de vez en cuando. No importa. Por eso, personas como Adolf Hitler puede conseguir seguidores, con el argumento de que los judíos son los culpables de la miseria del mundo; así que si eliminamos a todos los judíos de la tierra desaparecerá el problema. Todos los problemas son causados por una conspiración judía. Mató a seis millones de judíos y no se ha solucionado ni un solo problema en el mundo. Ahora, en el mundo hay más problemas que antes, pero consiguió convencer a personas como Martin Heidegger, el mayor filósofo del mundo contemporáneo. Martin Heidegger era seguidor de Adolf Hitler y también creía que los judíos eran…

El hombre acumula ira, rabia, odio, y luego solo es cuestión de encontrar alguna oportunidad para que pueda expresar su destructividad. Cualquier excusa es buena.

Las religiones procuran buenas causas. A uno le preocupa que si solo hay un Dios, entonces los judíos están matando a los musulmanes, los musulmanes están matando a los cristianos, los cristianos están matando a los otros; ¡y está ocurriendo constantemente en todas partes, en el nombre de Dios!

De hecho, las espadas de los musulmanes llevaban grabado el lema «mi religión es paz». Eso es lo que significa Islam, así es como los musulmanes llaman a su religión. Y estos pacíficos musulmanes han matado a mucha gente, pero no solo han asesinado a seres humanos, también han destruido muchos templos y muchas estatuas porque no creen en las estatuas. No hay ningún problema... ¿Quién dice que tengas que creer? La estatua no va detrás de ti diciéndote: «Cree en mí». Si visitas antiguos templos indios, comprobarás la destrucción causada por los musulmanes.

En el nombre de Dios, de la creencia de que solo hay un Dios y de que no se le pueden erigir estatuas, han destruido muchas hermosas esculturas que tardaron cientos de años en realizarse. Puede que esa sea tu creencia, en ese caso, *tú* no deberías tener ninguna estatua, pero ¿quién eres tú para entrometerte en la vida de los que piensen que *existe* un Dios y que puede tener tantas estatuas como te puedas imaginar?

Los hindúes creen en cientos de dioses, pero ¿qué tiene de malo? Es asunto suyo, es problema suyo. Si están haciendo algo ridículo, puedes reírte, pero no está bien destruir sus estatuas.

Pero la realidad es que las etiquetas de «Dios» y «religión» son completamente superficiales. En realidad, la gente está enfadada y no tiene objetos en los que descargar su ira, así que van acumulando ira, odio, rabia... hasta que llegan al límite y explotan como una bomba; ¡cualquier cosa servirá!

En la India, los musulmanes y los hindúes lucharon. Los sikhs y los hindúes se enfrentaron porque la constitución india adoptó el hindi como idioma oficial. Aunque han pasado muchos años, no han sido capaces de imponer el hindi como idioma nacional porque todos los grupos que hablan un idioma diferente empiezan a luchar entre ellos.

En el sur existen diferentes idiomas y, en el nombre del idioma, no deja de haber disturbios.

Yo solía vivir en una ciudad…

Destruyeron todos los carteles de las tiendas —todos los que tenían algo escrito en inglés—, y obligaron a la gente a escribir los carteles de sus tiendas en hindi. Eso originó un grave problema: los trenes pasaban por diferentes provincias y, en cada una de ellas, los carteles estaban escritos en una lengua diferente. Era una fuente de problemas y peleas constante, y los trenes se retrasaron días porque hasta que los carteles no estuviesen acabados… En cada compartimiento, los pasajeros tenían que escribir su nombre en su propia lengua, y que nadie se lo impidiera… ¡inmediatamente, habría muertos…!

Se incendiaron trenes porque la gente se resistía. Se quemaron autobuses porque el cartel no estaba escrito en el idioma que hablaba la gente. Pero los autobuses tienen que viajar por todo el país. Si cada vez que entran en un estado —en la India hay treinta estados— los autobuses y los trenes tienen que cambiar… sería un trabajo enorme e hilarante; ¡pero cualquier excusa es buena…!

Las emociones son peligrosas en el sentido de que te desbordan y son casi alcohólicas.

A un pueblerino le invitan a la boda de su primo rico en la capital. En la recepción se siente incómodo con su ropa rural y se pasa la mayor parte del tiempo en un rincón bebiendo whisky. Finalmente, decide unirse a la fiesta, y pide a la dama de aspecto más importante que baile un vals vienés con él. El pueblerino es rechazado airadamente.

«No bailo con usted por cuatro razones. En primer lugar, ha bebido demasiado. En segundo lugar, la orquesta no está tocando un vals. En tercer lugar, no soy una mujer. Y en cuarto lugar, ¡soy el arzobispo de Toledo!»

Pero cuando está borracha, la gente empieza a ver las cosas...

La anfitriona de una fiesta de cumpleaños para niños se dirige a Jaimito: «¿Cómo es que tu hermanito es tan tímido? —le pregunta—. No se ha movido de ese rincón en toda la tarde».

«No es nada tímido —le dice Jaimito—. Es que es la primera vez que usa corbata y cree que está atado a algo.»

Solo hace falta un poco más de conciencia y todas tus cosas desbordantes empezarán a desaparecer. Un hombre es limpio y claro cuando nunca es desbordado por nada, cuando siempre está alerta y consciente y es él mismo, y no está perdido en ninguna emoción, ya sea amor, ira, o cualquier otra cosa.

Un joven, de vacaciones en la playa, se sentía muy frustrado porque no atraía a ninguna muchacha. Todos los días, veía a un hombre mayor rodeado de muchachas jóvenes y hermosas.

Un día, el joven se acercó a él en el bar y le pidió consejo.

«Bueno —le dice el hombre—, para empezar, hazte un corte de pelo audaz, luego cómprate un bañador más ajustado en lugar de esos bermudas. Y, el toque final, métete un par de calcetines enrollados dentro. ¡Siempre funciona!»

El joven siguió el consejo, pero no tuvo suerte. Al día siguiente, cuando se lo contó a su consejero, este le dijo: «Te he visto en la playa. El corte de pelo te sienta genial y el bañador es fantástico, pero la próxima vez ¡ponte los calcetines en la parte delantera!».

Solo con poner un poco de conciencia en lo que estés haciendo...

Una joven señora va a comprarse unos zapatos, en minifalda y sin bragas. El vendedor de zapatos, dejándose llevar por la visión, le dice: «¡Me gustaría llenarte el coño de helado y comérmelo todo!».

«Eso es lo más asqueroso que me han dicho nunca —le grita—. ¡Se lo voy a decir a mi marido y le va a dar una paliza!»

Al llegar a casa, se lo cuenta a su marido, que estaba leyendo el periódico.

«Cariño —le dice—, no me voy a pelear con ese hombre por tres razones. En primer lugar, tienes un armario lleno de zapatos y ya no nos podemos permitir comprar más. En segundo lugar, provocaste al hombre al ir sin bragas. Y en tercer lugar, ¡no quiero líos con alguien que ez capaz de comer tanto helado!»

Osho,
El otro día leí un poema de Rumi que decía así: «Ve hacia dentro, pero no de la forma que el miedo te hace ir». Casi al mismo tiempo me desperté llorando de un sueño y lo único que recuerdo es que me miraba en un espejo, cara a cara, y mis ojos estaban llenos de lágrimas.
Algunas veces, en meditación, toco un espacio horizontal en blanco, sin ningún punto de referencia de quién soy, y ese mismo miedo está ahí.
¿Puedes ayudarme a entender el miedo y a hacerme amigo de él?

Las palabras de Mevlana Rumi son inmensamente significativas. Pocas personas han conmovido y transformado tantos corazones como Jalaluddin Rumi.

En el mundo de los sufíes, Rumi es un emperador. Sus palabras no deben ser entendidas como meras palabras, sino como fuentes de profundos silencios, como ecos de las canciones más íntimas y profundas. Han pasado más de doce siglos desde que vivió.

Su técnica de meditación es un tipo especial de danza. Se trata de girar, como hacen los niños; giran y giran sobre un punto. Es algo que hacen los niños pequeños en cualquier parte del mundo, y sus mayores los mandan parar diciéndoles: «Te vas a marear, te vas a caer, te vas a hacer daño», y les preguntan: «¿Por qué haces eso?».

Jalaluddin Rumi convirtió el girar en una meditación. El meditador gira durante horas; todo el tiempo que el cuerpo se lo permita; él no decide cuándo parar. Girando, llega un momento en el que se ve a sí mismo completamente quieto y en silencio, como en el centro de un ciclón. El cuerpo gira alrededor del centro, pero hay un espacio que no se mueve; eso es su ser.

El propio Rumi giró sin cesar durante treinta y seis horas hasta que cayó cuando el cuerpo no podía girar más. Pero, al abrir los ojos, era otro hombre. Cientos de personas se habían congregado para verle. Muchos de ellos pensaban que estaba loco: «¿Qué es esto de girar?».

… No se puede decir que sea una plegaria, tampoco que sea una gran danza, o que tenga algo que ver con la religión, con la espiritualidad…

Pero, treinta y seis horas después, cuando vieron a Rumi renacido en una conciencia nueva, tan resplandeciente, tan radiante, tan nuevo, tan lozano, no podían creerse lo que estaban viendo. Cientos de ellos lloraron arrepentidos por haber pensado que estaba loco. Lo cierto es que él estaba cuerdo y *ellos* estaban locos.

Esa corriente se ha mantenido viva a lo largo de estos doce siglos. Pocos movimientos de crecimiento espiritual se han mantenido vivos durante tanto tiempo. Todavía hay cientos de derviches. «Derviche» es el término sufí que denomina al buscador espiritual. Hasta que no lo experimentas, puede parecerte increíble que simplemente girando puedas conocerte a ti mismo. No hace falta ninguna austeridad, ninguna autotortura, con una simple experiencia de tu ser íntimo, eres transportado a otro plano de la existencia, vas del plano mortal al inmortal. La oscuridad desaparece, solo hay luz eterna.

Las palabras de Rumi deben ser entendidas con mucho cuidado porque no habló mucho; solo dejó unos pocos poemas. Su declaración, «Ve hacia dentro, pero no como el miedo hace que vayas», es muy hermosa.

No como el miedo hace que vayas.

Ve como el amor hace que vayas.

Ve como la dicha hace que vayas; no por miedo, porque todas las llamadas religiones son consecuencia del miedo. Su Dios no es otra cosa que miedo, y su paraíso y su infierno no son más que proyecciones de codicia y de miedo.

La declaración de Rumi es revolucionaria: No vayas por miedo. Todas las religiones dicen a la gente: «¡Teme a Dios!».

Mahatma Gandhi solía decir: «No le temo a nadie más que a Dios». Cuando llegó a mis oídos, dije que esa era la declaración más estúpida que alguien podría hacer. Se puede temer a todo excepto a Dios, porque la única manera que uno puede acercarse a Dios es a través del amor. Dios no es una persona, sino el latido del corazón universal. Si puedes cantar y bailar con amor… una actividad corriente como girar por amor… La dicha y la celebración son suficientes para llegar al más íntimo santuario del ser y la existencia.

Todos vosotros habéis estado viviendo desde el miedo.

Vuestras relaciones son por miedo. El miedo es como un nubarrón que cubre vuestra vida, tan abrumador que os hace decir cosas que no queréis decir, pero el miedo os las hace decir. Hacéis cosas que no queréis hacer, porque el miedo os hace hacerlas. Solo se requiere un poco de inteligencia para darse cuenta.

Millones de personas adoran piedras que ellos mismos han esculpido. Crean sus dioses y luego los adoran. El motivo de todo ello debe de ser el miedo a no ser capaces de encontrar a Dios. Así que el modo más fácil es esculpir un dios en un hermoso mármol y adorarlo. A nadie se le ocurre pensar que eso es pura estupidez porque todos hacen lo mismo, con ligeras variaciones: unos en el templo, otros en la mezquita y otros en la sinagoga, pero es lo mismo. En el fondo, la razón es la misma: lo hacen por miedo. Sus plegarias están llenas de miedo.

La declaración de Rumi es revolucionaria, extraordinaria: «Ve hacia dentro, pero no como el miedo hace que vayas». Entonces ¿cuál es la forma de ir hacia dentro? ¿Por qué no ir con alegría? ¿Por qué no convertir tu religión en un juego? ¿Por qué tomárselo tan en serio? ¿Por qué no ir riendo? Como un niño persiguiendo mariposas, alegremente, sin ninguna razón en especial; por el simple júbilo de los colores y la hermosura de las flores y las mariposas. Para él es suficiente; y es inmensamente feliz.

Cada veinticuatro horas, encuentra algún momento sin miedo... es decir, un momento en el que no estés pidiendo nada. Un momento en el que no estés pidiendo ninguna recompensa ni estés preocupado por ningún castigo; entonces, simplemente, disfruta del girar, del ir hacia dentro.

Al principio puede resultar un poco difícil. Pero según te vayas metiendo, te irás sintiendo dichoso, alegre, devocional. Surgirá en ti una gratitud como no habías sentido antes y se abrirá un espacio infinito, tu cielo interior. Tu cielo interior no es menos rico que el cielo exterior: también tiene sus propias estrellas, su propia luna, sus propios planetas y su propia inmensidad; es un universo exactamente igual de grande que el que se puede ver en el exterior. Tú estás justo en medio de dos universos: uno está fuera de ti y el otro dentro de ti. El universo exterior está hecho de cosas, y el universo interior está hecho de conciencia, de felicidad, de dicha.

Ve hacia dentro, pero no como el miedo hace que vayas; el miedo no puede ir hacia dentro. ¿Por qué no puede ir el miedo hacia dentro? Porque el miedo no puede estar solo, y para ir hacia dentro, hay que estar solo. El miedo necesita una multitud, necesita compañía, amigos, incluso enemigos si llega el caso.

Pero para estar solo, para ir hacia dentro, no puedes llevar a nadie contigo, tampoco puedes llevarte ninguna *cosa*, ni tu riqueza, ni tu poder, ni tu prestigio; no puedes llevarte nada. ¡Dentro, no puedes llevarte ni tu ropa! Tendrás que ir desnudo y solo. Por eso, el miedo no puede ir hacia dentro, el miedo va hacia fuera.

El miedo va hacia el dinero, hacia el poder, hacia Dios; va en todas las direcciones excepto hacia dentro. Para ir hacia dentro, el primer requisito es no tener miedo.

También te preguntas cómo hacerte amigo del miedo. De la oscuridad, de la muerte, del miedo, uno no tiene que hacerse amigo. Lo que tiene que hacer es desembarazarse de ellos. Lo único que tiene que hacer es despedirse de ellos para siempre. Son tus ataduras, y la amistad hará que se hagan aún más profundas.

No pienses que hacerte amigo del miedo te capacitará para ir hacia dentro. Incluso el miedo amistoso te lo impedirá; de hecho, será aún peor, porque lo hará de una forma amistosa. Te aconsejará: «No lo hagas, dentro no hay nada. Caerás en una nada de la que es imposible regresar. Ten cuidado de no caer en tu interioridad. Aférrate a las cosas».

Para que desaparezca el miedo hay que entenderlo; no hay que hacerse amigo de él.

¿De qué tienes miedo? Cuando naciste, llegaste desnudo. No viniste con una cuenta bancaria y, sin embargo, no tenías miedo. A este mundo, uno llega completamente desnudo, pero entra como un emperador. Ni siquiera un emperador puede entrar en el mundo como lo hace un niño. Cuando se entra hacia dentro, ocurre lo mismo. Es un segundo nacimiento; te vuelves niño de nuevo; la misma inocencia, la misma desnudez y la misma no posesividad. ¿Qué puedes temer?

En la vida, no se le puede tener miedo a nacer, porque es algo que ya ha ocurrido, ya no se puede hacer nada al respecto. Tampoco se le puede tener miedo a vivir, porque es algo que ya está ocurriendo. Y tampoco se le puede tener miedo a morir; porque es algo que ocurrirá, hagas lo que hagas. Así que ¿dónde está el miedo?

Siempre me han preguntado, incluso personas muy cultas, si alguna vez me preocupa lo que pueda ocurrir después de la muerte. Y yo, que siempre me sorprendo de que esas personas sean consideradas cultas, les contesto: «Antes de que yo naciera, no existía preocupación. Nunca, ni por un solo instante, se me ha ocurrido pensar en las dificultades, en la ansiedad, en la angustia que habré tenido que afrontar cuando todavía no había nacido. ¡Simplemente no existía! Con la muerte ocurre lo mismo; cuando mueres, mueres».

Mencio, el discípulo más destacado de Confucio, le preguntó a este: «¿Qué ocurre después de la muerte?».

Confucio le contestó: «No malgastes tu tiempo. Ya tendrás tiempo para pensar en ello cuando estés en tu tumba, ¿por qué hacerlo ahora?».

¡Hay mucha gente pensando en sus tumbas! Pensarás que al parecer no hay ningún problema. En cada cementerio —y existen millones de cementerios— la gente está simplemente tumbada. Ni siquiera se levantan para preguntar: «¿Qué ha ocurrido, qué noticias hay hoy?». Ni siquiera se cambian de lado. Están muy relajados.

Y cuando la gente muere, les cierran los ojos por miedo a que sigan viendo en sus tumbas. Les da miedo que miles de personas en sus tumbas estén mirando; por eso se los cierran.

Yo tenía una tía lejana que era única; dormía con un ojo abierto. Tenía que hacerlo, porque ese ojo era falso. Pero cuando venía a visitar a mi familia, yo asustaba a la gente. Cuando se iba a dormir, los llevaba allí y les decía: «Mirad, ved lo que ocurre: aunque está viva, un ojo se le queda abierto. Cuando alguien muere, intentas cerrarle los ojos pero, increíblemente, los vuelven a abrir y miran a todas partes: "¿Qué ocurre?"».

El miedo a lo que pueda ocurrir cuando te hayas muerto es innecesario. Lo que haya de ocurrir, ocurrirá; y, en cualquier caso, no se puede hacer nada al respecto antes de tiempo. No sabes qué tipo de preguntas tendrás que responder o qué clase de gente te encontrarás, así que no tiene sentido hacer los deberes, aprender sus costumbres, su idioma… No sabemos nada; así que es absurdo preocuparse. No pierdas el tiempo.

Pero hay miedo, miedo a que vaya a ocurrir algo. Después de la muerte, estarás muy solo, aunque llames desde tu tumba, nadie te oirá. Si te dejases alguna ventana abierta y los muertos empezaran a mirar por ella, ¡asustarían a cualquiera!

Acabo de oír que en Estados Unidos existe un fenómeno llamado El Movimiento Patata de Sofá…

Lo fundaron personas que se pasaban todo el día en el sofá viendo la tele. Comenzó en 1982, y se convirtió en un gran fenómeno. Se publicaron dos libros, *El manual oficial del patata de sofá* y *Guía de comportamiento del patata de sofá*. También había un boletín, *La voz del tubérculo*, con una tirada de ocho mil ejemplares.

El señor Armstrong, el fundador del movimiento, predicaba el evangelio del patata de sofá. Decía: «Para nosotros ver la tele es una forma autóctona estadounidense de meditación. Lo llamamos Vegetación Trascendental».

Por miedo, la gente puede hacer cualquier cosa. ¡Incluso afiliarse al Movimiento Patata de Sofá! Se sientan siete u ocho horas al día en el sofá como una patata, y van engordando y engordando… Solo se levantan de vez en cuando para ir al frigorífico; el resto del tiempo están en su Vegetación Trascendental. Nunca se había hecho a tan gran escala.

¿Por qué la gente se iba a pasar todo el día viendo televisión? Si lo analizamos desde un punto de vista psicológico, veremos que esas personas no quieren saber nada acerca de ellas mismas, que están intentando evadirse de sí mismas viendo televisión. Esta es una excusa para llenar el tiempo, porque, si no, con tanto tiempo libre, tendrían que mirar hacia dentro, y eso les asusta. ¿Hacia dentro?... pero si el frigorífico está fuera ¿Hacia dentro?... pero si el novio está fuera. Dentro no encontrarás nada. No puedes ir de compras. Simplemente te ahogarás en la nada.

Y ese ahogarse en la nada da miedo. Pero ese es el problema: ese miedo solo existe porque no conoces la belleza, la bendición y la dicha de ahogarse en la nada, porque no conoces el éxtasis que se produce cuando caes adentro. Tienes que probarlo.

No quiero que creas, quiero que experimentes.

Si miles de místicos han experimentado algo dentro, al menos de forma hipotética, también tú puedes echarle un vistazo. Puede que haya algo y te lo estés perdiendo.

No hay lugar para el miedo, lo único que se necesita es un poco de inteligencia —no amistad con el miedo—, un corazón aventurero, el valor de los que se atreven a entrar en lo desconocido. Ellos son los bienaventurados, porque descubren el significado y el sentido de la vida. Los demás solo vegetan; solo ellos viven.

Un francés, un judío y un polaco entraban en prisión con una pena de treinta años. El guardia de la cárcel les dijo que les concedería un deseo a cada uno.

«Una mujer», pidió el francés.

«Un teléfono», dijo el judío.

«Un cigarrillo», dijo el polaco.

Treinta años después el francés sale con la mujer y diez hijos.

El judío sale con diez mil dólares que ha sacado durante este tiempo en comisiones.

El polaco sale y dice: «¿Alguien tiene fuego?».

¡No seas polaco! Treinta años son el cigarrillo en la mano, esperando: «Cuando la puerta se abra, le pediré fuego a alguien...».

Lo primero es un poco de inteligencia, un poco de sentido del humor, un poco de corazón amoroso; es todo lo que necesitas para entrar en tu propio ser. Las personas serias se quedan fuera con sus largas caras inglesas.

Un inglés se apeó de un tren. Su mujer le esperaba fuera en el coche para llevarlo a casa. Le preguntó: «¿Qué ha ocurrido? Tienes un aspecto muy pálido».

Él le dijo: «No preguntes. Un viaje tan largo y he tenido que ir sentado en dirección opuesta a la marcha, que es algo que siempre me sienta muy mal. Si me siento de cara al sentido de la marcha no hay ningún problema; pero si no, me pongo fatal».

La mujer le dijo: «Podías haberle dicho a alguien: "Tengo este problema, ¿podría cambiarme el asiento?"».

Él le contestó: «Yo también pensé en ello, pero en el asiento de enfrente no había nadie. ¿A quién preguntar? Y sin permiso...».

Una señora de unos cuarenta años, su hija de unos veinte años, un cura y un soldado viajaban en el mismo compartimiento del tren.

Al pasar por un túnel, en la oscuridad, se oyó un beso y una bofetada.

Cuando el tren salió del túnel, la madre pensó: «el soldado debe de haberle dado un beso a la niña y, como es tan recatada, le ha dado un bofetón».

La hija pensó: «El cura o el soldado debe de haberle dado un beso a mi madre, que todavía está de muy buen ver, y le ha dado un bofetón».

El cura pensó: «El soldado debe de haberle dado un beso a la madre o a la hija, estas se han debido de equivocar, y vaya bofetón que me he llevado».

Y el soldado pensó: «En el próximo túnel me vuelvo a besar la mano y le suelto otra ostia al cura».

Un poco de sentido del humor, un poco de risa, de inocencia infantil; ¿por qué tener miedo? ¿Qué puedes perder? No tenemos nada. Hemos venido sin nada y nos iremos sin nada. Antes de que eso ocurra, una pequeña aventura hacia dentro para ver quién es este individuo que se esconde tras la vestimenta, dentro del esqueleto; quién es esta persona que nace, se hace adulta, se enamora y, un día, muere y nadie sabe adónde va...

Un poco de curiosidad para investigar el propio ser de uno. Es muy natural; no hay lugar para el miedo.

Osho,
Algunas veces, sentado contigo en tu discurso, todo en mi interior se queda tan ralajado, tan en silencio que mi mente deja de tener pensamientos, y aunque escucho el sonido de tu voz, las palabras dejan de tener sentido. No obstante, este estado carece de cierta alerta, como si cuando la mente se quedara en silencio, yo me quedara inconsciente.
¿Tienes algún despertador para mi testigo?

¿Para qué crees que cuento chistes? Sé que os vais a quedar dormidos. Si hablo de la gran teología, disfrutaríais de una buena tarde, pero no os dejo disfrutar. Mis chistes son el despertador. Con tanta gente riendo, ¿cómo vas a relajarte y quedarte dormido? ¡Imposible!

Tengo que contar esos chistes; de lo contrario, yo también me puedo quedar dormido... ¡porque vosotros sois muchos y yo estoy solo! Pensadlo.

Ahora, antes de que me quede dormido...

Una pareja se casa y pronto establece una rutina cotidiana que incluye tener sexo todas las noches a las nueve y cuarto.

Después de unas cuantas semanas así, la mujer agarra un resfriado y le ponen una inyección que mata todos los gérmenes en su cuerpo menos tres.

El trío de gérmenes supervivientes convoca una reunión de emergencia para buscar una forma de huir.

«Yo me estoy trasladando a la punta de la oreja —dice el primer germen—. ¡Esa inyección nunca me alcanzará ahí arriba!»

El segundo germen dice: «¡Yo me voy a la punta del dedo gordo del pie!».

«Vosotros podéis hacer lo que queráis» —dice el tercero—, pero yo, cuando llegue el empujador de las nueve y cuarto, ¡pienso subirme en él!»

8. Mantener la mesura

Osho,
Nosotros, los pobres griegos modernos no sabemos cuál era la ver-
dadera religión de nuestros ancestros. Las respuestas de los lla-
mados eruditos son muy confusas por la rica mitología de los
poetas. De cualquier modo, en el templo original de Delfos solo ha-
bía tres recomendaciones grabadas: Sé, conócete a ti mismo,
mantén la mesura.
Osho, ¿podrías revelarnos cómo esos tres misteriosos preceptos
—que incluyen la meditación, la conciencia de uno mismo, etcé-
tera, pero no a Dios— podían constituir toda una religión acepta-
ble para hombres como Sócrates, Heráclito y Diógenes?

Grecia no perdió su época dorada por los eruditos en mitología o en
la imaginación poética; perdió su época dorada el día que decidió envenenar a Sócrates. Aniquiló su propia expresión máxima de
espíritu.

Con la muerte de Sócrates se inicia el declive de una civilización extraordinariamente hermosa y grande que dio al mundo personas como Pitágoras, Heráclito, Epicuro, Platón y muchos otros.
Toda la civilización occidental le debe su origen al genio griego.

Para entender por qué se empobreció —no solo desde un punto de vista exterior sino también interior—, tienes que saber que

cuando una civilización mata a un hombre como Sócrates, mata la propia civilización.

La muerte de Sócrates debe ser entendida porque si no la entendemos, Grecia y su inteligencia no podrán regresar al esplendor que ya ha conocido.

La democracia nació en Grecia pero desafortunadamente no hemos sido capaces, hasta ahora, de tolerar o perdonar a los gigantes entre nosotros. Su mera presencia se convierte en una profunda herida en nuestro ser. En lugar de convertirse en un desafío, en una gran invitación a un peregrinaje a las alturas de la conciencia, se convierte en una herida. Y es muy difícil vivir con esa herida. Hay que hacer algo, y lo más fácil es acabar con el hombre que te hace sentir pequeño.

El genio de Sócrates o Diógenes deja al hombre normal a un nivel muy inferior. Pero hay dos formas de afrontar esta situación; una de ellas nunca se ha utilizado, y es la siguiente: es que la presencia de Sócrates o Pitágoras se convierta en la certeza de que «lo que le puede ocurrir a otro hombre también me puede ocurrir a mí. En sus alturas están mis alturas, ocultas dentro. En su libertad están las semillas de mi libertad. En su cielo, las estrellas se han vuelto luminosas; solo necesito un pequeño esfuerzo para que mis noches también estén llenas de estrellas». Su presencia debería convertirse en la garantía del potencial humano, del crecimiento humano, de las posibilidades que normalmente parecen muy lejanas.

Pero si Sócrates puede tocar esas estrellas, en sus manos también están ocultas las nuestras, porque no existen dos seres humanos esencialmente distintos. Todas las diferencias no son esenciales; el hombre intrínseco es uno y el mismo. Pero este camino no ha sido elegido, porque es difícil, porque habría que probarlo viajando a las mismas alturas por el mismo camino solitario, para alcanzar la misma luz y la misma conciencia.

El hombre elige lo más fácil. No le importa si es lo más verdadero o no. Lo más fácil es eliminar a un hombre como Sócrates. Su eliminación acabará con la herida que provoca su presencia. Entonces, puedes ser feliz en tu normalidad, puedes regocijarte en tu retraso; entonces no hay nadie que pueda herir tu ego.

A Sócrates no le mataron por cometer ningún crimen. Su único delito fue alcanzar lo que está oculto en ti. Hizo realidad lo que en ti solo es un potencial; transformó la semilla en una flor gloriosa, danzando al sol y al viento. No puedes, las masas no pueden perdonar a un hombre así. Ofende a nuestro ego profundamente.

Y las masas son poderosas como muchedumbre. Los hombres como Sócrates están solos; son una mayoría de uno. La masa no pudo probar nada en contra de Sócrates. Aun así, le mataron envenenándolo. Fue grande incluso en su muerte, y aquellos que le mataron, incluso en vida, demostraron ser crueles, viles y mezquinos. Pero produjo una situación en la que ningún otro hombre intentaría convertirse en un Sócrates, porque si este significa ser envenenado por la masa, ¿por qué preocuparse? Estate tranquilo. No molestes o irrites a lo normal y mundano.

Una vez que esto se arraiga en la mente de la gente, los grandes genios empiezan a desaparecer. Poco a poco, un país como Grecia, que le había dado tantas flores a la humanidad, se volvió pobre en ambos sentidos. La pobreza exterior no es tan importante, porque puede corregirse fácilmente, pero la pobreza interior es muy difícil. No es fácil producir un Sócrates, un Heráclito o un Pitágoras. Hemos destruido la atmósfera en la que dichas rosas florecen. Al destruir esas flores, hemos destruido también la posibilidad de que otras rosas puedan florecer. ¿Qué sentido tiene si vas a recibir este tipo de tratamiento?

Un misionero cristiano —un gran pensador, Stanley Jones— solía venir a la India. Nos hicimos muy amigos por casualidad, porque la iglesia en la que solía predicar estaba cerca de mi casa. Una vez, le dije: «Jesús prometió regresar muy pronto. Ya ha pasado mucho tiempo. No puedes estirar "muy pronto" hasta ese punto; ¡un o dos años, pero no dos mil!».

Él me dijo: «Nunca lo había pensado».

Pero le dije: «Yo sí lo he pensado: ¡no vendrá nunca!».

Él me preguntó: «¿En qué te basas para decir eso?».

Le dije: «Si es inteligente, con una experiencia es suficiente. ¿Qué le habéis dado al hombre? Crucifixión. ¿Y todavía esperas que regrese?».

No solo ha ocurrido en Grecia, ha sucedido en casi todo el mundo. Judea no ha sido capaz de producir otro hombre de la calidad de Jesús, tampoco Arabia ha sido capaz de producir otro hombre de la calidad de Al-Hillaj Mansoor... Algo similar, de maneras distintas en diferentes países, ha producido una pobreza espiritual.

En la India no crucificamos a Gautam Buda pero le hemos destruido de una forma más sofisticada, mucho más astuta; y es normal que sea así porque la India es una tierra mucho más antigua que Grecia; existe desde hace diez mil años por lo menos.

Gautam Buda y Sócrates eran contemporáneos, pero antes de Sócrates hay un vacío en Grecia. Había sofistas, pero estos no son buscadores de la verdad. No existe ni una sola figura comparable a Sócrates. Grecia alcanzó su pubertad con Sócrates; y murió joven con Sócrates. Podría haber llegado mucho más lejos.

Gautam Buda no era el primero de la línea sino el último. Sócrates era el primero de la línea. Gautam Buda no era nuevo en la India; habían existido Krisna, Adinatha, Neminatha, Rama, Parasuram, Yagnavalkya... y la historia se remonta hasta hace diez mil años. Un país mucho más sofisticado, naturalmente. No mató a Gautam Buda envenenándolo, sino de un modo mucho más sutil.

Las escrituras indias dicen —y puedes verlo— que en la India ha desaparecido por completo la influencia de Gautam Buda. Toda Asia acusó la influencia de Gautam Buda; países lejanos como

Corea, Taiwán, China, Mongolia, Japón, Sri Lanka y Birmania. Excepto la India, el resto de Asia se hizo budista. ¿Qué ocurrió en la India?

El budismo desapareció de la India como si Buda nunca hubiera nacido allí. El sacerdote hindú es mucho más astuto que las masas que crucificaron a Jesús y las que decidieron envenenar a Sócrates. El sacerdote hindú es mucho más antiguo, mucho más astuto, mucho más listo; sabe que si matas a alguien, quedarán simpatizantes. Entonces, existe la posibilidad de que se consolide una religión por el hecho de haber matado a su fundador.

El cristianismo no fue fundado por Jesús sino por la cruz; de ahí que yo siempre lo haya llamado *crucianismo*. No tiene nada que ver con Jesús. Si los judíos hubiesen sido un poco más sofisticados, como lo eran los hindúes, habrían tolerado a Jesús. No hacía ningún daño. Aunque dijese que era el hijo único de Dios, ¿qué daño hacía? Dejad que lo crea. Lo único que necesita es un poco de atención psiquiátrica. Pero no se puede decir que la crucifixión sea una atención psiquiátrica.

Los sacerdotes hindúes escribieron que Dios creó el mundo —creó el cielo y el infierno— y puso al Diablo a cargo del infierno, pero pasaron millones de años y nadie había ido al infierno porque nadie cometía ningún pecado. El Diablo se hartó. Fue a ver a Dios y le dijo: «¡Dimito! ¿Qué tipo de trabajo es este? Llevo millones de años esperando… No ha llegado ni un alma. Puedes nombrar a otro».

Dios le dijo: «No te preocupes. Regresa. Lo arreglaré para que empiece a ir gente al infierno. Naceré como Gautam Buda en la India y corromperé la mente de la gente y empezarán a desviarse de la auténtica religión, la hindú. Luego, no me vengas con quejas. Estarás atestado y tendrás que controlarlo».

Desde entonces, el Diablo es muy feliz; su imperio ha seguido creciendo. Todos los budistas que han desaparecido de la India están en el infierno. Y esa fue su estrategia: Gautam fue condenado por los hindúes exactamente en los mismos términos, pero de una forma muy astuta.

Sócrates fue condenado con la excusa de que estaba corrompiendo a la juventud; con Gautam Buda ocurrió lo mismo, pero fue suficiente con extender la idea: «Es un dios, así que puedes adorarlo. Pero recuerda, no te dejes influenciar por él, no le sigas».

Es un dios; los hindúes le han aceptado como una de las reencarnaciones de Dios, pero su reencarnación es para «corromper a la gente para que el Diablo esté contento». ¿Te das cuenta de la sofisticación? No niegan la divinidad de Gautam Buda, pero niegan su filosofía, su religión. Dicen que todo es corrupción, para desviar a la gente de la virtud.

Es un hecho curioso que los hindúes hayan tenido mucho más éxito destruyendo a Gautam Buda que los judíos con Jesús, o que la gente que mató a Sócrates. Ellos fracasaron.

Tan solo trecientos años después de la muerte de Buda, vino una época...

Trescientos años después, Alejandro Magno fue de Grecia a la India. Su maestro era Aristóteles, uno de los discípulos de Platón, quien, a su vez, fue discípulo de Sócrates. Y le sorprendió que el budismo hubiera desaparecido casi por completo. Los budistas eran eliminados o convertidos o expulsados del país.

Incluso en Bodhgaya —el lugar donde Gautam Buda iluminó, en el templo que construyeron sus seguidores para conmemorarlo—, el sacerdote es un brahmin porque no encontraron ningún budista, ni para ser el sacerdote del templo.

Yo he estado en el templo. Le pregunté al sacerdote, el sacerdote actual cuya familia lleva allí muchas generaciones. Esta había comprado las tierras y el templo en el que Gautam Buda meditaba, el lugar donde se iluminó, donde solía pasear. Todos los lugares están ocupados por brahmines, y lleva siendo así dieciocho siglos. No podrías ni litigar legalmente. Y están *en contra* de Gautam Buda. No creen en su filosofía, pero adoran a Gautam Buda por ser un dios hindú que ayuda al diablo a poblar el infierno. Es un dios, pero su filosofía es absolutamente incorrecta y su religión es una corrupción. Nadie más en el mundo ha matado una gran filosofía como la de Gautam Buda de una forma tan sutil y sofisticada.

En todo el mundo el hombre se ha establecido en una especie de estado mental retrasado y mediocre. Ahora no surgen Gautam Budas, ahora ya no se oye a Sócrates. Con la desaparición del mundo de estas personas, nos hemos vuelto muy pobres, nos hemos olvidado por completo de nuestro más íntimo ser. Y esta situación ha ayudado a los sacerdotes; que es la profesión más corrupta y taimada del mundo; explota a las personas.

Tu pregunta es muy significativa. Dices que en el antiguo templo original de Delfos solo había tres recomendaciones grabadas: *Sé, conócete a ti mismo, mantén la mesura*. No se menciona a Dios, no se menciona el cielo y el infierno, no se mencionan la adoración ni la oración.

De hecho, dentro de estas tres palabras cabe toda la religión. Todo lo demás es basura insustancial que los sacerdotes han impuesto. La basura se ha acumulado hasta tal punto que lo auténtico se ha perdido totalmente. Una simple palabra, *sé*, contiene toda la religión. Las otras dos son explicaciones.

Tú *eres*; hasta ahí, es cierto. *Ser* es cierto; pero quién eres, para eso tendrás que emprender un viaje interno. De ahí, la segunda frase: *Conócete a ti mismo*.

Y la tercera frase es de una inmensa importancia: *Mantén la mesura*. Desafortunadamente, nadie ha sido capaz de mantener la mesura. De hecho, a los llamados eruditos les resultar muy difícil entender el significado exacto. ¿Por qué mantener la mesura?

¿Para qué? Una extraña declaración; sé, conócete a ti mismo, mantén la mesura. Tendrás que mirar…

Tú eres y el mundo es. Tienes un universo que pertenece a tu ser interior y otro exterior a ti. Mantén la mesura significa: recuerda que el introvertido ha perdido la mesura, ha olvidado el equilibrio; el extrovertido también se ha perdido. Occidente ha perdido el equilibrio porque solo es extrovertido; solo piensa en la verdad objetiva; la realidad que está al alcance de la ciencia. Y Oriente ha perdido la mesura porque solo piensa en su propio mundo interior; el exterior es condenado como ilusorio, *maya*. No existe, solo es aparente. No te preocupes por las apariencias.

Oriente se ha decidido por lo interior y Occidente se ha decidido por lo exterior. Ambos han olvidado lo que había grabado en el templo de Delfos: «mantén la mesura»; una frase con un significado enorme.

Tú *eres*, pero si no sabes *quién* eres, eso no significa mucho, no es muy importante. El entendimiento, la conciencia de que eres —sabiendo solamente eso, que «yo soy»— no es suficiente. No es mucho saber. Tienes que entrar en tu ser interior para explorar la inmensa felicidad, paz, silencio y tu divinidad, tu deidad. Pero no te pierdas en lo interior. Lo exterior también es divino, lo exterior también es inmensamente útil.

Ciencia y religión… a no ser que se unan, producirán algún tipo de pobreza. Occidente es pobre espiritualmente. Puede tener inmensas riquezas y todo tipo de tecnología y de comodidades, pero ¿para qué? La casa está completamente llena de cosas pero el casero está del todo perdido.

No sabes quién eres.

Y si insistes en «¿Quién eres tú?», pensarás que estás haciendo una pregunta importante. Los otros pensarán: «Pareces tonto. Yo soy médico. Yo soy ingeniero. Yo soy ejecutivo… ¿Qué más quieres saber de mí? ¿Mi familia, el nombre de mi padre, mi nombre; ¿qué más?».

Y, ciertamente, tú no eres tu nombre; solo es una etiqueta; útil. Tú no eres simplemente tu profesión, tú no eres tu empleo, y tampoco eres tu riqueza. Tú no eres tus conocimientos. Entonces ¿quién eres?

Esta simple palabra, *sé*, contiene todo el arte de la meditación. Significa estar en silencio sin ningún pensamiento, simplemente sumergiéndote en tu propia conciencia, más y más profundamente, hasta que llegas al propio centro. Y tiene que ser tu propia experiencia, no puedes tomarla prestada. Sin saberlo, seguirás siendo pobre. Tendrás muchas cosas, pero no te tendrás a ti mismo.

Conocerse a uno mismo es la única forma de experimentar el significado y la importancia de la existencia.

Ahora, en Occidente, hay filósofos contemporáneos, existencialistas, que insisten en que no hay ningún sentido, ningún significado; el hombre es accidental, no tiene esencia. Esa gente es muy influyente hoy día. De hecho, es la única escuela contemporánea en Occidente. Ellos representan todo el genio de Occidente. Su conclusión solo puede ser el suicidio. Si la vida no tiene sentido, si la vida tan solo es un accidente, ¿por qué sufrir? ¿Por qué ser desdichado? ¿Por qué ser viejo y estar enfermo y por qué entrar innecesariamente en ansiedades, deseos, angustia? No tiene sentido.

Según el existencialismo, no eres necesario, te estás obligando innecesariamente a ti mismo. Eres como los hongos: creces existencialmente, de forma accidental, porque una nube ha descargado su agua; pero no eres necesario. No sirves a ningún propósito. La existencia está perfectamente feliz sin ti. Las estrellas no te echarán de menos. ¿Acaso crees que te echarán de menos? No, los existencialistas dicen que todo continuará tal como está. No se te echará de menos, porque eres innecesario.

Uno se pregunta: ¿por qué personas como Jean-Paul Sartre, Jaspers, Heidegger... no se suicidaron? Quizá la única razón sea que suicidarse también carece de sentido. Así que sigue arrastrándote, y a donde sea que vayas, cualquiera que sea la dirección que tomes, llegarás a la tumba, así que ¿qué prisa hay? ¿Por qué cavar tu propia tumba? Ya lo hará otro.

Occidente ha perdido todo contacto con el ser interior y Oriente es pobre, hay hambre, desnutrición, porque ha perdido... Recuerda, la tercera recomendación grabada en el templo de Delfos: «Mantén la mesura». Permanece en equilibrio. Lo exterior y lo interior deberían ser como dos alas: con una sola ala no puedes volar por el cielo como un águila; necesitas ambas alas.

La ciencia sola conducirá a la humanidad al suicidio, y la religión la llevará al mismo final: suicidio, inanición. Eso supone olvidar el inmenso, el importante equilibrio: mantén la mesura.

Estas tres palabras son suficientes.

En tu pregunta dices: «¿Cómo esos tres misteriosos preceptos —que incluyen la meditación, la conciencia de uno mismo, etcétera, pero no a Dios— podrían constituir toda una religión?».

Dios no es necesario para ninguna religión; dios es necesario para el clero. Dios no tiene nada que ver con la religión. El budismo no tiene Dios, el jainismo no tiene Dios; ya existen religiones que no tienen Dios.

Yo no veo ninguna razón. Si eres honrado, sincero, meditativo, alerta y te conoces a ti mismo; si conoces la belleza de tu ser, la inmortalidad de tu alma, la eternidad de tu existencia, Dios nunca se cruza en tu camino. Nadie se ha encontrado jamás con Dios.

En esos tres preceptos, «Sé, conócete a ti mismo, mantén la mesura», no se menciona a Dios porque no se le necesita en absoluto. Es una hipótesis innecesaria; no solo innecesaria, sino también nociva. En el nombre de Dios, tanta crueldad, tanta violencia, tantas cruzadas: Los musulmanes han atacado a los cristianos, los cristianos han atacado a los judíos, los musulmanes han atacado a los hindúes, los hindúes han atacado a los budistas. ¿Por qué razón? La razón es que sus hipótesis de Dios eran diferentes. Los cleros de todas las religiones del mundo han mostrado ese comportamiento tan extraño, pero todo es posible en el nombre de Dios.

Dios es una creación del sacerdote para explotarte. Dios no tiene nada que ver con la religión. Y la inscripción en el templo de Delfos es absoluta en esos tres puntos. La religión está completa. Todo lo demás son comentarios.

Sé auténtico, sincero y tú mismo; nadie más, no una personalidad sino un individualidad; no vayas con una máscara sino con tu propia cara. Sé, y conócete a ti mismo. Averigua de qué está hecho tu mundo interior. Está hecho de eternidad, está hecho de felicidad, está hecho de éxtasis. Te convierte en la persona más rica del mundo. Está hecho de inteligencia, pureza, amor, compasión; todo lo que es grande. Pero no te ayudará a hacerte rico en el exterior. No creará un palacio de mármol para que te conozcas a ti mismo. Eso es lo que significa «mantén la medida».

Y no hay conflicto, no hay contradicción. Puedes ser meditativo y creativo a la vez. En realidad, puedes ser más creativo por ser meditativo. Si tus propias raíces han profundizado en tu ser, puedes crear mucho más en el exterior.

En estos tres preceptos está contenida toda la religiosidad.

Osho,
¿Es mejor seguir siempre al corazón o, de vez en cuando, debería ser una mente clara quien decida qué hay que hacer? ¿Qué debo hacer cuando quieren ir en direcciones opuestas?

Tu pregunta es hilarante; ¡para decir lo mínimo! Deja que vayan por su camino. ¿Por qué deberías preocuparte?

La mente va en una dirección; el corazón va en otra. No tienes por qué interferir, no es asunto tuyo. Simplemente mantente como testigo y observa lo que esos muchachos están haciendo.

La causa de tu problema es la no comprensión del secreto de la conciencia.

Tú no eres ni el corazón ni la mente.

Eres una pura conciencia tras ellos. Y, a no ser que te identifiques con ellos, no pueden ir a ninguna parte; no tienen energía propia.

Me preguntas: «¿Es mejor seguir siempre al corazón?». Lo que yo he estado enseñando es que tu corazón, tu cuerpo, tu mente deberían seguirte a *ti*. Siempre acabamos malinterpretándolo.

Tú no tienes que ser un seguidor de nada; simplemente tienes que ser un testigo. Observar cómo la mente va en una dirección y el corazón en otra es una gran experiencia. La experiencia de que no eres ninguno de ellos. Tú puedes mantenerte por encima y ellos no pueden ir muy lejos. Se necesitan entre sí y, últimamente, necesitan tu energía, porque tú eres vida, ellos solo son instrumentos.

Tu pregunta es algo así: mi mano izquierda quiere ir para un lado y mi mano derecha para el otro; ¿qué se supone que debo hacer? Por supuesto, seguir a la derecha siempre es bueno. ¡La derecha es la recta y la izquierda la incorrecta!

No seguir es el secreto de la libertad, y una vez que tu corazón y tu mente saben que no eres la clase de hombre que va a seguirlos, dejarán de pelearse, dejarán de moverse, porque no tienen ninguna energía. La energía procede de ti y les llega porque estás identificado con ellos, pero toda identificación es incorrecta.

Me recuerdas a una señorita que lleva algún tiempo haciendo terapia sin hallar una gran mejora en su, generalmente, deprimido y confuso estado. Finalmente, dijo a su terapeuta que se iba a Grecia de vacaciones durante unas semanas. Algún tiempo después, el psiquiatra recibió una postal suya que decía: «Me lo estoy pasando muy bien pero *¿por qué?*».

Ni siquiera puedes pasártelo bien sin preguntar por qué; y eso anula todo tu gozo. Las preguntas son una perturbación. Ninguna pregunta tiene importancia alguna. Simplemente observar qué está ocurriendo a tu alrededor —en la mente, en el corazón— y mantenerte distante no solo responderá a esa pregunta, responderá a todas tus preguntas. ¡Pero a la mente le encanta preguntar!

Estás diciendo que te sientes muy feliz siguiendo al corazón y sabes que siempre es lo mejor… ¿Quién te lo ha dicho? El corazón ha cometido tantos crímenes como la mente.

Cuando un musulmán destruye una estatua de un Gautam Buda, ¿crees que lo está haciendo desde la mente? Es su corazón. Cuando obliga a alguien a cambiar de religión para hacerse musulmán a punta de espada, ¿crees que está siguiendo su mente? Está siguiendo su corazón. Este tiene sus propios condicionamientos que son más profundos que los de la mente.

El corazón siempre ha sido alabado por la sencilla razón de que no se le da ninguna oportunidad; la mente juega el juego de la sociedad y la sociedad te prepara para que no escuches al corazón.

Pero los cristianos que mataban a musulmanes, y los musulmanes que mataban a cristianos —que es algo que todavía sigue ocurriendo— no se plantearon, ni por un instante, que lo que estaban haciendo era absolutamente inhumano y que no podía ser religioso. Si lo hubiese hecho la mente, se lo habría planteado, pero lo hizo, y el corazón no sabe de planteamientos. Sentían con absoluta certeza que si mataban a un hombre en una cruzada que ellos llamaron *jihad*, ese hombre iba directamente al paraíso. Y cuantas más personas mates, más te aseguras tu propio paraíso.

Esas no son cosas de la mente. Se han ido metiendo en el corazón, poco a poco han ido enraizándose a través de los siglos. La única diferencia es que la mente siempre se plantea si lo que estás haciendo está bien o mal. El corazón nunca se lo plantea. Por eso, todas las religiones quieren que te sometas, que tengas fe, que creas. Esas son las cualidades que se introducen en el corazón.

Yo no predico la mente. Para eso, hay miles de universidades. No predico el corazón porque sé que este puede provocar mayores crueldades que la mente. La mente, al menos, duda; el corazón cree ciegamente.

Predico conciencia de tu ser más allá de ambos, corazón y mente. Lo que yo digo es que si te desidentificas, se olvidarán de ir por un camino u otro. Y por primera vez tú serás el patrón y ellos tus sirvientes. Les puedes dar órdenes y ellos tendrán que obedecer, porque sin tu orden no recibirán ninguna nutrición.

En lo que respecta a tu problema, deja que ambos vayan por donde quieran. Simplemente, mantente centrado; por encima, alerta, no dejándote arrastrar e influenciar por ellos. Entonces, tu pureza de conciencia te conducirá a la pureza cósmica de la existencia. Esa es la única forma de fundirse con el todo. Todo lo demás es un ejercicio completamente inútil.

Tu silencio te llevará por el buen camino. Ni tu corazón ni tu mente conocen el silencio. Tu conciencia te llevará por la dirección correcta. Ni tu mente ni tu corazón saben cómo ser conscientes. Ambos están profundamente dormidos y todo lo que hagan acabará resultando estúpido y peligroso para ti mismo y para los demás.

Si se hiciese un recuento de todos los crímenes que se han cometido en el mundo, para tu sorpresa verías que todas las religiones son las causas fundamentales de esos crímenes. Predican amor y practican odio. Predican unidad y practican la discriminación. La historia religiosa del hombre es tan vil, tan horrible, que formar parte de cualquier religión demuestra que eres retrasado, que desconoces lo que esas religiones han hecho.

Un viejo ruso fue a Estados Unidos para visitar a sus parientes. En su camino a Texas, iba en un tren entre dos campesinos. Hizo un gesto de saludo con la cabeza pero los campesinos mantuvieron un silencio pétreo.

El viejo vio un periódico estadounidense sobre el asiento y lo cogió. Como había estado tomando clases los últimos meses, pudo leer casi toda la página, pero, de repente, se vuelve hacia uno de los campesinos y le dice con su acento ruso: «Usted parece un hombre inteligente. ¿Sería tan amable de decirme qué palabra es esta?».

El campesino hace un guiño a su amigo y, sin mirar el periódico, dice: «Esa palabra es "sífilis"».

El viejo le da las gracias y sigue leyendo. Unos minutos después se vuelve hacia el otro campesino y le dice: «Obviamente usted es un hombre educado. ¿Sería tan amable de decirme qué palabra es esta?».

El campesino sonríe, hace un guiño a su amigo e, ignorando el periódico, le dice: «Esa palabra es "gonorrea"».

«¿Sífilis y gonorrea? —Grita el viejo—. ¡Oh, Dios mío, pobre Ronald Reagan!»

No te tomes ningún problema, ningún asunto en serio. Si lo haces, los conviertes en importantes y te obligas a buscar la solución. Siempre que surja una pregunta en ti, estate en silencio y observa el surgir de la pregunta. Observa cómo se va condensando, observa cómo se va aclarando; pero sigue observando. Y te sorprenderá que, mientras estás observando sin implicarte, empieza a evaporarse. Pronto, solo queda un profundo silencio tras ella, ¡y este silencio es la respuesta!

Pero ¿qué hace la gente? Surge una pregunta en sus mentes; y hay miles de preguntas; necesitarías millones de vidas para encontrar las respuestas a todas ellas. Y, aun así, seguirías siendo ignorante, ilustradamente ignorante. Y la pregunta hace que empieces a preguntar a otros… quizá otro sepa la respuesta; eso te convierte en un mendigo. El conocimiento que tomas de los otros es prestado; no te servirá absolutamente de nada.

Hay una cosa, solo una, que ayuda.

Observa la pregunta y no te dejes arrastrar en ninguna dirección.

Estate en silencio y observa la pregunta y lo que le ocurre. Viene y se va; ninguna pregunta se queda. Es como una firma en el agua: no has acabado de escribirla y ya ha desaparecido.

La meditación es el arte de hacer que tus preguntas desaparezcan, no de aportarte ninguna respuesta. Esta traerá más preguntas; es algo que no tiene fin. La meditación te dejará en un espacio en el que no existen preguntas ni respuestas, sino solo una pureza, una simplicidad; el mismo que sentiste al nacer. Estabas vivo pero no había preguntas. Estabas completamente maravillado. Tus ojos brillaban por la visión de pequeñas cosas.

En una sociedad correcta —que yo sigo esperando sin esperanza— la inocencia de un niño no sería destruida. Y cuando disponemos de una inocencia casi oceánica a nuestro alrededor, su belleza y su experiencia son tan tremendas y tan fuertes que ¿a quién le importan las estúpidas preguntas? De hecho, nunca surgen.

Me viene a la memoria D. H. Lawrence, un hombre de este siglo a quien he amado mucho. Fue criticado desde todos los rincones; no tanto como lo soy yo, pero él preparó el camino. Una mañana iba paseando por un jardín con un niño pequeño, y el niño le preguntó: «Tío, ¿por qué son verdes los árboles?».

En lo que respecta al lenguaje, la pregunta es correcta, pero tú sabes que es estúpida, aunque no puedas decirlo. Si no se hubiese tratado de D. H. Lawrence, que era un hombre extremadamente sincero y auténtico… Cualquier otra persona ilustrada habría dicho al niño que los árboles son verdes por una determinada sustancia química, la clorofila.

Quizá, por un instante, el niño se habría quedado en silencio: clorofila… Pero, tarde o temprano, las preguntas han de surgir:

«¿Por qué tienen clorofila todos los árboles? ¿De dónde la sacan? ¿Qué sentido tiene que todos los árboles estén llenos de clorofila…?».

Pero D. H. Lawrence vio la inocencia en los ojos del niño y dijo: «Hijo mío, los árboles son sencillamente verdes». Y el niño se sintió muy feliz. Los árboles son verdes porque son verdes; no hay problema, y el niño pequeño lo entendió. ¿Qué le vas a hacer? Si los árboles son verdes, son verdes. Es su problema, no es nuestro problema; ¿por qué tendría que importarnos?

Pero según va creciendo el hombre y le van llenando con todo tipo de conocimiento e información con la excusa de estar educándolo, con la excusa de estar civilizándolo y cultivándolo, destruimos una inocencia de una extraordinaria belleza. No es necesario saber por qué son verdes los árboles… Ya está bien que *sean* verdes. Si deciden cambiar, es su problema; pueden hacerlo.

Pero, si te fijas en las preguntas de las personas, verás que todas ellas, sin ninguna excepción, son estúpidas. Aunque puede que diga que esta pregunta es muy interesante, ya sabes que soy un hombre contradictorio. Eso a mí no me preocupa, ¿por qué iba a preocuparte a ti? Soy controvertido. Eso nunca me ha preocupado, le ha preocupado a todo el mundo. ¡Extraño! Estos son *mis* problemas y yo no los considero problemas. Ellos son mi individualidad única. ¿Por qué tendría que preocuparte a ti? Y la gente se pone triste…

Tan solo hace unos días, una de mis secretarias me trajo noticias de un sannyasin que ha dejado sannyas porque «Osho dice muchas cosas que no están en la Biblia». No estoy hablando de la Biblia. Me importa un bledo la Biblia. Pero, en el fondo, debía de estar esperando que sus creencias fueran confirmadas, bendecidas: «Estás en lo cierto y la Biblia es correcta». Y lo más extraño es que, antes de eso, ¡no había leído la Biblia!

Tomó sannyas pensando que yo hablaba de la Biblia. Le impresionó, y se metió en ese libro absolutamente aburrido. Ningún hombre inteligente puede leerlo desde la primera a la última página; nadie lo hace. ¿Y cuál es el problema? ¿Por qué debería hablar de las cosas de la Biblia? En lugar de dejar la Biblia, dejó sannyas. Así funciona el condicionamiento.

Tres monjas misioneras iban caminando por la calle y una de ellas estaba describiendo con sus manos los enormes pomelos que había visto en África. La segunda, también con las manos, describió las enormes bananas que había visto en la India. La tercera monja, un poco sorda, preguntó: «¿El padre qué?».

Extrañas preguntas; nada que ver con tu propio ser y su crecimiento. Pero la gente lo sigue haciendo durante toda su vida, se convierten en enciclopedias andantes. Lo saben todo, pero, en lo profundo, en el centro, todavía está la misma inocencia con la que nacieron. No es ilustrada, no es ignorante; es simplemente inocente.

Y ser completamente inocente es el único propósito de todas las meditaciones, particularmente aquí. Os permito hacer peguntas para destruirlas todo lo que puedo.

Osho,
Hasta donde llegan mis recuerdos de mi primera infancia, sentía intensamente que todo era demasiado complicado. Desde que te conocí, las cosas, poco a poco, han empezado a ser cada vez más simples. Para mí, eso es un milagro por el que siempre estaré agradecido.
Ser simple es muy importante para mí. Por favor, ¿podrías hablar de la simplicidad?

El mundo es como tú eres. Si tú eres complicado, es complicado. Si tú eres simple, es muy simple. En otras palabras, tú eres el mundo.

La mente lo complica todo. Incluso la cosa más simple se vuelve complicada por la sencilla razón de que la función de la mente es luchar contra las complejidades y conquistar tierras que ella misma ha proyectado.

Pero, para el corazón, todo es simple. Simplemente toma el mundo tal como es. Y si profundizas un poco más, para el ser, incluso la palabra «simplicidad» es demasiado complicada. Las cosas son como son. Y, en esta experiencia, la existencia se convierte en tu hogar; no en una lucha por resolver problemas, no en una tormenta de emociones, sino en un lugar para descansar y relajarse y dejar que las cosas sean como son.

Así que tú tienes un sistema de tres niveles en tu ser. El que ocupa la parte superior es la mente, que solo está interesada en complejidades. Si se encuentra con Dios, no estará interesada en absoluto porque, como Dios no existe, no hay posibilidades de encontrarse con él. La mente lleva siglos complicando, fabricando, teorizando filosofías acerca de uno que, en primer lugar, no existe.

La mente crea la idea de Dios y luego empieza a investigar qué es Dios. Y, naturalmente, como no puedes encontrar a Dios, cada vez se vuelve más complejo; tienes que desarrollar sistemas de creencias. Dios ha sido el centro de todas las teologías, de todas las religiones, y miles de eruditos están interesados en Dios.

El segundo nivel, el del corazón, no proyecta nada, simplemente acepta las cosas tal como son. Pero un hombre del corazón no es aceptable para la sociedad. Es demasiado simple, casi un simplón. La complejidad y la simplicidad del mundo y los problemas que causan nunca han llegado a las raíces fundamentales de tu ser. Allí hay un completo silencio; no hay problema alguno.

Las cosas son muy hermosas y el mundo está lleno de música, canciones, diversión. Pero solo se abre a las personas que se han centrado en su ser.

Dices: «Desde que te conocí, las cosas, poco a poco, han empezado a ser cada vez más simples. Para mí, eso es un milagro por el que siempre estaré agradecido». Estar conmigo es, en realidad, estar contigo mismo. Estando sinceramente conmigo, estás contigo mismo. Has tocado el mundo del ser; y solo con *ser* es suficiente. Estos pájaros que están cantando… Y fíjate en lo dichosos que están los árboles disfrutando de los primeros rayos de sol de la mañana… No parece que haya ningún problema. Pero la mente no puede vivir sin problemas y es incapaz de aceptar fácilmente la jubilación; se resiste. Por eso, puede ocurrir en un instante, está ocurriendo poco a poco.

O eres simple o no lo eres. No hay escalas para medir si uno es un poco más simple que otro… La simplicidad no pertenece al mundo de las escalas, de las medidas. Es una cualidad, y no tienes que hacer nada para ser simple. Esa es una de las cosas más importantes a recordar. Millones de personas religiosas han intentado ser simples, pero cuando intentas ser simple, tu propia simplicidad se vuelve terriblemente compleja. La simplicidad forzada no es auténtica. La simplicidad debe ser espontánea, por el entendimiento y no por el esfuerzo; por la meditación, no por la acción. Simplemente tienes que entender que la mente padece la enfermedad de hacer las cosas complejas.

Un filósofo alemán, Emmanuel Kant, fue abordado por una hermosa y joven señorita. Esta había esperado mucho tiempo, pero él nunca miraba acá y allá. Simplemente, iba directo de su casa a la universidad. Funcionaba casi como un robot. La gente solía poner sus relojes en hora al ver pasar a Immanuel Kant de camino a la universidad. Y cuando regresaba confirmaba la hora.

La muchacha, haciendo acopio de valor, le dijo que le amaba. Le impresionó que alguien le amara; se estaba convirtiendo en una situación peligrosa. Su respuesta fue: «Me lo pensaré».

Ella le dijo: «No, realmente le amo».

Él le dijo: «puedes amar; ese es tu problema…».

«…y quiero casarme con usted.»

Él le dijo: «Es un problema muy complicado. En primer lugar, tengo que averiguar todos los pros y los contras del matrimonio (los beneficios y los problemas) y sopesarlos. Y, a no ser que llegue a la conclusión de que estar casado es mejor, tendrás que perdonarme».

Y trabajó con ahínco, buscó en enciclopedias, poesía, historias de amor. Luego, dijo: «Dios mío, en qué lío me estoy metiendo. He gastado todo mi tiempo en investigar y todavía no me he casado». En tres años, reunió trescientos puntos a favor del matrimonio y trescientos puntos en contra.

Un amigo le dijo «Tendrías que entender una cosa: esta agonía intelectual que estás sufriendo, sin tan siquiera haberte casado, en tres años has podido catar su verdadero sabor. Te sugiero una cosa más: siempre que el dilema sea experimentar una cosa o no experimentarla, es mejor experimentar. Eso te hará más natural».

Hasta ahora, la lista estaba igualada. Y el amigo le dijo: «No tengas miedo. El mundo está lleno de gente casada».

Él dijo: «De acuerdo, si todos lo decís, y dado que los puntos están igualados, iré…». Y llamó a la puerta de la casa de la muchacha.

Salió su padre y le dijo: «Ha llegado un poco tarde. Mi hija se ha casado hace tres años. Ya tiene dos hijos. Tendrá que buscarse a otra».

Él contestó: «No, no quiero buscarme a otra. Me siento liberado de una carga. Estos tres años han sido un gran tormento para mí. Es suficiente experiencia».

La mente solo piensa en cosas. «¿Qué ocurrirá después de la muerte?» ¿Por qué no puedes esperar? Una cosa es segura: te morirás; ¡te lo garantizo! Cómo prefieras morir es otra cuestión, pero existen libros y libros acerca de la muerte y de lo que ocurrirá después de ella. En la India la gente tenía una orientación más filosófica, no ahora, pero hace veinticinco siglos…

En los tiempos de mayor esplendor de Gautam Buda, incluso empezaron a pensar en lo que había ocurrido antes del mundo. Normalmente, nadie se preocupa. ¿Alguna vez te has preocupado de dónde estabas y qué ocurría antes de que nacieras? El problema, simplemente, no surge. Y una vez que han creado el sistema de creencias de que ocurría algo antes de nacer, toda la filosofía de la reencarnación… y la filosofía es muy compleja; existen diferentes interpretaciones.

El día que murió Gautam Buda, sus seguidores se dividieron en treinta y dos escuelas por cosas insignificantes: cuántos infiernos hay… Eso solo son juegos mentales. Tú no has estado en ningún infierno ni has conocido a nadie que haya estado.

Los jainistas creen que existen tres infiernos; un simple cálculo mental porque existen pecadores de tiempo corto que beben té y comen por la noche, y fuman de vez en cuando. ¡Pecados veniales…! Hay que darles algún lugar. Así que el primer nivel es el de los pecadores veniales. Luego hay pecadores de mayor envergadura que roban, asesinan, se suicidan y cosas así. Y el tercero es especial para los grandes pecadores: Adolf Hitler, Benito Mussolini, Ronald Reagan. Las categorías son absolutamente necesarias para que la mente pueda entenderlo. Y nadie se preocupa de si existe o no algún infierno. Y, paralelamente, hay tres paraísos, para equilibrar.

Los budistas creen que existen siete infiernos porque hay tantos pecados que no pueden dividirse solo en tres categorías. Y los seguidores de Buda pensaron: «Nuestro enfoque es mucho más científico; vosotros solo tenéis tres infiernos…».

Había un hombre que debía de tener un gran sentido del humor; se llamaba Makkhali Gosal. Era uno de los teólogos que competían. Dijo: «Toda esa gente que está hablando no sabe nada. Existen setenta y siete infiernos». Los pecados deben ser clasificados de un modo más matemático, más adecuado, y este solo es un ejemplo. La mente ha estado creando todo tipo de problemas inexistentes, pero una vez que los ha creado, se vuelven muy complicados; y todas las respuestas traen consigo nuevas preguntas.

En la Edad Media, todos los teólogos cristianos estaban implicados en una discusión especial —creerás que eran todos idiotas—: ¡¿Cuántos ángeles pueden caber de pie en la punta de un alfiler?! ¿Qué importará…? Es su problema, cuántos pueden caber de pie en la punta de un alfiler. En primer lugar, ¿por qué iban a hacerlo? ¿No tienen nada mejor en lo que entretenerse? Pero el problema era demostrar la ingravidez de los ángeles, y distintas teologías daban diferentes respuestas; y entraban en conflicto.

Todo el mundo ha vivido en controversias que deben ser entendidas como una creación de la mente. La mente disfruta mucho. Si no existen problemas y la vida es simple, no hay trabajo para la mente. La mente se va al paro.

El corazón no proyecta problemas, pero se queda atrapado en una pequeña red de cosas, celos, ira, amor, y les da mucha importancia. No son problemas teológicos, tampoco resultan muy filosóficos. Son simples, pero hay cierta sombra de la mente en ellos.

Sólo tu ser no tiene emociones ni pensamientos.

Simplemente *es*.

En ese *ser* un mundo enorme abre todos sus misterios.

Es bueno que estés yendo poco a poco, pero lo mejor sería dar un salto instantáneo, porque poco a poco puedes seguir y seguir durante vidas… Y si entiendes que cuando la mente se vuelve simple, una belleza, una gracia surge en tu ser, un asombro infantil por todo, una paz, un silencio, una felicidad; ¿por qué debes ir despacio? Vas deprisa a todas partes. Que vayas despacio significa que vas a regañadientes, intentando posponerlo todo lo que puedas, y, mientras tanto, resuelves unos cuantos problemas.

Así no llegarás a ello. La experiencia de los místicos es que si lo entiendes, en ese propio entendimiento, todos los problemas, todas las preguntas, todas las filosofías, todo desaparece.

Se cumplían veinte años en la enseñanza de la maestra, así que todos los padres fueron con los niños. Se pusieron en fila frente a ella con los regalos y ella tenía que adivinar de qué se trataba.

El padre de Jaimito tenía una tienda de licores y se dio cuenta de que el paquete goteaba, así que lo probó.

«¿Me has traído whisky escocés?», preguntó ella.

«No», contestó el niño.

La profesora pasó al siguiente niño; su padre era florista.

«¿Me has traído unas rosas?», preguntó la maestra.

«Sí, señorita», contestó el niño, dándole las flores.

Entonces, la maestra volvió al empapado paquete de Jaimito y lo probó de nuevo.

«¿Me has traído ginebra?», le preguntó.

«No», volvió a contestarle el niño.

El padre de la siguiente niña tenía una tienda de caramelos.

«¿Me has traído caramelos?», le preguntó la maestra.

«Sí, señorita», le dijo la niña dándole el paquete.

La maestra volvió al paquete de Jaimito y de nuevo lo probó.

«¿Me has traído ron?», le preguntó.

«No —contestó Jaimito—, le he traído un cachorro.»

Este mundo es muy hilarante. ¿Qué complicaciones…? El pobre cachorro solo estaba haciendo sus necesidades.

Jaimito soltó un fuerte silbido en medio del sermón del párroco, y su abuelo lo sacó afuera de la iglesia.

Cuando estaban fuera, empezó a regañarle. «¿Cómo te has atrevido? —le gritó—. ¡Hacer semejante ruido en la iglesia…!»

«Bueno —contestó Jaimito muy emocionado—, le he estado pidiendo a Dios que me enseñara a silbar, y esta mañana lo ha hecho.»

Mira a la vida con ojos más divertidos. No seas serio. La seriedad se convierte en una especie de ceguera. No finjas ser un pensador, un filósofo. Simplemente sé un ser humano. El mundo entero está volcando su dicha sobre ti de muchas formas diferentes, pero tú eres demasiado serio, no puedes abrir tu corazón.

Un estadounidense de Nueva York fue a Japón en un viaje de negocios y se encontró con una encantadora joven japonesa. Ella apenas hablaba inglés y él no tenía ni idea de japonés.

Después de cenar juntos, fueron al apartamento de ella y el estadounidense empezó a hacerle el amor apasionadamente. La joven japonesa se pasó todo el tiempo gritando: «Titti gochi, titti gochi, ah titti gochi».

Al día siguiente el estadounidense fue a jugar al golf con un ejecutivo japonés. A mitad del juego, el japonés hace un hoyo en uno. El estadounidense estaba muy contento por su amigo, pero como no sabía más japonés quiso mostrar su emoción gritando: «¡Ah, titti gochi!».

El japonés se vuelve sorprendido y le pregunta: «¿A qué te refieres con eso de hoyo equivocado?».

Un joven acababa de licenciarse en derecho y estaba solicitando un empleo en una gran empresa. El jefe de personal le miró a los ojos y le preguntó: «¿Es usted un abogado honesto?».

«¿Honesto? —le dijo el joven—. Déjeme que le diga algo. Mi padre me prestó diez mil euros para pagarme la carrera y se los devolví íntegramente en cuanto cobré mi primer caso.»

«Estoy impresionado —le dijo el jefe de personal—. ¿Y qué caso fue?»

El joven se sonrojó y dijo: «Mi padre me denunció por el préstamo».

En lo que a mí respecta, no veo ninguna complejidad en parte alguna. Todas las complejidades son obra del hombre. La simplicidad es divina. No es manufacturada; simplemente está aquí. Solo tienes que abrir los ojos, tu sensibilidad, tu receptividad, y dejar que toquen tu corazón, que entren en tu ser.

El mundo puede ser maravilloso si la gente fuese simple, pero ser simple significa exactamente ser religioso. Ser simple puede reducirse a la primera parte de la inscripción en el templo de Delfos: *sé*. Y te sorprenderás de que todo sea tan gozoso. Pero tú nunca has entrado en el mundo del ser y todo se convierte en un problema, un rompecabezas, una complicación; y tienes que resolverlo sin saber que el problema es falso, que no puede tener una solución correcta.

Al mulá Nasrudin le concedieron una entrevista en una compañía naviera. El director le dijo: «Nasrudin, es un trabajo peligroso. Algunas veces el mar se embravece. Si estás en medio de una gran tormenta, ¿qué harías con tu barco?».

Él contestó: «Ningún problema. Simplemente bajaría el mecanismo de defensa que tienen todos los barcos, pesas, enormes pesas que mantienen el barco estable incluso en medio de una gran tormenta».

El director volvió a preguntarle: «¿Y si viene otra gran tormenta…?».

Él contestó de nuevo: «Ningún problema. Volveré a bajar otra gran pesa». En el ambiente marino a esas pesas las llaman *lastres*.

El director volvió a decirle: «Y si viene una tercera tormenta, ¿qué harías?».

Y él volvió a contestar: «Ningún problema… más lastre».

El director no sabía qué hacer con aquel hombre. Le preguntó: «¿De dónde sacas todo ese lastre?».

Y el mulá Nasrudin le contestó: «¿Y de dónde saca usted todas esas tormentas?».

De la misma fuente...

Cuantas más tormentas me pongas, más lastre bajaré.

La mente crea problemas, levanta tormentas y luego busca el lastre y también crea ese lastre... Pero vienen más tormentas, y las cosas se ponen muy difíciles.

Dos amigos están en un bar hablando de sus mujeres. Uno de ellos, con la mirada perdida, suspira y dice al otro: «¿Sabes lo que significa llegar a casa y encontrarte con una mujer que te da un poco de amor, un poco de afecto, un poco de ternura?».

«No —le contesta el otro—, me temo que no.»

«Te diré lo que significa —le dice el primero sorbiendo su cerveza—: Significa que te has equivocado de casa.»

En tu propia casa, no ocurrirá. En los lugares que he vivido, siempre me ha gustado hacer amistad con los borrachos porque son gente muy graciosa y dicen unas cosas muy interesantes; ¡y ningún periódico toma nota...!

En mi pueblo, justo enfrente de mi casa había una barbería. Y el barbero era un hombre milagroso. Era tan adicto al opio que era un milagro que encontrase su barbería o su casa.

Pero yo solía ir todos los días a su barbería, porque sabía que ocurriría algo. Le afeitaba medio bigote a alguien y, de repente, decía: «Espere. Tengo que hacer algo urgente en el mercado».

El cliente decía: «¡Esto es ridículo... me deja aquí, sentado en la silla de la barbería, con medio bigote! No se puede confiar en usted. ¿Cuánto tiempo va a tardar? Y volverá hoy o no… Yo tengo otras cosas que hacer».

Y el babero decía: «No se preocupe. Volveré».

En varias ocasiones, les afeitó la cabeza a personas que habían ido a afeitarse la barba. Y cuando ya había empezado, con la mitad de la cabeza rapada, ya no había vuelta atrás. Y era un gran filósofo. Decía: «No se preocupe. El cabello crece como la hierba. Volverá a crecer. Y en lo que a mí respecta, no me tiene que pagar hasta que no haya vuelto a crecer. Entonces, si le parece bien, puede pagarme. Pero tiene un cabello tan bonito que me apeteció afeitarlo por completo. ¿Qué me dice? ¿Acabo el proceso o lo dejo como está?».

Naturalmente, el hombre decía: «¡Acabe el proceso, idiota! Todo el mundo me lo había advertido: "No vayas nunca a ese barbero. No está en sus cabales"».

Acababa de afeitar por completo al cliente y decía: «No se preocupe. No le cobraré nada».

El cliente decía: «Que no me cobre es lo de menos… Todo el pueblo se reirá de mí».

Y, además, en la India, uno se afeita la cabeza cuando se le muere el padre…. Así que todo el mundo le preguntará: «Dios mío, ¿qué le ha ocurrido a tu padre?».

Y solía excusarse diciendo: «No, solo es cuestión de unos días; volverá a crecer».

Y yo extendía el rumor de que el padre de ese hombre había muerto; y luego decía: «Por error, pensó que había muerto, así que se afeitó la cabeza. No le atormentéis».

Un día, me dijo: «¿Tú qué piensas?; porque eres mi mayor fan».

Le dije: «Eso es verdad».

«… Si todos los adictos al opio formasen un partido político, ¿podrían crear una revolución en el país?».

Yo le dije: «Si son capaces de formar un partido político, la revolución ya habrá empezado».

Me dijo: «Tienes razón, los adictos al opio no están de acuerdo con nadie. Incluso entre ellos siempre están en desacuerdo acerca de algo. Son la gente más difícil pero, en estos tiempos, es absolutamente necesario si quieres que este país se libere de los políticos. Tú deberías hacer algo».

Le pregunté: «¿Qué puedo hacer yo?».

Me dijo: «Tú puedes, al menos, fundar un partido para adictos al opio».

Le dije: «Es una buena idea, solo que yo no soy adicto al opio».

Él me dijo: «Eso te lo enseñaré yo, pero prométeme que luego tendrás mucho cuidado. Estos adictos al opio son gente muy peligrosa».

Un hombre estaba orinando detrás de su tienda —en la India es normal— y el barbero lo atrapó y el hombre intentaba... «¿Qué está haciendo?»

Y él le dijo: «Idiota. ¿Estás ordeñando mis vacas en mi ausencia? ¡He oído el ruido!».

Simplemente tienes que mirar y verás un mundo muy simple, y eso le proporcionará a tu ser una inmensa ducha de bendiciones.

No tienes que ir a ninguna iglesia. Las iglesias han sido creadas para la gente muy complicada. No tienes que ir a los templos; esos dioses son obra de la mente. No tienes que ir a ninguna parte.

Simplemente, ve a tu interior y relájate, y sigue relajándote hasta que toques el mismo centro de tu ser. Y, de repente, toda la escena del mundo cambia: todo se torna completamente nuevo y fresco.

Solo esos búhos... solo este silencio... ¿Qué tiene de complicado? Estos árboles intentando llegar hasta las estrellas; ¿qué tiene de complicado?

Tú eres complicado.

El mundo es absolutamente simple.

Y tú eres complicado porque no estás arraigado en tu ser. Así que, por favor, no vayas ni despacio ni deprisa; no vayas a ninguna parte.

Permanece dentro de ti. Esa frase en el centro de Delfos: «Sé… pero si no puedes hacer eso, entonces», «Conócete a ti mismo»; entonces, encuentra algún método de meditación, alguna técnica de conciencia y «Mantén la mesura».

Mantente equilibrado en todo; la vida en sí es una enseñanza de simplicidad.

9. Ya estás ahí, solo que no te das cuenta

Osho,
La otra noche, hablaste de que nuestras emociones se emborrachan con amor.
¿Puedes hablar acerca de esa deliciosa intoxicación que sentimos cuando bebemos vino?

Prem Madir, mi vino no es de este mundo. En realidad, mi vino ni siquiera es mío. Pertenece a la propia fuente de la vida. Yo canto la canción de la existencia. Así que cuando te intoxicas conmigo, yo solo soy una excusa, te intoxicas con la propia existencia, con toda su beatitud, con toda su gloria, con todo su enorme esplendor. El infinito, la eternidad, la inmortalidad... todo ello es tuyo en un simple momento, y cuando estás intoxicado dejas de ser.

Solo en esos momentos se ha encontrado la verdad, se ha encontrado a Dios, se ha encontrado la liberación. Todos estos son diferentes nombres de algo a lo que no se le puede poner nombre.

Por eso, cuando digo que Dios ha muerto, no pienses que soy ateo, simplemente estoy diciendo que ese símbolo de Dios ya no tiene relevancia alguna. Los sacerdotes han explotado ese símbolo de mil y una formas en toda la tierra, en todas las religiones. Ahora ese mundo simplemente denota nuestra esclavitud, no nuestra libertad. Simboliza a la religión organizada, pero no al pájaro individual volando por el cielo de la libertad. Ese pájaro, que solía tener todo el cielo, está enjaulado.

Todas las religiones han estado preparando cadenas, esposas, cárceles para tu alma. Lo único que yo te ofrezco es una intoxicación de pura existencia, con los árboles, el viento y las nubes. Te ofrezco estar enamorado, danzar con el viento y la lluvia, y reír con el río. Hasta que no seas tan libre que casi te conviertas en una parte del cosmos, no habrás catado la religión, no habrás catado tu propia dignidad, tu propio gran potencial.

Escuchándome, este inmenso silencio desciende sobre ti, te rodea; una gran espera, un gran anhelo por lo desconocido, un olvido total del ego y un recuerdo de tu inocencia y de tu individualidad. Todo ello ocurre simultáneamente en un instante.

A la persona que pregunta le puse el nombre de Prem Madir, que significa: vino de amor.

Es extraño, todas las religiones están en contra de la vida, en contra del amor, en contra del gozo, y, no obstante, las hemos tolerado. Ya es hora de que todos esos dioses y todos esos templos sean derribados. Y a todos esos sacerdotes que han sido parásitos de la humanidad se les debería obligar a trabajar en granjas, en viñedos. Se les debería enseñar a entrar en contacto con la inmensidad que te rodea. No se necesita ningún intermediario.

Lo único que se necesita es un corazón silencioso capaz de escuchar, ojos limpios capaces de ver, una inocencia infantil que te proporciona gracia y un maravilloso sentimiento de asombro. No sabes nada, pero ese mismo no saber se convierte en una gran pureza, en un gran alivio. De repente, ves que, con tus conocimientos, también están desapareciendo tus cadenas. Con tus conocimientos, también están desapareciendo tu cristianismo, tu hinduismo, tu comunismo, dejando tras de sí dos ojos inocentes y un corazón dispuesto a danzar con el todo sin ningún obstáculo.

Hasta ahora, hemos soportado a nuestros enemigos, hemos soportado a la gente que crucificó a Jesús. Hemos soportado a la gente que envenenó a Sócrates sin saber que quienes envenenaron a Sócrates son los mismos que han envenenado nuestra conciencia. Ningún hombre es una isla: en la crucifixión de Jesús, yo también soy crucificado, tú también eres crucificado. Hemos tolerado a esa gente sin saber que lo que hicieron a Al-Hillai Mansoor y a Sarmad se lo están haciendo a toda la humanidad. Ellos eran nuestras mejores flores, las más preciadas alturas que la conciencia del hombre jamás había alcanzado.

Pero la ceguera de la humanidad es tal que, en vez de destruir todo el sacerdotazo, que para mí son los mayores criminales del mundo… Es igual que sean brahmanes hindúes, o sacerdotes cristianos, o rabinos judíos, todos están haciendo lo mismo: explotar el potencial y el crecimiento del hombre, eliminando cualquier posibilidad de risa y celebración. Su única contribución es seriedad, tristeza, desdicha y una esperanza que se cumplirá cuando hayas muerto.

Hemos vivido con esa esperanza durante millones de años, ¿Cuánta gente ha muerto? Nadie ha regresado, nadie se ha dignado siquiera a hacer una llamada: «No te preocupes, en este lado todo es maravilloso».

Un famoso cantante indio siempre cuenta una historia de sus amigos…

Se encontró con un amigo que vivía en Londres y que había regresado a Punjab. Naturalmente, el cantante le preguntó: «¿Cómo estás?».

Este le contestó: «Perfectamente».

El cantante siguió preguntando: «¿Y cómo está tu mujer?».

El amigo le dijo: «Ella también está perfectamente».

Y continuó: «¿Y cómo están tus hijos?».

Y el amigo le dijo: «Ellos también están perfectamente».

Finalmente, el cantante le preguntó: «¿Y tu padre?».

El amigo le dijo: «Mi padre, ¡lleva bien al menos cuatro años!».

Después de la muerte, sin ninguna duda, todo el mundo está bien, pero nadie tiene información de primera mano. Simplemente, asumimos que deben de estar bien. Aquí, tienes que ser desdichado; allí, todo es deleite. Aquí, tienes que estar triste y tu tristeza te hará santo, y allí, ríos de vino. No como pequeños bares normales; Dios es piadoso, no es un tacaño.

Aquí, renunciar a tu esposa es un gran acto religioso y virtuoso. Allí, te esperan miles de actrices de cine desnudas. Tu única dificultad será cuál de ellas elegir; ¿Sofía Loren? Pero hay Muchas Sofías Loren...No hay hambre, no hay sed y todo el mundo permanece eternamente joven. ¿Qué más puedes pedir? Los santos solo hacen una cosa: tocar el arpa sentados en una nube: «¡Aleluya!».

He oído...

Por error, la muerte se llevó a un pobre porteador de Munich. Se resistió duramente. Le dijo: «Voy camino del bar; no es momento para morir. Cuando salga del bar, puedes llevarme».

Pero la muerte nunca escucha a nadie. Lo arrastró. Estuvo enfadado todo el día. Dijo: «Estas no son maneras. Soy un pobre porteador... ¿Qué necesidad había...? ¿Qué quiere Dios de mí? Llevo una vida silenciosa. Todas las tardes voy a mi bar y todas las mañanas me las apaño para ir a la estación. No soy un criminal, no hago ningún daño».

Pero la muerte le dijo: «¿Qué le voy a hacer? Te ha tocado».

Él le dijo: «Extraño, todos los meses he estado comprando un billete de lotería y nunca me ha tocado. Y ahora me toca; este es el número».

La muerte pensó que ese hombre era completamente estúpido y que era inútil hablar con él. Le dijo: «Espera, en cuanto entres en el paraíso, dejarás de ser desdichado».

El porteador le dijo: «Al menos, quiero saber lo que se supone que haré allí… ¿Hay algún bar?».

La muerte le dijo: «Tú no lo entiendes. ¿Bares?, ¡hay ríos de vino! Y te darán un arpa y una nube blanca. Sentado en tu nube, cantarás "Aleluya" en alabanza a Dios y tendrás todo el vino que quieras. Lo único que tendrás que hacer será tocar el arpa».

Él dijo: «¡Qué mundo más extraño! Yo soy un porteador, no sé tocar el arpa».

La muerte le dijo: «Se aprende, porque en todas las nubes habrá santos haciendo lo mismo. Aprenderás».

Al principio no lo tenía muy claro. Le dieron un arpa. Se miró a sí mismo y al arpa y dijo: «Esto es muy estúpido. A estas horas mi bar debe de estar cerrando y ¿dónde están los ríos de vino?».

Un santo amable le dijo: «No hay tales ríos; eso es solo una ficción. Lo único que tienes que hacer es cantar la canción de Dios "Aleluya", y tocar el arpa. No se trabaja porque no hace falta, no hay comida…».

Él dijo: «Esto es muy extraño; tampoco veo ninguna mujer por aquí. Me habían dicho que estaba lleno de mujeres complacientes».

El joven santo le dijo: «Eso solo es propaganda. Tú siéntate en esta nube y aprende a tocar el arpa».

Él respondió: «Eso es todo, ¿Cuánto tiempo voy a estar sentado en esta nube? ¿Cuándo podré volver a mi estación?».

El santo le dijo: «Está muy lejos; no puedes ir».

Viendo que no había ninguna posibilidad y que todos los santos estaban cantando «¡Aleluya! ¡Aleluya!», empezó a cantar «¡Aleluya! ¡Aleluya!», muy enfadado, y preguntó: «¿Dónde está Dios?».

El santo le dijo: «Nunca lo hemos visto por aquí».

Él dijo: «Si le veo, le daré con esta arpa en la cabeza… ¡Aleluya! En este momento, mi bar debe de estar cerrando. ¿Se trata de una broma o algo así?».

Dios no lo habría oído pero entre sus «¡Aleluya! ¡Aleluya!» gritó hacia arriba: «¡Me cago en Dios!».

Dios pensó: «Qué extraño. Ningún santo había hecho eso. Han debido de equivocarse de hombre».

De nuevo, «¡Aleluya! ¡Aleluya!; y mientras se enfadaba cada vez más porque llegaba la hora de ir a la estación.

Dios llamó a la muerte y le dijo: «Parece que has traído al hombre equivocado. Este es un pobre porteador de Munich. Llévatelo de vuelta (puede corromper a los otros santos) antes de que todo el mundo oiga lo que está cantando. Piensa que es plegaria. Llévatelo de aquí antes de que alguien le oiga. Déjalo en su bar de Munich».

El porteador abrió los ojos, miró a su alrededor y dijo: «Parece mi bar. ¡Qué ha ocurrido?».

Alguien le dijo: «No has estado aquí en muchas horas. Tus amigos te estaban esperando».

Él dijo: «Algún error, o estaba soñando… pero dices que no he estado aquí. Dios mío, podía haber ocurrido una gran tragedia. Si hubiese podido encontrar a Dios, le habría matado. No tengo nada en contra de Dios, nunca he estado en su contra, pero su forma de comportarse conmigo, un pobre hombre; y quería que cantara en su alabanza, Aleluya».

Pero un porteador es un porteador. Dijo: «Me las arreglé, no podía ver dónde estaba pero pensé que si gritaba: "Me cago en Dios", lo oiría. El "Aleluya" no lo escuchará, todo el mundo está diciendo lo mismo; y lo oyó».

Me he pasado toda la vida leyendo y este es el único caso en el que Dios escucha a alguien —tenía que hacerlo—, la única plegaria que ha sido contestada.

Yo no quiero darte un una esperanza y un sueño más allá de la muerte. Esta vida es maravillosa. ¿A quién le importa el más allá? Y si podemos vivir esta vida maravillosamente, en el más allá podremos vivir más maravillosamente aún. La muerte no puede llevarse nuestra conciencia, nuestro gozo, nuestra celebración, nuestra risa.

Un hombre visitaba a una pareja de amigos suyos.

«No puedo evitarlo —dice el hombre a su amigo—, tu mujer me pone a cien. Si pudiera darle un pellizco en el trasero una sola vez, te daría mil dólares.»

«Por esa cantidad de dinero —le dijo su amigo—, no creo que a mi mujer le importe. ¿Te importa, cariño? Adelante, pellízcale.»

La mujer se inclina sobre la silla y expone su trasero. El hombre lo mira una y otra vez. Finalmente, cinco minutos después, dice: «No puedo hacerlo».

¿Por qué no? —le pregunta su amigo—. ¿No tienes valor?»

«No es eso —le dice el hombre—, lo que no tengo es el dinero.»

Una anciana de setenta años fue al médico quejándose de su estómago.

El médico la examina minuciosamente y le comenta su diagnóstico.

«La verdad, señora —le dice—, es que está embarazada.»

«¡Eso es imposible! —grita la anciana—. Tengo setenta años, y mi marido ochenta y dos.»

El médico insiste en que el test es correcto, así que la anciana se acerca al teléfono y marca el número del hogar de ancianos, donde el marido estaba meciéndose en una mecedora.

Cuando se pone al teléfono, la anciana le grita: «¡Viejo cabrón, me has dejado embarazada!».

«Perdón —le dice el anciano—. ¿Quién ha dicho que era?»

Este mundo es tan gracioso y las religiones lo han hecho tan serio. Debería estar lleno de canciones, música y danza. Pero parece que estamos tan profundamente infectados, envenenados con desdicha y sufrimiento que ni siquiera cuando ríes, lo haces de verdad.

Osho,
Un antiguo místico español, san Juan de la Cruz, describió, sim-
bólicamente, el viaje espiritual como una montaña, que él llamó
Monte Carmelo. En su representación mística, la senda desapare-
ce de repente antes de llegar a la cima y él especifica: «Aquí no hay
senda porque para el hombre correcto no hay ley».
¿Quién es el «hombre correcto»? ¿Y qué significa «no hay ley»?

En primer lugar el viaje espiritual es meramente simbólico. No vas a ninguna parte. Simplemente te revelas a ti mismo, estés donde estés y seas lo que seas. No se trata de un viaje desde un punto a otro punto, no es horizontal. Es un viaje… Si puedes estar abajo dentro de ti mismo en este momento, el viaje habrá acabado sin haber empezado siquiera. Pero el místico tiene un problema: el lenguaje no está hecho para expresar la verdad interna de la vida. Es mundano y para el mercado. Y el problema del místico es que tiene que utilizar el mismo lenguaje. Pero no te lo tomes demasiado en serio.

El viaje espiritual no es un viaje. No hay ninguna meta espiritual. En realidad, ya estás ahí, lo que pasa es que no te das cuenta. Si puedes volverte un poco más alerta, te sorprenderás, verás que estabas buscando innecesariamente, buscando aquí y allá; y el buscador era la búsqueda.

Como ya he dicho, no estoy de acuerdo con Jesucristo cuando dice: «Buscad y encontraréis».

Yo digo: «No busquéis; porque ya estás ahí. Buscad, y os lo perderéis».

Jesús dice: «Preguntad y os responderán».

Tú eres la respuesta.

Preguntar debe ser abandonado, no preguntado.

Cuando no hay ninguna pregunta en ti, ese silencio, esa tranquilidad, esa paz, esa música de lo eterno es la respuesta. Nadie te la da, la has heredado.

Y, finalmente, Jesús dice: «Llamad a las puertas y os abrirán».

Las puertas siempre están abiertas, no hace falta llamar. En realidad, si alguien llama a la puerta es porque está ciego y no puede ver que la puerta está abierta.

Mi enfoque es completamente distinto. No es necesario posponer en la búsqueda, en la averiguación, en la interrogación. Todo aplazamiento es contrario a la espiritualidad. Un hombre íntegro no pospone la cosa más importante de su vida: conocerse a sí mismo. Por eso, yo os digo: «Entrad, la puerta está abierta». Si te gusta tanto llamar, puedes llamar luego.

Algunas personas tienen extrañas fijaciones...

El gran lingüista inglés, Johnson, tenía una costumbre muy rara e insólita. No podía dar un paseo sin ir tocando todos los postes de las farolas.

Sus amigos estaban hartos de decirle: «Eso es completamente absurdo». Él decía: «Lo sé, pero ¿qué puedo hacer? Si no toco el poste, esa farola me persigue. Tendré la sensación de que falta algo. Algunas veces, he intentado armarme de valor e ir derecho sin tocarlos, pero tengo que volver y hacerlo. Hasta que no he tocado todos los postes de las farolas en mi paseo matutino, no estoy a gusto. Pero, como es una pérdida de tiempo innecesaria, la gente cree que estoy loco».

No estaba loco, solo era un poco excéntrico. Así que, si te encanta llamar, no puedes aceptar una puerta abierta. Puedes llamar desde la otra parte. Pero, antes, entra.

Citas a un antiguo místico español, san Juan, quien describió el viaje espiritual como una montaña que el llamó Monte Carmelo. La mente del hombre se interesa mucho por las cosas muy lejanas. Se pone un poco nerviosa si las cosas pueden hacerse ahora mismo. Si hay alguna montaña lejana, Carmelo… estás cómodo porque no hay prisa. ¿Qué puedes hacer? Requiere tiempo, preparación, disciplina; y quién sabe dónde estará esa montaña. Necesitaremos guía, mapas, toda la teología —cristiana, hindú, musulmana— y todo tipo de tonterías porque san Juan no pudo encontrar —y nadie puede hacerlo— expresiones para lo sublime, sin utilizar palabras corrientes. Las palabras son como piedras en el suelo y las experiencias son como pájaros volando alto en el cielo. Es muy difícil hablar a las piedras de los pájaros, porque las piedras no creen que sea posible volar por el cielo: «¿Qué tontería estás diciendo?».

Entonces tienes que dar algunos símbolos y esos símbolos se han convertido más en un obstáculo que en una ayuda, porque la gente se ha quedado atrapada en ellos como si fueran la realidad. No hay ni montaña ni viaje. En tu ser intrínseco, tú eres todo lo que necesitas ser. Pero nunca miras hacia dentro; tus ojos siempre están buscando en la distancia.

La mente es extrovertida; pero no hay nada malo en eso.

Hay muchas cosas en el mundo exterior que la mente puede explorar: la ciencia, la tecnología, las estrellas lejanas… todas esas cosas son contribuciones de la mente extrovertida. Pero el problema es que detrás de la mente existe otra posibilidad; la meditación.

La meditación es introvertida; por eso, en Oriente, no pudimos producir tecnología, no pudimos producir una gran ciencia, no pudimos producir riqueza, comodidades, lujos. Oriente ha permanecido pobre porque nunca nos hemos preocupado de la mente extrovertida, sabiendo que, por mucho que *ella* acumule, dentro de *ti* sigue habiendo vacío; y, finalmente, se afianza la frustración.

Del mismo modo que la mente es extroversión, la meditación es una flecha que entra dentro de ti. No hay ninguna montaña ni ningún viaje; tan solo un entendimiento. No te dejes atrapar por los símbolos. Pueden ser útiles si comprendes. Si no comprendes, empiezas a buscar e investigar símbolos que no son más que palabras. Su función era provocarte, desafiarte. Pero, en lugar de aceptar su desafío y entrar en tu propio ser, te alejas aún más de él.

Para la mente es muy difícil, casi imposible, ir hacia dentro. Fuera, hay todo un cielo a tu disposición, pero la mente no se queda sin raíces al ir hacia dentro. Por eso, lo primero que hace la meditación es silenciar la mente, ponerla a un lado como si no existiese. Solo entonces surge en ti una nueva conciencia que va hacia dentro.

No es un viaje porque ocurre por sí mismo. Es espontáneo; no es algo que estés haciendo tú, sino algo que estás siendo tú.

Tu pregunta prosigue: «… la senda desaparece de repente antes de llegar a la cima y él especifica: "Aquí no hay senda porque para el hombre correcto no hay ley"». Pues bien, si empiezas a pensar en esto, te volverás loco. Primero, la búsqueda de la montaña, luego la montaña desaparece; incluso la senda de la montaña desaparece. Ahora, te quedas colgado en unas condiciones muy precarias.

Lo viejo se ha perdido, lo nuevo no ha llegado, y tú estás en el medio. No puedes retroceder ni seguir hacia delante. Pero eso es muy significativo porque ahí es donde el mundo del misticismo quiere que estés: en un lugar donde no puedas retroceder ni seguir hacia delante; donde no puedas ir a ninguna parte excepto dentro de ti.

Todas las sendas y todas las montañas desaparecen, y ese es el punto en el que necesitas al hombre correcto. Ese hombre correcto no es otro. Tú eres ese hombre correcto para el que todos los deseos, todas las ambiciones, todas las metas, todas las codicias y, de hecho, todo el tiempo han desaparecido. Tan solo un punto de existencia, de absoluta pureza y felicidad... Tú eres el hombre correcto, y para el hombre correcto no hay ley.

Eso ha intrigado a muchas personas, y muchos místicos han sido criticados por ello; y no solo criticados. Sócrates fue envenenado. La razón era la misma: que estaba enseñando a la gente a alcanzar una posición en la que ya no estás bajo ninguna ley.

Pero la sociedad piensa que un hombre que está por encima de la ley es peligroso. No puedes dictarle lo que está bien y lo que está mal. Vuestros tribunales y vuestras constituciones y legalidades son fútiles.

El hombre correcto sabe perfectamente lo que está bien.

La ley es para el hombre incorrecto, no para el hombre correcto. Y, como todo el mundo vive en una psicología incorrecta, cuando aparece un hombre correcto, parece un extraño, un forastero de quien la gente creerá que empezará a corrompernos.

Los cargos contra Sócrates eran: «Corromperá a la gente porque predica anarquía, libertad». El crimen de Jesús fue el mismo: ser un hombre correcto. Lo mismo ocurrió con Al-hillaj Mansoor: que era un hombre correcto.

Al-Hillaj Mansoor era discípulo de un gran maestro, Junnaid. Él realizó su propia espiritualidad y divinidad, su propia luminosidad —que en Oriente se había realizado como *aham brahmasmi*— hasta el punto de declarar: «Yo soy lo supremo, soy Dios». No lo dice desde el ego. Las personas que decían estas cosas eran muy humildes.

Cuando Mansoor realizó este punto, el punto correcto en el que tú *estás*, dijo: *ana"l haq*, que significa: yo soy lo correcto, yo soy la ley; en otras palabras, yo soy Dios y no hay nada por encima de mí.

Junnaid dijo: «Tranquilo. Yo sé que es verdad, pero eres demasiado joven y no sabes que el mundo está lleno de personas incorrectas. No te entenderán. Te matarán por corromper la mente de los jóvenes. Que alguien toque sus creencias es algo que siempre les da miedo».

Y prosiguió: «Yo también he sentido lo mismo pero, como soy más viejo y tengo mucha más experiencia del mundo, no me apetece meterme en líos innecesariamente».

Pero Mansoor era joven, no pudo resistirse... Gritaba en los mercados: «¡Ana"l haq!», yo soy la verdad.

Y los cargos contra él fueron los mismos, que estaba corrompiendo a la gente: «Si todo el mundo empezase a decir: "Yo soy Dios, yo soy la ley...", toda la sociedad se colapsaría».

Sí, si la gente empieza a decir tales cosas sin haber experimentado el ser interior, la sociedad se colapsaría. Pero si la gente aseverase su entendimiento del ser, esta sociedad se elevaría en conciencia a unos niveles que raramente han sido conocidos por el hombre, solo por unos cuantos místicos.

Cuando estuve en Grecia, el arzobispo de ese país organizó una protesta en mi contra. Yo estaba en una visita de cuatro semanas como turista. Envió telegramas al primer ministro y al presidente y al Ministerio del Interior. Y ofreció entrevistas en la televisión y en los periódicos en las que decía: «La estancia de este hombre en Grecia es un peligro. Su influencia será corrosiva. Corromperá nuestra tradición, nuestra moralidad».

Y yo me pregunto, ¿cómo es posible que una moralidad que lleva veinte siglos establecida puede ser corrompida por un hombre en solo cuatro semanas? En realidad, esa moralidad está temblando de miedo por dentro porque está cimentada en el hombre incorrecto y su percepción.

Al hombre correcto no le preocupa.

Yo he viajado por todo el mundo. Veintiún países me han negado la entrada en su territorio porque mi influencia corrompería a su generación joven. Nadie, ningún arzobispo, ningún Sankaracharya, ningún imán o Papa ha podido decir exactamente qué es lo que voy a corromper. Pero eso es suficiente; solo con la palabra «corrupción» es suficiente.

Ayudar a la gente a entrar en su propio ser parece que sea el mayor pecado del mundo. Ellos se han comportado más brutalmente con Sócrates, Jesús, Al-Hillaj y otros que con ningún criminal,

Para el hombre correcto, el hombre centrado en sí mismo, el hombre consciente de su ser, esa conciencia es suficiente. Lo que sea que haga estará bien. Él no necesita que se le imponga ninguna ley desde fuera, especialmente impuesta por personas del todo corrompidas. Leyes hechas por políticos de baja estofa que, según sus propias leyes, son absolutamente corruptos…

Pero cuando están en el poder, no puedes decir que están en contra de la ley. Cambiarán la ley, manipularán la ley, encontrarán recovecos en la ley, y se las apañarán para hacer lo que quieran. Ellos son los que deberían ser crucificados; sin embargo, los que son crucificados son la gente sencilla como Mansoor y Sócrates.

Hasta ahora, la verdad ha estado siendo crucificada y la mentira ha estado gobernando el mundo. Pero los místicos tienen toda la razón cuando dicen que para el hombre correcto no hay ley.

Y preguntas: «Osho, ¿quién es el hombre correcto?». Estoy sentado delante de ti. Yo no tengo ninguna ley; no es necesario. Las gafas son necesarias cuando los ojos no ven bien. El ciego necesita un bastón para guiarse. Pero si eres correcto, no necesitas llevar gafas. No necesitas ir tanteando con el bastón para encontrar tu camino. El hombre correcto está, sin ninguna duda, por encima de la ley.

Y me preguntas: «¿Quién es el hombre correcto?». ¿No me has reconocido? ¿No has visto que conmigo se han comportado de la misma forma a gran escala? Jesús fue crucificado en una pequeña parte del mundo, casi desconocida para las demás, Judea. No era ni conocido en todo el mundo ni condenado por todo el mundo, tan solo por los judíos. Sócrates fue condenado por una ciudad, Atenas, porque en aquellos tiempos en Grecia solo había ciudades estado, no había una nación como tal.

Pero algunas veces me pregunto...

Precisamente, el otro día, me llegó la noticia de que el segundo partido de Alemania, el partido en la oposición, se ha manifestado en contra de la iniciativa del partido en el poder de aprobar una ley que me impida la entrada en el país. Hace unos días, en el congreso de su partido, dijeron: «Nos opondremos porque es algo absolutamente absurdo y ridículo». La ley aprobada por el parlamento alemán no solo me prohíbe entrar en su territorio sino que, además, mi avión no puede aterrizar en ningún aeropuerto de Alemania, ni siquiera para repostar.

No creo que en quince minutos pueda destruir su antigua tradición, su gran religión, toda la moralidad... ¡y desde el aeropuerto! Según la ley de su parlamento, no puedo aterrizar, así no saldré del avión.

Este partido verde, que es el segundo partido, tiene futuro. En poco tiempo, puede ser el partido que gobierne, y como se está abriendo la posibilidad, ahora, a ellos también les ha entrado miedo. Estaba bien para criticar al partido en el gobierno; cualquier excusa es buena para criticar al partido en el gobierno. Ahora, se han dado cuenta de lo que estaban haciendo. ¿Qué van a hacer cuando sean el partido que gobierne?

«... ¡Sin duda, este hombre es peligroso!»

Así que han hecho una enmienda en su oposición: «Estamos en contra de hacer leyes dirigidas a un solo hombre que nunca ha entrado en Alemania y que tampoco tiene intención, pero queremos dejar bien claro que no estamos de acuerdo con ese hombre. Es una cuestión de legalidad parlamentaria. No parece correcta, así que la retiraremos, pero eso no significa que estemos de acuerdo con ese hombre».

Esta enmienda fue muy sorprendente. Significa que en cuanto

accedan al poder, harán lo mismo, quizá de un modo diferente. Veintiún países han aprobado leyes para impedir que yo entre en ellos. Y el gobierno indio ha sido presionado por el gobierno estadounidense, británico, alemán y otros para que ni siquiera se me permita trasladarme a Puna —no pueden deportarme de este país— y para que a las personas que vienen a verme se les impida entrar y se les devuelva desde el aeropuerto. Han sido deportados cientos de sannyasins. No han llegado a entrar en el país. Se les ha obligado a retornar en el siguiente vuelo a sus países desde el aeropuerto.

¿Qué crimen he cometido?

Pensar, ser; quizá ser auténtico sea el peor crimen. A través de los siglos, el hombre correcto siempre se ha encontrado con el mismo problema: han sido lapidados, asesinados.

Esos pocos hombres correctos… toda la verdad, la belleza y la dignidad que han aportado a la humanidad… Incluso con su muerte elevaron la conciencia humana a niveles desconocidos.

Preguntas quién es el hombre correcto. Si no puedes reconocerme, no reconocerás al hombre correcto en ninguna parte. Yo soy el hombre más corrupto a los ojos de todos aquellos que están ciegos.

Mi único crimen ha sido intentar vender gafas a los ciegos. Naturalmente, ellos no las quieren. Yo intento persuadirles pero ellos no las quieren…

Y, finalmente, preguntas: «¿Y qué significa "no hay ley"?».

No hay ley para el hombre de conciencia, porque el hombre de conciencia no puede hacer nada erróneo. ¿Qué ley necesita un Gautam Buda? Su propia luz es suficiente, más que suficiente para mostrarle el camino correcto. Su conciencia es suficiente para crear su acción lo más hermosa y graciosa posible. Su comprensión de él mismo es suficiente para ser piadoso y amoroso.

Una hermosa mañana como esta…

Gautam Buda estaba cruzando un pueblo donde toda la gente estaba en su contra porque decían que corrompía a la gente. Les dice cosas que no están bien. Les dice que no tienen que adorar sino meditar, no inclinarse ante estatuas de piedra sino «entra en tu propio ser, en tu propia fuente de vida». Está destruyendo la religión de la gente.

La gente del pueblo se había congregado para criticarle, para insultarle. Él escuchó en silencio. Sus palabras eran hirientes. Incluso el discípulo más cercano a Buda se enfadó mucho. Pero en presencia de Buda, por supuesto, tenían que estar en silencio, sin hablar; de lo contrario, habrían matado a esa gente.

Finalmente Buda dijo: «Tengo que llegar a otro pueblo, la gente allí debe de estar esperándome. El sol se está poniendo alto y empieza a hacer mucho calor. Tendréis que excusarme. He oído lo que me queríais decir. Si todavía necesitáis decirme algo más, cuando regrese podréis satisfacer también ese deseo. Pero solo quiero haceros una pregunta».

Le dijeron: «Somos enemigos, y esto no es una conversación. No hemos venido aquí a preguntarte nada ni a hablar contigo ni a escucharte».

Buda dijo: «Bueno, eso no es problema. Tan solo una pequeña pregunta: en el pueblo anterior, la gente que me ama vino a ofrecerme flores y dulces. Pero nosotros comemos una vez al día, así que les dijimos: "Lo sentimos, os lo agradecemos, pero no podemos aceptarlos. Es demasiado pronto para que nosotros comamos…"».

Los budistas solo comen una vez al día, al mediodía. Y no pueden llevar consigo nada que sea comestible.

«Quiero preguntaros —dijo a la gente—, ¿qué deberían haber hecho con las flores y los dulces?»

Un hombre, de entre la multitud, dijo: «Deberían haberlos repartido entre los niños, para que disfrutaran comiéndoselos».

Buda dijo: «Eso es todo. Del mismo modo que rechacé lo que ellos me trajeron, rechazo lo que vosotros me habéis traído. Ahora regresad a casa y disfrutad. Distribuid lo que me habéis traído entre vuestros niños, vuestros amigos, vuestras esposas.

»Si esto hubiese ocurrido hace diez años, ninguno de vosotros habría salido vivo. Soy un guerrero —era príncipe, había sido adiestrado en el arte de la espada. Podría haber acabado con todos ellos—. Pero —dijo—, habéis venido demasiado tarde. Ahora, solo tengo para vosotros compasión, amor y un ruego a la existencia para que os traiga algo de luz para que veáis que yo no soy el problema. El verdadero problema es que no estáis seguros de vuestra religión, no estáis seguros de vuestras creencias. Habéis reprimido muchas dudas dentro, y mi presencia hace aflorar esas dudas. No es un problema mío. Así que ¿qué puedo hacer? Ni siquiera he entrado en vuestro pueblo. Lo estaba rodeando para no molestaros».

Se quedaron atónitos. Les costaba creer que insultaran a alguien y que este dijese que no lo aceptaba; no era normal. Estás insultando a alguien y él está diciendo en silencio: «Puedes quedarte con ello, no lo quiero. Es tu problema, no el mío. Estás enfadado: arde en tu ira pero ¿por qué me molestas?».

Un hombre de verdad se comporta de una forma tan diferente al hombre común que constituye las masas, que a este le resulta muy difícil comprenderle. Solo las personas muy inteligentes, muy alertas, pueden entender que no puede haber ninguna ley para el hombre de entendimiento.

Las leyes han sido hechas para los delincuentes. Un hombre de entendimiento no puede cometer un delito. Ni siquiera puede soñar en cometer un delito. Su meditación limpia todo su ser de cualquier posible veneno que pueda hacer erupción en cualquier momento. Sus ojos se convierten en pura claridad, percepción. Tiene una amplia visión de cada acción y de sus consecuencias.

Ha habido personas como el príncipe Kropotkin que imaginó que en un futuro... quizá millones de años después de que nosotros hayamos desaparecido, habría seres humanos que no necesitarían gobiernos, que no necesitarían constituciones. Viendo a la gente, en todas partes, parece una ensoñación. Viendo a los políticos del mundo, no parece que ni en millones de años ese sueño se vaya a realizar. Lo más probable es que ese día no llegue antes de que la humanidad haya sido destruida, de que la vida haya sido erradicada de la tierra. Pero uno siente un profundo amor por personas como el príncipe Kropotkin, quien al menos puede concebir un mundo... Ellos le dan dignidad al hombre; puede que ahora no seas correcto, pero algún día lo serás. Ellos confían en ti.

Otros han dicho que sus ideas son utópicas. «Utopía» etimológicamente significa «lo que nunca llega».

Si puede ocurrir que para un hombre no haya ley, puede sucederles a miles de místicos; es una muestra de nuestro potencial. Nosotros también estamos hechos de la misma pasta, de la misma conciencia. Lo que pasa es que estamos dormidos. Nosotros también podemos elevarnos por encima del horrible mundo de las leyes y de los tribunales. Ellos muestran nuestra barbarie, nuestro salvajismo.

Es muy extraño que nuestros tribunales sean grandes, casi palaciegos. Nuestros jueces son seres casi sobrehumanos. Hay millones de personas en las cárceles. Y millones de personas están intentando vivir a su costa. Millones de personas están juzgando, millones de personas están luchando entre sí. Este es un mundo realmente sin ley porque la gente no tiene una visión interna.

No te limites a seguir pensando en ello, *conviértete* en el hombre correcto. No es un viaje. No tienes que ir a la Kaaba, a Carmelo o a Kashi...

Tienes que ir a tu propio ser.

Tú eres el único templo.

Todos los demás templos son obra del hombre.

La forma de ser de la humanidad —simplemente fíjate y observa— es hilarante.

Un hombre se encuentra con una joven despampanante en una fiesta y pronto inician una conversación amistosa acerca de la naturaleza humana.

«¿Te acostarías con un extraño por un millón de dólares?», Le pregunta el hombre.

«Sí —confiesa la muchacha—, creo que sí.»

«Ya veo —dice el hombre—. ¿Te acostarías conmigo por veinticinco dólares?»

«Dios mío —grita la muchacha—, ¿qué se piensa que soy?»

«Eso ya lo hemos establecido —le contesta el hombre—. Ahora estamos discutiendo el precio.»

Dos amigos judíos se encuentran en la calle un día.

«¡Hombre cuánto tiempo! —dice uno de ellos—. ¿Cómo te van las cosas? He oído que te has casado con una mujer italiana. ¿Qué pasa, acaso no te gustan las mujeres judías?»

«Bueno —contesta el otro—, pasa lo siguiente: te casas con una mujer judía y lo primero que hace es arreglarse la dentadura; unas facturas del dentista que no te puedes ni imaginar. Luego tiene trastornos femeninos; más facturas médicas. Luego está el psiquiatra; necesita ir a verle tres veces a la semana.»

«Entiendo —le dice el primero—. Pero eso también le puede ocurrir a una mujer italiana.»

«Lo sé —contesta el otro—, pero con una mujer italiana, ¿a quién le importa?»

Un joven nervioso entra en la farmacia y siente mucha vergüenza cuando una mujer de mediana edad se acerca a atenderle.

«¿Puedo hablar con el farmacéutico?», le pregunta tartamudeando.

«Yo soy la farmacéutica —le contesta amablemente—. ¿En qué le puedo ayudar?»

«Es igual, no es nada importante», le dice el joven, y se dispone a marcharse.

«Oiga, joven —le dice la mujer—, mi hermana y yo hemos llevado esta farmacia durante treinta años. Nada que pueda decirnos nos escandalizará.»

«Bueno, de acuerdo —dice el joven—. Tengo un apetito sexual insaciable. No importa las veces que haga el amor, siempre quiero más. ¿Me puede dar algo para eso?»

«Un momento —le dice la señora—, lo consultaré con mi hermana.»

Al poco rato, regresa.

«Lo mejor que podemos ofrecerle —dice la farmacéutica—, son quinientos dólares a la semana.»

10. Poco a poco

Osho,

El otro día fue mi octavo aniversario de sannyasin. Aunque es mucho tiempo, a menudo tengo la sensación de que apenas estoy empezando a comprender lo que significa ser sannyasin, y solo he tenido algunos destellos de ese silencio. Por otro lado, tengo la sensación de que sannyas se ha convertido, poco a poco, casi sin darme cuenta, en el medio en el que fluye toda mi vida, como el agua para el pez.

Osho, ¿Estoy demasiado somnolienta y voy demasiado lenta?

No solo tú vas lenta, también tu pregunta va lenta. Todos los días pienso en contestarla; he debido de tenerla casi dos semanas… Y, aun así, dices: «El otro día». Por fin, me he decido a exponerla; de lo contrario, acabarías escribiendo: «¡El otro año…!».

La experiencia de sannyas… el silencio, la belleza y la gratitud, todo ello se va afianzando lentamente, tan lentamente que ni siquiera te das cuenta de que te estás moviendo. ¿Has visto crecer a los árboles por la noche cuando estás durmiendo? ¿Sabes cuándo se abren las flores cuando estás mirando a otra parte? ¿Has observado cuándo te hiciste adolescente y desapareció la infancia; o cuándo te hiciste mayor y se fue la adolescencia?

La existencia no cree en la velocidad.

La existencia cree en un crecimiento muy lento y silencioso.

En poco tiempo, te haces uno con tu meditación, con tu silencio. En poco tiempo, empiezas a sentir la beatitud, la bendición, como parte de tu respiración. Todavía estás creciendo, todavía estás en el peregrinaje. Es un viaje sin fin, pero muy lento.

La existencia no sabe de prisas, porque no tiene limitación de tiempo. Su tiempo es la eternidad; no tiene ni principio ni final. Por ejemplo, en Oriente, la gente no es muy rápida; en Occidente la velocidad es su Dios. Y la razón es que todas las religiones nacidas fuera de la India —el judaísmo, el cristianismo y el mahometanismo— creen en una sola vida. Solo te conceden setenta años. Una tercera parte de ese tiempo lo pasarás durmiendo, otra tercera parte la pasarás trabajando para tu subsistencia, y la otra tercera parte la pasarás viendo televisión, porque eres miembro del Movimiento Patatas de Sofá.

Entre medias, puede que te fumes un cigarrillo, o beses a una mujer, con prisa, porque la televisión está encendida.

En cierta ocasión…

Thomas Alva Edison, uno de los científicos más famoso de Estados Unidos, era una persona muy acelerada; siempre estaba en marcha. Se dirigía a otra ciudad para dar una conferencia en una universidad. Salió de su casa con mucha prisa, saludó a su mujer y besó a la criada. Con las prisas, uno puede hacer cualquier cosa, y tenía tanta prisa que no tuvo tiempo de disculparse. Simplemente dijo desde la ventanilla del coche: «Lo siento».

La razón que ha provocado que en todo el mundo occidental y demás lugares hasta donde se ha extendido su educación se haga todo con tanta prisa es que la muerte no está muy lejos. Setenta años no es mucho tiempo…

En Oriente es completamente distinto...

Cuando se construyeron las primeras líneas ferroviarias, un ingeniero británico estaba observando el trabajo. Se fijó en un viejo indio que venía todos los días, se sentaba a la sombra de un árbol y observaba todo el trabajo.

El ingeniero británico no pudo resistir la tentación. Le preguntó: «Usted viene... se pasa aquí todo el día; ¿por qué no trabaja?».

El hombre le contestó: «¿Para qué?».

Él le dijo: «¿Para qué? Para ganar dinero».

El hombre volvió a preguntarle «¿Para qué?».

El ingeniero le dijo: «Para poder relajarte bajo un árbol».

El hombre le contestó: «Eso es una tontería, ya estoy descansando bajo un árbol. ¿Qué sentido tiene ponerme a trabajar, ganar dinero para, luego, descansar bajo un árbol pudiendo hacerlo directamente?».

Todas las religiones orientales —el budismo, el jainismo y el hinduismo— nacieron en la India y creen en la reencarnación. Eso le da una tremenda expansión a tu existencia. Así que no acabará todo en setenta años; no hay prisa. Si no en esta vida, ya veremos en la siguiente... ¿Dónde está el problema?

La ideología secular de que hay millones de vidas ha eliminado la velocidad enfebrecida; una vida, otra vida, y otra... ha eliminado el miedo a la muerte.

Tu preocupación, que parece ser que tu sannyas acaba de empezar... Si la semilla ha comenzado y ha germinado, llegará la primavera y estarás llena de flores de tu ser, de tu verdad. No hay prisa ni necesidad de tenerla.

He oído que dos pájaros, posados en un árbol, vieron pasar un avión, un jet, que dejaba tras de sí una estela de humo.

Uno de ellos preguntó: «¿Has visto qué le ha ocurrido a ese pobre pájaro, y a la velocidad que va?».

El otro le dijo: «¡No te preocupes! Cuando a alguien se le está quemando la cola, es normal que vaya tan rápido. No tiene nada de sorprendente».

En Occidente, todo el mundo va con la cola ardiendo. Van... No preguntes adónde ni por qué, ya que no pueden perder el tiempo en responder a preguntas tan filosóficas.

Un hombre iba conduciendo a doscientos kilómetros por hora. Su mujer, que iba temblando de miedo, le dijo: «Al menos, mira el mapa, para ver si vas por la carretera correcta o no».

El hombre le contestó: «Olvídate del mapa. ¡Fíjate en la velocidad! ¿A quién le importa? Lo verdaderamente importante es a la velocidad que vamos. Seguro que llegaremos a alguna parte».

Has hecho una pregunta muy hermosa. Su primera implicación es que el día que tomas la iniciación a sannyas no es necesariamente el comienzo de sannyas. Es simplemente una señal de que: «Estoy dispuesto a esperar que me ocurra sannyas». La iniciación solo es un sí a la existencia, y a la apertura de todas las puertas y a las ventanas para que entren la brisa fresca y el sol, te purifiquen y te hagan parte del todo.

Algún día sannyas comenzará. Puede empezar en el momento de tu iniciación, si tu intensidad, tu integridad, tu confianza y tu amor son totales, pero eso ocurre raramente. Siempre están al sesenta por ciento, al cuarenta por ciento, al treinta por ciento... Puede que haya personas que tengan el noventa y nueve por ciento de confianza, pero ese uno por ciento es suficiente para impedir... años, incluso vidas. Hasta que no estés al cien por cien abierto, hasta que la palabra «no» no haya desaparecido de tu vocabulario, la gran revolución de sannyas no te ocurrirá.

Sannyas requiere un sí total; entonces puede ocurrir en ese

mismo momento. Pero tu pequeña duda —aunque sea ínfima— es como una mota de polvo en tu ojo interior. Puede impedirte ver el esplendor y la gloria de la vida, tu propio potencial y tus propias flores que llevan esperando vidas para crecer y florecer, pero tú no le has dado la oportunidad.

Y tu sensación de que lentamente sannyas se ha convertido, poco a poco, «casi sin darme cuenta, en el medio en el que fluye toda mi vida, como el agua para el pez... ¿Estoy demasiado somnolienta y voy demasiado lenta?»; ambas cosas son buenas.

Estar dormido no es contrario a la espiritualidad. No veo de qué forma estar dormido pueda ser contrario a la espiritualidad. Si estar dormido fuese contrario a la espiritualidad, yo sería la persona más antiespiritual que haya existido jamás.

Algunos creen que estoy meditando, otros que me he ido en un viaje esotérico; otros creen que estoy trabajando en mis discípulos, pero, para ser franco, la verdad es que estoy simplemente dormitando. No me parece que el dormir haya cometido ningún pecado contra nadie. Dormir es el estado más puro y virtuoso que puedas concebir. Si estás despierto, seguro que harás alguna tontería; no puedes evitarlo: ¡fíjate en mi operador de cámara, Niskriya! La mayor parte del tiempo, está dormido. Ajusta su cámara y sabe que no me moveré de mi silla. Así que ¿por qué perder el tiempo?

Pero vuestras risas le despiertan una y otra vez. ¿Acaso creéis que cuento los chistes para que os divirtáis? Estáis equivocados. Solo lo hago para molestar a Niskriya.

Es absolutamente correcto que estés somnolienta y vayas lentamente. Los peces también duermen e incluso cuando duermen siguen moviéndose. Observa a cualquier pez. Ni siquiera un pez puede estar durmiendo las veinticuatro horas del día. Se despierta a tiempo para desayunar, leer el periódico... y, como no hay mucho trabajo, político, social, filosófico..., el pez duerme pero, incluso mientras duerme, se sigue moviendo lentamente. Tiene que haber movimiento porque el río se está moviendo. En un río que fluye, ¿cómo va a permanecer quieto el pez, incluso dormido?

La existencia se está moviendo. En toda esta existencia, excepto el cambio, nada es permanente. El cambio es lo único que no cambia. Todo lo demás cambia. Vas envejeciendo, aunque no lo sientas; y no existe la más mínima duda de que estás envejeciendo. ¿Acaso crees que la gente se vuelve vieja de golpe? ¿Que de repente, de camino a casa se vuelve vieja? Estaban envejeciendo cuando iban a la oficina, cuando volvían a su casa. Estaban envejeciendo mientras dormían. Hicieran lo que hiciesen, el cambio era continuo.

Si tu silencio se ha convertido en algo parecido a la respiración, en una parte de tu ser, al igual que ocurre con la circulación de la sangre, no tienes que preocuparte por ir demasiado lenta.

En el mundo interior la velocidad carece de sentido. En el mundo interior todo crece de forma natural, a su propio ritmo. No se puede iluminar a nadie a la fuerza, a punta de pistola. «¡Ilumínate!» Es imposible, aunque la persona te diga: «De acuerdo, estoy iluminado». Tanto él como tú sabéis que la iluminación no ocurre a punta de pistola.

Estás en un estado perfecto. Pero, siendo una mujer, naturalmente, te preocupa envejecer. Para una mujer es muy difícil deshacerse de la idea de que, haga lo que haga, ocurre lo inevitable: está envejeciendo, y eso duele. Ella lo intenta con ahínco. La mayoría de las mujeres dejan de envejecer a los treinta y cinco años. Luego, cinco años más tarde, cumplen treinta seis. Cuando todo el mundo empieza a preocuparse, intrigados, piensan: «Ahora es cuando estoy envejeciendo».

Una mujer nunca dice su verdadera edad. Es más probable que te ilumines a punta de pistola que una mujer te revele su verdadera edad.

Desde hace mucho tiempo se sabe que el hombre va a través de siete épocas:

De los dieciséis a los veinticinco… dos al día.

De los veinticinco a los treinta y cinco… tres a la semana.

De los treinta y cinco a los cuarenta y cinco… un intento a la semana.

De los cuarenta y cinco a los cincuenta y cinco… un intento a la semana.

De los cincuenta y cinco a los sesenta y cinco… inténtalo con ostras.

De los sesenta y cinco a los setenta cinco… intenta lo que sea.

De los setenta y cinco en adelante… intenta recordar.

Y, al igual que el hombre, las mujeres también tienen sus siete épocas:

De los dieciséis a los veinticinco, como África: en parte virgen, y en parte explorada.

De los veinticinco a los treinta y cinco, como la India: cálida y misteriosa.

De los treinta y cinco a los cuarenta y cinco, como Europa: devastada pero con partes interesantes.

De los cuarenta y cinco a los cincuenta y cinco, como Estados Unidos: eficiente pero inconsciente.

De los cincuenta y cinco a los sesenta y cinco, como Rusia: todo el mundo sabe dónde está pero, en realidad, nadie quiere ir allí.

De los sesenta y cinco a los setenta y cinco, como la ONU: funciona, pero no le interesa a nadie.

De los setenta y cinco en adelante, como la Atlántida: perdida y olvidada.

Lo llevas perfectamente. Somnolienta y lentamente, la luz vendrá a ti, la verdad se despertará en tu ser. De hecho, ya esta ahí. En silencio, hará sentir su presencia sin un susurro, sin anunciarse. Espontánea y súbitamente, uno siente: «Dios mío, lo que he estado buscando está en mí; en realidad, lo que estoy buscando es lo que soy: me estoy buscando a mí mismo. No hace falta buscar. No puede ser de otra forma; soy yo mismo».

Simplemente estate en silencio, en completo silencio. Deja que la paz descienda sobre ti, y la revelación de la misteriosa verdad de la existencia es tuya.

Espero que no me malinterpretes, porque ese es mi destino: ser malinterpretado. No te estoy diciendo que te quedes plácidamente dormido... que no te preocupes porque cuando llegue la primavera traerá las flores. Te estoy diciendo: respeta tu crecimiento lento e incluso en tu dormir, no le pierdas la pista a la conciencia. La somnolencia no es dormir. Justo dentro del círculo de la somnolencia hay una pequeña llama de conciencia. ¿Quién es consciente de la somnolencia, quién es consciente de la lentitud?

Esta conciencia debe ser afilada más y más, como una espada. El día que tu conciencia es total y completa es el día que llega tu iluminación. Así que no estoy apoyando tu somnolencia, estoy apoyándote a ti a ser conciente de tu somnolencia.

Estoy apoyando tu conciencia de crecimiento lento. Esa conciencia es tu verdadero tesoro.

PARA MÁS INFORMACIÓN:
www.osho.com

Un amplio sitio web en varias lenguas, que ofrece una revista, libros, audios y vídeos Osho y la Biblioteca Osho con el archivo completo de los textos originales de Osho en inglés e hindi, además de una amplia información sobre las meditaciones Osho. También encontrarás el programa actualizado de la Multiversity Osho e información sobre el Resort de Meditación Osho Internacional.

Website:
http://OSHO.com/resort
http://OSHO.com/magazine
http://OSHO.com/shop
http://www.youtube.com/OSHO
http://www.oshobytes.blogspot.com
http://www.twitter.com/OSHOtimes
http://www.facebook.com/osho.international
http://www.flickr.com/photos/oshointernational

Para contactar con OSHO International Foundation, dirígete a: www.osho.com/oshointernational

ACERCA DEL AUTOR

RESULTA DIFÍCIL CLASIFICAR LAS ENSEÑANZAS DE OSHO, que abarcan desde la búsqueda individual hasta los asuntos sociales y políticos más urgentes de la sociedad actual. Sus libros no han sido escritos, sino transcritos a partir de las grabaciones de audio y vídeo de las charlas improvisadas que ha dado a una audiencia internacional. Como él mismo dice: «Recuerda: todo lo que digo no es solo para ti… hablo también a las generaciones del futuro». El londinense *The Sunday Times* ha descrito a Osho como uno de los «mil creadores del siglo XX», y el escritor estadounidense Tom Robbins como «el hombre más peligroso desde Jesucristo». El *Sunday Mid-Day* (India) ha seleccionado a Osho como una de las diez personas (junto a Gandhi, Nehru y Buda) que ha cambiado el destino de la India.

Acerca de su trabajo, Osho ha dicho que está ayudando a crear las condiciones para el nacimiento de un nuevo tipo de ser humano. A menudo ha caracterizado a este ser humano como Zorba el Buda: capaz de disfrutar de los placeres terrenales, como Zorba el griego, y de la silenciosa serenidad de Gautama Buda. En todos los aspectos de la obra de Osho, como un hilo conductor, aparece una visión que conjuga la intemporal sabiduría oriental y el potencial, la tecnología y la ciencia occidentales.

Osho también es conocido por su revolucionaria contribución a la ciencia de la transformación interna, con un enfoque de la meditación que reconoce el ritmo acelerado de la vida contemporánea. Sus singulares «meditaciones activas» están destinadas a liberar el estrés acumulado en el cuerpo y la mente, y facilitar una experiencia de tranquilidad y relajación libre de pensamientos en la vida diaria. Está disponible en español una obra autobiográfica del autor, titulada: *Autobiografía de un místico espiritualmente incorrecto*, Editorial Kairós, Booket.

RESORT DE MEDITACIÓN OSHO INTERNATIONAL

EL RESORT DE MEDITACIÓN es un maravilloso lugar para pasar las vacaciones y un lugar en el que las personas pueden tener una experiencia directa y personal con una nueva forma de vivir, con una actitud más atenta, relajada y divertida. Situado a unos ciento sesenta kilómetros al sudeste de Bombay, en Pune, India, el centro ofrece diversos programas a los miles de personas que acuden a él todos los años procedentes de más de cien países.

Desarrollada en principio como lugar de retiro para los marajás y la adinerada colonia británica, Pune es en la actualidad una ciudad moderna y próspera que alberga numerosas universidades e industrias de alta tecnología. El Resort de Meditación se extiende sobre una superficie de más de dieciséis hectáreas, en una zona poblada de árboles, conocida como Koregaon Park. Ofrece alojamiento para un número limitado de visitantes en una nueva casa de huéspedes, y en las cercanías existen numerosos hoteles y apartamentos privados para estancias desde varios días hasta varios meses.

Todos los programas del centro se basan en la visión de Osho de un ser humano cualitativamente nuevo, capaz de participar con creatividad en la vida cotidiana y de relajarse con el silencio y la meditación. La mayoría de los programas se desarrollan en instalaciones modernas, con aire acondicionado, y entre ellos se cuentan sesiones individuales, cursos y talleres, que abarcan desde las artes creativas hasta los tratamientos holísticos, pasando por la transformación y terapia personales, las ciencias esotéricas, el enfoque zen de los deportes y otras actividades recreativas, problemas de relación y transiciones vitales importantes para hombres y mujeres. Durante todo el año se ofrecen sesiones individuales y talleres de grupo, junto con un programa diario de meditaciones. Los cafés y restaurantes al aire libre del Resort de Meditación sirven cocina tradicional hindú y platos internacionales, todos ellos confeccionados con vegetales ecológicos cultivados en la granja de la comuna.

El complejo tiene su propio suministro de agua filtrada.

www.osho.com/resort

No te cruces en tu camino de Osho.
se terminó de imprimir en octubre de 2019
en los talleres de
Ultradigital Press, S.A. de C.V.
Centeno 1951, Col. Valle del Sur, C.P. 09819,
Ciudad de México.